薄言有之

潮白新闻时评精选之六

田东江◎著

南方日报出版社
NANFANG DAILY PRESS
中国 · 广州

图书在版编目（CIP）数据

薄言有之 ：潮白新闻时评精选之六 / 田东江著. -- 广州 ：南方日报出版社，2015.8
ISBN 978-7-5491-1264-7

Ⅰ. ①薄… Ⅱ. ①田… Ⅲ. ①时事评论－中国－文集
Ⅳ. ①D609.9-53

中国版本图书馆 CIP 数据核字(2015)第 128792 号

BOYAN YOUZHI
薄言有之——潮白新闻时评精选之六

著　　者：田东江
出 版 人：周洪威
责任编辑：周山丹　史成雷
封面绘图：人　五
封面设计：明　室　邓晓童
责任技编：王　兰
责任校对：阮昌汉
出版发行：南方日报出版社
地　　址：广州市广州大道中 289 号
电　　话：（020）87373998-8502
经　　销：全国新华书店
印　　刷：佛山市浩文彩色印刷有限公司
开　　本：889mm×1194mm　1/32
印　　张：10.75
字　　数：250 千字
版　　次：2015 年 8 月第 1 版
印　　次：2015 年 8 月第 1 次印刷
定　　价：20.00 元

投稿热线：（020）87373998-8503　读者热线：（020）87373998-8502

网址：http://www.nanfangdaily.com.cn/press　http://www.southcn.com/ebook

目 录

第一部分 居是官，当勤是职

对于如何当官，苏东坡打过这么一个比喻："养猫以捕鼠，不可以无鼠而养不捕之猫。蓄犬以防奸，不可以无奸而蓄不吠之犬。"他的意思是，百官之设在于各有所司，不司，就是渎职。清朝袁佑的话说得更明确："居是官，当勤是职，头白可期，汗青无日。"

第二部分　让公众记住年度"两会"

每次各级"两会"都将收获成果是题中之义，而究竟收获了什么，不妨开列个明细，让公众一目了然，也可以让公众进行评判。这些年全国"两会"之后，网友每每评"十大雷人提案"一类，如果算是"负能量"的话，我们也可以主动评选一些"正能量"的内容。

第三部分 之乎者也矣焉哉

托马斯·莫尔在他著名的《乌托邦》里写道，“如果任何做学问的人辜负了寄托在他们身上的期望，就被调回去做工”；与之相应，“一个工人业余钻研学问，孜孜不倦，成绩显著，因而他可以摆脱自己的手艺，被指定做学问”。我们的永乐皇帝则有这么道诏书：“天下学官考绩不称者，许净身入宫训女官辈。”人家的，显然更人性化一些。

第四部分　事关文化

文化人类学里的“文化”概念多少有点儿玄乎，因为西方的学者们提出了太多的定义。不过，英国人类学家泰勒的，相对得到认可。他说文化是“作为社会成员的人们习得的复杂整体，包括知识、信仰、艺术、道德、法律、习俗，以及其他的能力与习性”。如今我们很多人怎么认识文化？一个是把它等同于学历，再一个是把它当成修饰性的词根。

第一部分

居是官，当勤是职

对于如何当官，苏东坡打过这么一个比喻："养猫以捕鼠，不可以无鼠而养不捕之猫。蓄犬以防奸，不可以无奸而蓄不吠之犬。"他的意思是，百官之设在于各有所司，不司，就是渎职。清朝袁佑的话说得更明确："居是官，当勤是职，头白可期，汗青无日。"

筑墙自保平安，谁该汗颜？

当下，美其名曰振兴传统文化，实则为了招徕游客而修复或"复建"城墙的地方数不胜数；但真正为防御而修建的"城墙"，恐怕独此一家，这一家就是浙江省台州市玉环县楚门镇坑郑村岙底自然村。去年9月，村子的70多户村民自发集资再加上村镇补贴50万元，利用三面环山的地形，修了一道"城墙"将村子围起来，让原来的10多个出口变成1个门口。并且，每晚10点之后，"城门"就会关闭，要是村民回家晚了，必须刷IC卡才能进来。

坑郑村主任说，他当主任9年了，"办这件事，村民们心最齐，至今没有听到一个村民说不好的"。由村民的齐心，正可窥见当地治安恶劣之一斑。城墙的基本功能众所周知就是防御，岙底村的"城墙"虽然严格来说只属于"寨墙"，但功能亦然。报道告诉我们了，村民阮庆德家几年间被偷了十四五次，有一天晚上，村里70多户人家有7家进了小偷。则岙底村此举，算是没有办法的办法。构筑寨墙以卫护平安，今天听来十分新鲜，从前稀松平常。水泊梁山是个强人聚居的地方，同样"不能免俗"，遑论寻常百姓之家了。彼时富庶一些的地方，或者但有条件的地方，大抵都要通过筑墙来防御。去年我到东莞茶山镇南社村走了走，惊诧于其民居、宗祠、书院、店铺、家庙、古榕、楼阁、古井、巷道、牌楼保留的完整，甚至那道寨墙居然也还是原初的。在葛剑雄先生眼里"不伦不类"的开平碉楼，因为没有城墙而又要防御，只好各自为战，结果令住宅与碉堡合二为一。

城市的起源有这样一说：因"城"而"市"。这个"城"就是城墙了。这几天阅读《翁同龢日记》，开篇即是他1858年典试陕西的旅途经历。从简略的文字中很容易看到，走到哪里，除了哪里的县令"差接"，翁同龢往往也注意到城墙。过山西井陉关的时候，他看到

“戍楼雉堞，环抱完固”；到平阳，看到“城坚而大”；到西安，更看到“城垣高厚，规制不下都城”。倒是在过平遥的时候，他只谈了沿革，“古陶邑，帝尧初居此，汉曰平陶，魏避太武讳改焉”云云，幸存至今且成为世界文化遗产的城墙并没有引起他的关注，想来彼时平遥城实在平平吧。像周庄一样，别处的那些虽然更胜一筹，但因为发展经济急急忙忙地自家破坏掉了，遂使“后发地区”的东西变得物以稀为贵。

岙底村构筑“城墙”，使这个以前鲜为人知的小村顿时成了一道风景，不仅附近的村民赶来观赏，就连路过的车辆也禁不住停下来观看，可惜，他们修筑的动机是回归寨墙防御的原始功能，因而这道风景就无关“亮丽”。2010 年，岙底村 76 户 270 多村民年人均收入超过 2 万元，60% 的村民住别墅，40% 的村民买了车，60 岁以上的老人全部有养老保险。这样相对富庶的地方，窃贼觊觎是很自然的。报道说，岙底村这没有办法的办法颇为奏效，从今年元旦筑墙竣工到现在，村里还没有发生一起盗窃案，而往年年关接近时正是盗窃案的高发期……

必须看到，这种防御虽然是奏效的，却是消极的、被动的。“上级领导都前来参加落成仪式”，显示出对筑墙模式表示赞赏，但它不可能成为模式推广。在现代社会，以原始手段才能保证安全感，滑天下之大稽，因而“上级领导”在汗颜之余，更该想到自身如何主动、积极作为。前几年写过一篇东西，叫作《安全感是一种生活质量》，由百姓自己筑墙来卫护自己的安全，与要求百姓具备火眼金睛鉴别假冒伪劣食品殊途同归，跟生活质量肯定了不相涉。

（2011 年 1 月 31 日）

“西湖女侠”值得我们反思回味的

前些天，一组“老外美女西湖救人”的画面，不仅感动了杭州，而且感动了我们整个国度。这个当时悄悄离去，后来被偶然认出的老外美女，是乌拉圭人玛丽亚，因其义举，又有了“西湖女侠”的雅号。杭州市见义勇为基金会昨天决定，给玛丽亚颁发“见义勇为奖”，并参照以往基金会对中国公民类似见义勇为行为发放奖金的标准，奖励人民币3000元。这是杭州第一次将这个奖颁发给一位外国友人。

这个奖绝对应该颁发。而颁发之前，杭州市见义勇为基金会很是动了番脑筋。因为荣誉证书的名目本来是“杭州市见义勇为积极分子”，而玛丽亚不是杭州人，加个“杭州市”不太合适；“积极分子”又是中国特色的词语，玛丽亚不一定能理解，翻译成英文也不一定完美，所以他们经过反复斟酌，干脆就叫“见义勇为奖”。事情至此，堪称皆大欢喜。然欢喜之余，玛丽亚的一番话至少有两点值得我们反思、回味，因为对照起来，在某种程度上有点儿令我们自惭形秽。

一个是我们本土见义勇为的英雄虽然也不乏见，比如广州新近就有跳珠江救人的牛作涛烈士，但“围观”可能还是主流。上个周六的晚上，看了白岩松主持的央视新闻频道《新闻周刊》，了解到不少纸媒之外的信息。玛丽亚跳进西湖救人之时，岸上并不是只有她自己，但“人们（国人）都在拍”，当她意识到“必须要有人做点什么了”，自己“又讲不了中文，没办法呼喊”，便果敢地跳了下去；而“当我带着她从湖里出来的时候，我看到有七八个相机在拍照，我开始用英语大叫起来，说你们在做什么，她快死了，你们只想着拍照片，我很生气，请走开，这不是时装秀”。她说：“有一个拍照片的，他拿着一个大相机，他过来安抚那个女人，跟她说话，他是唯一的一个，唯一的一个。每个人都在好奇地看，仅此而已。”这就是说，落水者遇险时遭遇的主要是围观，上岸之后还是如此。

再一个是玛丽亚对待义举的态度。玛丽亚的杭州之行，是一次普通的旅游观光，此前她曾经在上海居住过将近一年的时间，她说自己非常喜欢中国文化，再次来到中国，一方面是希望更多地了解这里，另一方面还想找工作留在中国。义举产生轰动后，很多外企都纷纷主动找上门来想为她提供一份工作，但都被玛丽亚婉言谢绝了。她说她“是很想留在中国生活”，但“不希望因为我跳进西湖救人这件事，让我变得特殊，让大家都来优待我”。刚开始，玛丽亚甚至不肯收下3000元奖金。她反复地问：“这笔钱我能收吗？如果我收下，合适吗？”直到乌拉圭东岸共和国驻上海总领事馆的工作人员跟玛丽亚说，这是杭州市见义勇为基金会对她见义勇为行为的肯定，荣誉证书和奖金都是杭州的一份心意，应该收下，玛丽亚这才答应。在她看来，自己“只是做了一件任何人都会做的事。谁看到，都会这么做的”。那么，“一个外国人，毫无利己的动机”，把毛主席当年纪念白求恩大夫的一段话放到这里就再合适不过了。

毫无利己的动机，当“见义”之时，“勇为”才成为一种很自然的举动。在佛山“小悦悦事件”中，我们用良知的解剖刀刮骨了一回，在许多方面都该如此或曰必须如此。刮一刮，就不会因为某个领域推出了一两个榜样模范而沉浸在沾沾自喜的自我陶醉当中。

（2011 年 11 月 3 日）

“天气预报”确有值得改进之处

王则柯先生 11 月 21 日在《南方都市报》上一篇关于本埠天气预报的文字，引起了不小反响。王先生摆过事实之后认为，在天气预报频频出现偏差以后，气象部门“学乖了”，表现出“往狠里报”的趋势，以“趋利避害”。因为报厉害了，虽然不准，毕竟灾害性天气没有出现，人们的怨气不会太大；但如果预报轻了，因为房塌水淹而发出来呼声，就不那么容易消解了。

王先生的这个“发现”很有意思。在此之前，本人虽然没有这种调侃式的判断，但也感觉各个级别的“天气预报”的确不那么准，只宜参考，不可不信，又不可尽信。听起来像面对占卜打卦的态度，确实如此。老实承认，我是不大理会广播里、荧屏上那些天气预报的，像王先生那样被“忽悠”得多了，就没了听或看的兴致。家里的老人笃信不疑，常常被我用“事实”来讥笑。这个“恶习”已经有好几年了。欲知天气状况，正如社会没有出现分工时一般，全靠自己。每天早晨起来的时候先看看天，辨出阴晴总不难，自己蒙一下可能的“走势”；然后再看看地上行人的穿着，“春江水暖鸭先知”的原理可以应用在这里，先到户外活动的人，对温度的感觉最准确。如果当日天气的事实走势与土法结论截然相反，认倒霉就是，幸喜这种倒霉的时候并不多。

天气预报里的雨大雨小，下或者不下，其实都没什么好说的，高楼林立的城市产生“热岛效应”了。想必很多人都有这样的经历，同是一座城市，这边大雨滂沱，那边太平无事，甚至只隔着一条江，两岸也可以“东边日出西边雨”。但是诸如大幅降温、升温之类，感觉上就应该差不了多少。很遗憾，在气候转换、百姓最需要“聆听”的季节，这种预报也每每令人上当。当然，你可以说我的感觉不对，对天气预报有“认知偏差”，你有科学依据为证，但是，新近横空出世的新名词PM2.5，等于推开了一扇“信不信由你”门。以空气质量的“遭遇”，可以推断天气预报的“状况”吧。再当然，如果你一定要用“科学依据”来批驳感觉，只好说不说在你而听不听在我了。

我们对王先生的“发现”会心一笑，旋见气象部门坐不住了。应该如此。面对公众的如此质疑，如果还能气定神闲，那可不是涵养之好的表现，而意味着对公众的不负责任了。须承认王先生以及“不信者”对气象部门肯定存在误解，但这误解的产生，气象部门要承担主要的责任，他们的工作确有值得改进之处。质疑了，才出来承认有预报员业务水平不够、预报机制有缺陷等原因存在，否则，就是每天根据卫星云图例行公事般地来一套这个那个，报完了事。在我看来，预报员的水平尤其重要，因为云图在“正常情况”下可能是那样，但“情况”却是千变万化的，都依据正常情况而不能判断变化，谁都能胜任了。另外，天气预报似乎一天只报早中晚三次，即使还多吧，也谈不上“即时”，这又进一步等于在以预先的“不变”应对天气的“万变”。何妨像央视改进的新闻播出一样，每到整点，准时出现？而央视的《焦点访谈》在播出新的节目前，不是每每也对先前监督的有个回应吗？触类旁通，都可以借鉴。比方“本市局部有雨”之类，何妨在播报新的天气之前，回顾一下究竟哪些局部地方下了雨，多说两句，既令没下雨的地方“恍然大悟”，也足为自己的公众形象“加分”。

因为与自己的生活密切相关，公众才关注天气预报，对气象部门而言，封闭的大门要时常敞开、要时常当当听众才行了。

（2011 年 11 月 23 日）

“吃空饷”不过是权力滥用的一个侧面

舆论关注的山西省静乐县县委书记杨存虎的女儿“吃空饷”问题，新近有了下文。1 月 14 日，经山西省纪委常委会研究决定，给予当事人杨存虎党内严重警告处分；1 月 15 日，山西省委常委会做出决定，免去杨存虎静乐县县委书记职务。这几年，因为“吃空饷”而被曝光的事情很多，免职似乎还是第一次见到，令关注的人们不能不略感欣慰。

杨存虎的女儿去年 7 月才从山西省中医学院本科毕业，10 月才第一次到山西省疾控中心上班，然而她却从 5 年前入读大学时，就每月领取由财政全额拨付的基础薪金、生活补贴及住房公积金等，5 年的学费亦由山西省疾控中心承担，累计吃财政空饷达 10 万元。5 年间而“平安无事”，可见此事由一干人等运作得如何天衣无缝，因为要为一个本单位并不存在的人制造出存在的假象，涉及的不仅是财务问题，人事档案什么的也需要凭空弄出一套才相匹配。消息也说，对于问题所涉及的山西省忻州市卫生局、山西省疾病预防控制中心以及相关事项和相关责任人员，已责成有关部门和单位依纪依法、依照相关规定及时做出处理。因为事件早已处于众目睽睽之下，处理结果出来那一天，倘能同样与公众分享，自然再好不过。

这样的丑闻曝光之后，杨某人真该引咎辞职，也算是为干部队伍挽回形象做出一点儿贡献。我一直在关注我们中国——NO，按照天津电视台《非你莫属》主持人张绍刚新近的纠正该称“祖国”——第一个真正意义上的引咎辞职出自何时、出自何人。很遗憾，祖国单是去年引起轰动的恶性事故就有不少，还是没有觉得愧疚的“勇敢者”出现。看看《党政领导干部选拔任用工作条例》是怎么说的：“引咎辞职是指党政领导干部因工作严重失误、失职造成重大损失或者恶劣影响，或者对重大事故负有重要领导责任，不宜再担任现职，由本人主动提出辞去现任领导职务。”用这个定义来衡量，去年应该引咎辞职的干部，一个人的手指加脚趾恐怕也不够数。此前，祖国也有不少号称属于引咎辞职的官员，细看其实都不是，都是被撤掉的，被追究的，被轰下来的。凡引咎辞职，得第一时间自己声明，认识到自己的“咎”之所在，纸包不住火时的所谓辞职，还能算引咎的数吗？不过，杨某人可能觉得自己让女儿“吃空饷”是主动出击行为，根本谈不上“工作严重失误”；5 年 10 万元的饷银也算不上“重大损失”；但是，还有“恶劣影响”一项呢？难道事发之后，杨某人对自己的行为依然坦然得很吗？

对“吃空饷”之类的事情，已值不得大惊小怪，它不过是权力滥用的一个侧面。套句大家听得烂熟了的话说，权力一旦成脱缰的野马，就没有什么不可能。因此，以为处理了一个杨存虎便足为后来者戒，未免失之于天真。“吃空饷”的事情那么多，却拿他开了刀，他肚子里有十二万分的委屈也说不定。而即便做到了“发现一起查处一起”，这种查法终究也是治标行为，而且我们还需以“小人之心”密切关注杨某人哪天是否会以另外一个单位的领导身份露面，如果又是这么悄无声息地“复出”了，先前的一切便成了权当避一时风头，所以本人开头才谨慎地说出“略感欣慰”几个字。要从根本上杜绝五花八门的权力淫威和交易，还得搬出那句重复得老掉了牙的话：制约权力。

（2012 年 1 月 16 日）

不喝茅台，公款该喝什么酒？

上海市多位人大代表近日建议本地“在公款消费中明确禁止喝茅台”，并倡议“各级纠风部门也应把禁止喝茅台列为检查内容，像禁止消费卡一样予以查处”。有报道说，贵州茅台股价应声下跌，当然还有大盘下跌的作用。代表建议的作用，该是报道者的臆断吧，虽然在下也不免臆断。

前几天，茅台酒登上了胡润发布的“奢侈品榜”，以 120 亿美元的品牌价值排在全球第四位。时下榜单满天飞，大量的咱们都抢着上，导致本来展示的该是客观结果却每每变成主观行径——“公关”排行榜的发布者——因而排名每每以靠前为荣；但对“奢侈品榜”，是荣是耻还处于懵懵然的状态，上了的，五味杂陈，甚至哭笑不得。不管怎么说，茅台酒这次出的风头，或许只有当年在巴拿马万国博览会上揽得的金奖能够媲美。跟那次不同的是，戴上了“奢侈”的帽子，问题也尾随而至，应了俗话说的“人怕出名猪怕壮”，只是茅台酒既不是人也不是猪，彰显了老俗话的力不从心。上海市人大代表史秋琴表示：“动辄两千多元一瓶的茅台酒已经‘变了味’，不再是普通的白酒，老百姓对此议论纷纷、意见很大。建议上海带头在公款消费中明确禁止喝茅台。”说得绝对不错，建议也不无道理，以愚意度之，给这话“定性”为未雨绸缪肯定有点儿迟了，但人大代表显然是在担心成为奢侈品后公款消费茅台的升级，因为我们都知道，愈是不普通的东西，公款消费才愈是显示其“英雄本色”的一面。这种担心在逻辑上顺理成章。

上海市另外两位人大代表顾晓敏、尹明华盯住的也是茅台酒的“奢侈”。他们认为，在去年底国务院法制办公布的《机关事务管理条例》（征求意见稿）中，明确要求政府各部门“不得采购奢侈品”。虽然目前《条例》对什么是“奢侈品”还没有细化的认定标准，但如果一瓶市价两千多元的茅台酒还不算“奢侈品”的话，无法说服民众，上海不妨以实际行动先带个头。这是为“在公款消费中明确禁止喝茅台”找到了法规上的依据，其实小胡的榜单坐实了茅台的奢侈品性质，根本不用多说，自然它要在《条例》的禁绝范围之列。不过，倘若《条例》出台，就不是谁带头的问题，而是大家都该遵照执行的问题。

“在公款消费中明确禁止喝茅台”，抠抠字眼的话，等于默认公款消费可以喝酒。那么，公款该喝什么酒？早两年有几个地方规定公务接待只能喝本地的酒，给大家劈头盖脑地打了一顿。鉴于此，通过“指名道姓”来禁止公款喝酒的话，是永远不要指望法规健全的，真正叫“挂一漏万”。明朝崇祯年间有个叫王章的诸暨县令，“少孤，母训之严”。当官之后，大约饭局多了，有天醉醺醺地回来，“母诃跪予杖”，正告他：“朝廷以百里授酒人乎！”这一下打到痛处，王章“伏地不敢仰视，亲友为力解，乃已”。但母亲的这一吼一揍，也颇见效，王章自此“治诸暨有声”，调动到鄞县的时候，“诸暨民与鄞民争挽章，至相哗”，为争一个好官，两地的百姓还吵了起来。

后面这些内容是否属于《明史》的虚誉，要待专业人士考证，但老太太的那句“朝廷以百里授酒人乎”，以为尤其值得今人——今官——共勉。因此，茅台引发出来的真正的问题是：不是公款该喝什么酒，而是该不该喝。尽管禁绝公款喝酒早已成为奢望，简直就是不可能的任务，谁都清楚，我也清楚，只是禁不了归禁不了，我们还是得把基本常识弄明白。

（2012 年 1 月 17 日）

放开监督胜过精细考核

四川眉山市彭山县委出台了《科级领导干部德的考核评价办法》(试行)。在《办法》中，干部的生活方式、兴趣、交友是否健康，是否孝敬父母、善待妻儿，家庭、邻里关系是否和谐等都被纳入考核。如何考核呢？就是在提拔干部之前，先征求其父母、邻居甚至小区物管的意见。报道说，截至2月17日，彭山已有5名干部通过此项考核，其中一名干部因不爱做家务被扣两分。

德才兼备、以德为先，是今天用人标准的本质和核心。这该是对传统文化的借鉴。古人对官员的德，正有诸多意义上的阐发以及理论上的要求，比方孔夫子的那句经典名言："为政以德，譬如北辰居其所而众星拱之。"为政能否以德，为官能否以德大抵是一个前提。汉文帝时"举贤良方正"、汉武帝时"举孝廉"，都是实践的产物，要求被举之学子除博学多才外，更须孝顺父母，行为清廉。北宋司马光对才与德的辩证关系更有一种见解："夫德者人之所严，而才者人之所爱。爱者易亲，严者易疏，是以察者多蔽于才而遗于德。"就是说在现实生活中，因为人们往往容易注意到其人的才，而忽略其人的德，所以，"为国为家者，苟能审于才德之分知所先后，又何人之足患哉！"然而，德又是最难考核的东西，古人虽然对意义强调得多，但没给出什么考核的模式，则把干部德的表现情况考实、考准，确是今天各级部门值得用心探索的关键环节。

彭山县委组织部副部长宁武说，不孝敬父母者将被一票否决。这是彭山的一项尝试，要解决的是对领导干部"德"的考察比较模糊、空洞的问题，让考评方式更具操作性，结果更直观。他们的"精确"，就是将考核量化到个位数的分值，比如政治品德30分，职业道德28分，社会公德28分，家庭美德14分。然后，多少分为优秀，多少分为良好、一般之类，80 分以下，不得作为拟提拔任用人选。不过恕我直言，这种考核仍然只能说是“貌似精确”。德，具有极其隐蔽的一面，随机访问揭示不出本质。“他平时在小区乱停车吗？和邻居吵过架没？乱扔垃圾不？物管费、水电气费及时缴没？”诸如此类的问题，横竖看来都不像是考核尤其是考核准备提拔的干部，倒更像是在评选年度社区好居民。爱不爱做家务，也成了衡量官德的尺子？

唐朝有个叫马周的说过：“治天下者以人为本。欲令百姓安乐，惟在刺史、县令。”今天我们选拔“县令”乃至以上的官员，都非常注意“门槛”了，这是个可喜的现象。但是，我们不难注意到，迈过了这道“门槛”，一切便有了万事大吉的倾向。就像公开遴选，他可能凭借巧舌如簧在答辩环节获得高分，但“动手”能力证明不行也只能将就材料了。德国总统武尔夫新近黯然辞职，愚意以为该给我们如何考核“德”以极大的启发。武尔夫因何辞职？去年 12 月，德国《图片报》曝光称他曾以职权取得低息贷款购房，并且，他致电主编向其施压，要求不能刊登丑闻。我们不少人在得知消息时一定会哑然失笑，这种芝麻小事居然就至于把一国总统拉下宝座？但这恰恰展示了德国对“德”的监督的毫不含糊，他们的“考核”没有那么精细，但是一旦悖德，就瞒得了一时，瞒不了一世。

所以，与其在“精细”程度方面有舍本逐末的可能，还不如真正地放开监督，这相当于时刻“考核”干部的德，尤其是他是否能够在法律的范围内做好他的本职工作，这可能还是公众真正希望看到的干部的“大德”。在监督的制约之下，即便想要“缺德”的官员，也可能不得不“德”。

（2012 年 2 月 19 日）

自立遗爱碑“甚可耻也”

湖北省从去年 12 月 5 日起开展为期三个月的“万名干部进万村挖万塘”，借冬修水利时机，在全省整治塘堰 20 万口以上，让每个村民小组都有一口当家塘堰，以此带动农村小型水利设施的建设。这本来是件好事，但他们的水利厅发文要求各地立碑纪念，详细规定了碑的四种样式和正、背面文字，引起了不小的非议。“时逢盛世，政通人和……荆楚大地，众志成城……规模空前，高潮迭起”等明显属于“红头文件”的字眼，且“红头文件”也明明摆在那里，他们仍说是“百姓自愿”。

水利厅发文立的这种碑，古代叫“遗爱碑”，要立的话，一般是官员卸任的时候，所谓“在官有善政，考秩已终”，大伙觉得该纪念一下。不过，唐朝封演《封氏闻见记》云：“吏人立碑颂德者，皆须审详事实，州司以状闻奏，恩敕听许，然后得建之。”即是说，百姓要立，上面要弄清事实才准立。这至少表明，立“遗爱”一类的碑，程序须是自下而上，而非自上而下。当然，也有还在任上就忙着给自己立碑的，但这需“讽动群小，外矫辞让”，我不说让底下人说，然后虚情假意一下便顺水推舟。封演说：“前代以来，累有其事，斯有识者之所羞也。”可见这在从前是一种普遍现象。这一段，给明朝焦竑的《焦氏笔乘》引用了去，认为明朝“无闻奏之例，然见任官辄自立碑，见于律条，其禁甚严”，虽然坚决不许，却禁绝不了人家自立的冲动，焦竑只有感叹“甚可耻也”。

李林甫是个历史上声誉不佳的人物，但他对立碑的态度颇可称道。他任国子监司业，“颇振纲纪”；后来做了宰相，国子监诸生赶快拍马屁给他立了碑。有一天，李林甫来视察时看见了，戚然曰：“林甫何功而立碑，谁为此举?”因为“意色甚历”，显见不是装出来的气愤，大家都吓坏了，赶快把碑文“通夜琢灭，覆之于南廓”。相形之下，杨国忠就忘乎所以了。被他提拔上来的那些人要献媚，“请立碑于尚书省门，以颂圣主得贤臣之意”，玄宗真的就答应了，叫鲜于仲通撰文，自己还“亲改定数字”。但舆论对此则持另一种态度：“天子有善，宰相能事，青史自当书之。古来岂有人君人臣自立碑之礼！乱将作矣。”这个“乱将作矣”，自然是义愤之语，凑巧的是，“未数年，果有马嵬之难”。

清朝周寿昌《思益堂日札》提到东汉李翕的《西狭颂》碑。这个碑今天还在甘肃，2001 年成为全国重点文物保护单位，与陕西汉中的《石门颂》、略阳的《郙阁颂》同列为汉代书法瑰宝，珍罕程度没得说，可说的也是碑文。碑文记述了李翕生平和屡任地方行政长官的卓越政绩，主要颂扬他如何率领民众开通西狭道路、为民造福之德政，但周寿昌对此嗤之以鼻，认为碑文与历史记载“不相合也”，结论为“一时谀颂之言，断不如史之纪实”。并且，他还发现：“观碑阴列名尽其属吏，无一士民。”当然，今天的事情告诉我们，便是“士民”立的，也得具体分析。

去年《南方周末》有一期刊有日本侵华时留下的两块碑刻的照片，碑文是修建旅顺龙王塘水库的工程概况，诸如堤坝尺寸、蓄水量、工程起止时间、工程造价等等，跟湖北的那个差不多；新鲜的是他们连主管官员、设计师、监理等人员名单也都清清楚楚。那么多年过去了，龙王塘水库情况依然良好，或与之存在逻辑关系。湖北水利厅一定对立碑感兴趣，还不如立一块这样的碑，让时间来检验一下谁挖的塘堰寿命更长、作用更大，那才是真的要把好事做到底。

（2012 年 2 月 22 日）

也看"一正十九副"现象

佛山市高明区区级大部门的领导职数情况近日遭到了网友的围观，区国土、城建和水务局的"一正十九副"尤其备受诟病。3 月 18 日，佛山市机构编制委员会办公室负责人正式回应，表示网友反映的情况确实存在，属于大部制改革过渡时期的做法。其实，即便没有这一回应，细细思量一下也会觉得不足为奇。"大部制"的要求以及干部任用制度的现状都明摆在那里。二者应该相辅相成，比方"大部制"改革建立在干部任用制度"良性"的基础上，但现在后者的步伐明显没有跟上前者，跛脚得很。

所谓"大部制"的要求，理论上看，旨在将政府职能相近的部门、业务范围趋同的事项相对集中，由一个部门统一管理，以期最大限度地避免职能交叉、政出多门，从而提高行政效率，降低行政成本。不错，先行"大部制"的地方，遵循的正是这样的"合并法"。但"大部制"讲究的合并，是行政"职能"的合并，并非官员"职数"的合并，而现实中，二者却是齐头并进的。于是，"一正 N 副"的"N"究竟是多少，先取决于合并的部门有多少，再取决于合并部门的副职有多少，如果合并部门的副职加起来有 19 个，那就是"十九副"；如果是 30 个，那就是"三十副"。

所谓干部任用制度的现状，在于"能下"的渠道始终没有形成，虽然不少地方对此言之凿凿。纵观各地宣称的各种"能下"，要么那人作奸犯科了，要么那人违反纪律或者必须对某起恶性事故负责，很少或者没有"正常"的下，比如事实证明能力确实低下等等，因而打破"终身制"不免成为奢谈。在这样的前提下，"一正十九副"就完全自然而然。而干部的退出通道建立不起来，今后其他地方跟进的"大部制"改革就难免重演"一正十九副"现象。

现行公务员制度是从西方借鉴来的，他们因为先行一步，肯定比我们先遇到这些问题。他们是如何解决的？我们都知道，西方的很多公务员不是这条道走到黑，美国前国务卿赖斯正当盛年就退了下来，人家可以去名牌大学教书。我们的干部如果除了当官什么也不会，难说是一种正常现象，必须得让干部岗位不是依靠“待遇”而是因为“事业”吸引有志者。

因此，当下按照“大部制”的理论框架“想当然”地决定某个职能部门“一正N副”显然是不行的，这里面也有历史的教训可以借鉴。宋哲宗元祐年间搞过精兵简政，以吕大防为代表主张“趣废其半”，按工作量设职位，多余的一概裁去；以范百禄、苏辙为代表则主张“渐消”，所谓“阙吏勿补”，跟“大部制”的做法差不多，“俟吏之年满转出，或事故死亡者勿补，及额而止”，慢慢耗，耗掉一个少一个。结果呢？大权在握的吕大防断然否决拖泥带水的“阙吏勿补”，然而未几他却不得不屈服，因为他犯了众怒，只知道大刀阔斧，全然未顾及国情以及人情，当然行不通。

在“大部制改革过渡时期”，类似“一正十九副”现象的出现不足为怪。只是使人担心的是，这样的改革能否达成“大部制”设置的初衷？人还是那些人，该管什么还管什么，虽然政出一门了，但行政效率能否提高？倘若这一门并非有机融合，而是貌合神离，是否相互掣肘更甚？使人同样关心的是，这个“过渡期”能够持续多久，是不是今后每个进行“大部制”改革的地方都会遇到，“过渡期”会不会变得“没有穷期”？

（2012年3月19日）

不宜夸大读书的正负功效

刚刚读到一篇《领导干部该读什么书》的文章，作者“因为工作关系，经常和一些领导干部打交道”，乃“在少数为官者的办公室”看出了一些问题。作者归纳了一下，江西省原副省长胡长清“经常看的是《肉蒲团》《素女心经》《金瓶梅》，结果荒淫无度沦为阶下囚”；沈阳市原副市长马向东“随身带着《赌术精选》《赌博游戏技巧分享》，结果赌博成性输掉了整个人生”；山东省泰安市原市委书记胡建学爱看“《麻衣相法》《相术大全》，最终‘鬼迷心窍’踏上了不归路”。这样一归纳，结论自然就出来了，像《红灯记》里李玉和唱的：“栽什么种子结什么果，撒什么种子开什么花。”

但不知道，胡长清等人的书柜里只有这类书或者专门看这类书，还是作者根据胡长清等人后来的“果”，追溯出了前面的“因”。我疑心后者的可能性居多，首先因为他列举的这三个地方分属大江南北，且三人东窗事发并不在一个时间段，作者不大可能去他们的办公室里一窥究竟；其次即便真的去看的话，相信他们的门面上至少也会装点得比较堂皇，因为不要说大干部了，就是我们这些“萝卜头”，时不时地也会收到发下来的什么读物读本的，积少成多，洋洋大观。可惜，尽是把好端端的白纸糟蹋成废品的东西，因而前几年借整顿“散滥报刊”写了篇《也该整顿“散滥书籍”》，还得到中宣部下发的阅评表扬，可见上峰亦有此共鸣。如果他们的门面上明明装点着许多，而单单用放大镜挑出这些来作为“佐证”，便有失客观。况且，《读书无禁区》，在《读书》杂志创刊的时候这篇文章石破天惊，今天仍不失其意义，只有不正常的年代才会罗列“禁毁书目”。关键是，借此为胡长清等的堕落寻“因”，于反腐败未必有益。

领导干部该读什么书，确实是一个问题。不要说《金瓶梅》什么的了，就是看《红楼梦》，鲁迅先生也说过一段著名的话：“经学家看见《易》，道学家看见淫，才子看见缠绵，革命家看见排满，流言家看见宫闱秘事……”上溯至北宋，罗大经还将读书划分为上中下三等：“上则取之以抚世酬物，又次则取之以博识多闻，下至苏秦之刺股读书。”罗大经未必是要否认苏秦式的刻苦用功，而是不满他“专为揣摩游说之计”，没用到正地方。当然，他这个划分也并不严谨。《清稗类钞》说慈禧太后很喜欢读书，《封神传》以及四大名著《水浒传》《西游记》《三国演义》《红楼梦》等，都“时时披阅”。不仅读，还“节取其事，编入旧剧，加以点缀，亲授内监，教之扮演”，搬到舞台上。有一天她感叹地说：“我国若得若辈，与以兵权，岂畏外国人之枪炮乎?”慈禧所说的“若辈”，指的是书里的那些英雄豪杰，赵子龙、梁山好汉什么的。所以有人分析，义和团一度为慈禧放任发展，可能就是慈禧陷在书本描写的情境中不能自拔，以为现实中真的有刀枪不入之辈。她不是要“抚世”吗？但显然列不了“上”等。诸如此类，作为谈资可也，不要以为昭示着什么“深层”。

跟一篇小文章较了把真，在于书籍的正负功效都不宜过分夸大，倘若让人得出胡长清等“原来如此”的结论，更低估了反腐败的艰巨复杂。胡长清等人落马的原因有很多，那些即便“诲淫诲盗”的书也起不了决定作用。与此同时，今天领导干部被要求读书，按住牛头喝水，就要担心“若屠儿之礼佛，娼家之读礼”式的口是心非的读书。说来说去，制约权力的滥用只能靠制度，没有其他。

（2012 年 3 月 20 日）

“是狼是狗”与“是狼是人”

3 月 19 日，一只狼在袭击了滕州市柴胡店镇两名村民致一死一伤后，被当地警方击毙。旋即，滕州警方又活捉了一只，某个动物学教授分析认为这是“野狼”，话音未落，有个看了公布的“野狼”照片的网友说话了：那是他家走失了的哈士奇宠物犬。有趣的是，该专家再去鉴定，推倒前言，来了个自我否定，认为果然是狗。一时间，“是狼是狗”成了大众娱乐的一个项目。

由现实中的“是狼是狗”，先想起故纸堆中的一个相关笑话。说某尚书和某侍郎在外面聊天，一条狗跑了过去，尚书灵机一动，故意发问："是狼（侍郎）是狗？"侍郎将计就计，玩笑反开，答："尾下垂是狼，上竖（尚书）是狗。"尚书弄巧成拙，倘用几十年前一句烂熟了的话表述，叫作"搬起石头砸了自己的脚"。有人把这里的"侍郎"附会到了能言善辩的纪晓岚头上，倒是存在这种可能。检索纪氏年谱，乾隆五十年（1785 年），乾清宫开千叟宴，61 岁的纪晓岚正以"兵部侍郎"的身份赴宴，他还留下了《乙巳正月预千叟宴恭纪八首》。不管其中的"当事人"是谁吧，这笑话实际上教给大家一个关于"是狼是狗"的简单辨别方法，大约像"日暮胭脂红，不雨就起风"一类的天气民谚一样，算是实用。

当然了，任何民谚的概括都属于经验之谈，未必十分精确。况且，有些狗，尾巴的确向上团成一个圈，有些却像狼一样下垂而不上竖。山东方面在向那第一只也许如假包换的狼开枪之前，有其生命最后时刻亡命奔跑的电视画面，我看了，因为脑袋里有那笑话的铺垫，所以盯着它的尾巴着实想象了一阵，觉得好像跟狗跑起来也没什么区别。大凡前提倘是逃命，狼和狗采用的方式方法可能都差不多吧。连根本没有尾巴的人——坏人或者帝国主义者——没有达到目的，几十年前用得烂熟的另一句话，往往也是说"夹着尾巴逃走了"。就是现在，"夹着尾巴做人"的处世之道在某种程度上仍然是我们文化中的一条金科玉律。这些年来，对落马官员言行的前后对比，全社会又有了"两面人"的共识。说句不中听的，屡屡事后诸葛亮，表明我们根本没有记性可言。因为无论是鉴定自然界的"是狼是狗"，还是鉴定社会领域的"是狼是人"，都没有成为学问的道理，虽然此番有人献计说"狼的眼睛是倾斜向上近 45 度角，哈士奇眼睛带圈呈双眼皮"，貌似学问；而某个落马官员之前的行为"具有很大的欺骗性"，也貌似学问。

狼这东西，远离我们的生活好多年了，忽地却像胡汉三一样"回来了"，把我们的专家闹了个措手不及，专家的作为能否被理解，要交给公众评判。一个不争的事实是，如今太多领域的太多专家动辄给出太多草率的结论，已经虱子多了不咬人了，至于哪个领域出了

“突发事件”，颇有存心要令哪个领域的专家出乖露丑的态势。客观上，这是一个要求人人自身练就慧眼的时代，购买任何一件商品，举手投足，我们不是都被告知要注意什么什么吗？倘有“鱼目混珠”的哈士奇不幸被击毙了，至多有人抗议有关方面毫无“兽道主义”，极端的可能会对哈士奇下跪请罪，然比较而言，我们在社会学层面对“是狼是人”的鉴定，比明晰“是狼是狗”要重要得多，因为前者搞不清楚，会给国家、社会、民族带来深重灾难。

（2012 年 3 月 28 日）

近似笑料的“禁止午间饮酒办公室”

河南省商丘市宁陵县有个政府机构叫“禁止午间饮酒办公室”。发布这张照片的网友点评说，第一眼看到以为是 PS 的，但查到了，“我才相信，有的机构设置已超出想象……”确实如此，如果不是有图为证，任谁都会当成恶搞。

商丘官方微博回应称：“宁陵县严禁工作日午间饮酒办公室是一个临时机构，工作人员是由宁陵县行政效能监察中心工作人员兼任，并没有增加人员编制。”如今出点丑事，以“临时工”干的居多，此番连机构也“临时”起来，未知是否会被大家揪住。宁陵被拿出来“示众”，不大好彩，因为它有个顶头上司，叫作“商丘市严禁工作日午间饮酒办公室”，因而似乎不难推断，商丘所辖的县都有这么个办公室，这叫“对接”。当年郑州就成立了6 个“馒头管理办公室”，市级 1 个区级 5 个，因为祸起萧墙——两级“馒头办”为争夺办证权、处罚权闹得不可开交——才令公众恍然之后哑然失笑。在“饮酒办”这里，倘若只有宁陵这一个，显示出其“执行力”颇强；再倘若像信阳一样，某年上半年仅仅中午禁酒就节省了 4300 万元的酒钱，则其设置或有值得嘉许的另一面了。

官场上因为“工作需要”必须喝酒，我们一直有这种传统，但谁都知道，喝酒营造出的其乐融融氛围，更多时候只是一种假象。拈《清稗类钞》一例：浙江候补道蒋某与候补知府杨某同充某局差，蒋为总办，杨为会办，上下级关系。有件事，两人意见相左，“蒋执不可，杨衔之”。终于在蒋办生日宴会的时候，杨找到了发泄的机会。那是因为“杨故善饮，蒋则杯酒不能入口”，但杨不管那么多，“故酌酒为蒋寿”。一个说我实在不能喝，一个说你非喝不可，一来二去，杨怒曰：“在官厅，乃分上司属员，此非官厅也。”说罢上前“扭蒋胸衣”，动起手来。“蒋亦怒，起与殴，致几上红烛铿然堕地”。时人为此撰联嘲之，其中上联曰：“进宫献策，渡江偷书，演来一部梨园，毕竟官场都是戏。”不仅巧妙地隐喻了两人的姓氏，而且一针见血地道出，官场上的觥筹交错实际上等同演戏。

清人张集馨很看不惯官场的喝酒，他在自叙年谱《道咸宦海见闻录》中说：“宴会原不能免，然至酒酣耳热，脱略形骸，歌唱欢呼，村言俚语，在醉者性迷狂乐，发于不知，而侍者醒眼旁观，未免藐玩。自为疆吏，何可不自检束?”他在福建当官的时候为了公关，曾经“三宴督署，两扰中丞”，前一个还好，“性情拘谨，尚不至破藩抉篱，然堂属猜拳，司道竞唱，主人足点手拍，已不雅观”；后一个就不得了了，“一经入席，惟恐人之不醉，又惟恐己之不醉，不能观人之大醉也”。在他看来，真是一片乌烟瘴气。可惜，他说的这种情形直到今天也并不见得有了好转。

“禁止午间饮酒办公室”貌似解决问题的一个侧面，但舆论哗然之，表明根本不相信它能奏效。凡事我们都得抓住“本”，前段议论公款喝不喝茅台，我就感到可笑，问题的“本”不在于公款该喝什么酒，而在于该不该喝。在禁酒问题上，焦点根本不在于“禁止午间饮酒办公室”的临时与否，而在于必要与否。抬杠地说，公款饮酒在晚间就可以肆意进行吗？商丘官方微博说那个机构是“临时”的，从我们的现实情形看，这个机构肯定有着旺盛的生命力，必然是“长久”的，这就更加突出了“本”的问题。禁酒之外也是这样，抓不住“本”，叠床架屋的办公室就将不胜其多，问题没解决，倒平添了不少笑料。

（2012 年 4 月 5 日）

应该推崇王阳明的“知行合一”

每年的清明节前后，遍地开花的政府公祭都能成为一个绕不开的话题，且有渐渐沉重之势。今年，有媒体总结为“祖先争夺战”几近白热化，河南焦作与湖南炎陵瓜分炎帝，湖北竹山、河北涉县、甘肃天水和山西长治等地均以女娲为尊，陕西黄陵与河南新郑都把公祭黄帝升格为“国祭”，等等。

在“祖先争夺战”之外，对历史名人的争夺就更加数不胜数，使公祭这件本来严肃庄重的事情染上了乱哄哄的色彩。即便公众早已产生了“公祭疲劳”，但照当下的发展态势，还要持续若干年是完全可以预见的。这样的话，我倒是觉得很应该公祭王阳明。对，就是明朝那个著名的思想家王守仁。新闻中看到，今年清明贵阳公祭了他，但只是“学会 + 公司”的行为，“级别”很不够，意味着重视程度的不够；而且，公祭的目的，也只是泛泛的“营造城市文化氛围”一类，虚。

公祭王阳明什么才是实的呢？作为中国思想史上的重要代表人物，王阳明的理论博大精深，我们当然要“撮其要者”，那就是他的“知行合一”。前几年我曾经慕名去过贵州的龙场，亦即王阳明 37 岁时贬谪之所，就是在那里，他“忽中夜大悟格物致知之旨，不觉呼跃而起”。印象中当时一进院门，迎面就是凿在石头上的“知行合一”这四个大字，署名居然是“蒋中正题”。“知行合一”，正是王阳明心学体系的核心。

浏览当代关于中国哲学史的研究成果，如冯友兰、任继愈诸先生的同名著作，关于“知行合一”的阐释，见仁见智。如冯先生说：“良知是知，致良知是行。吾人必致良知于行事，而后良知之知，方为完成。”而照任先生看来，王阳明此说在“实质上是用知去代替行、统率行”，是“故意抹杀了知和行在性质上的区别”。在下虽对哲学一窍不通，然亦深知对圣贤语录即便阐释得南辕北辙也纯属正常。万把字的《论语》，不知邯郸学步还是其他，总之今天也仍在不断产生“卖点”。

无论学术界如何研究，小子推崇“知行合一”首先在于“望文生义”，翻阅前人早已撰成的大著，才知道在这一点上倾向于赞同冯先生，用阳明先生自己的话说：“知者行之始，行者知之成。”盖因为我们今天方方面面存在的问题，其实质都在于知与行完全变成了两张皮，道理呢，谁都知道，做起来全然不是那么回事。对落马的贪官，我们毫不客气地掷去了“两面人”的大帽子，对这种“两张皮”现象又该如何命名呢？可以肯定的是，在这样的背景下，我们把律条制定得再精细也没有用，他存心要钻空子，你的律条就永远没有健全的可能。当年，徐爱以孝悌为例，指出世人多知应孝应悌，但是不一定能孝能悌，阳明先生对此的回答是：“世间有两种人，或是不解思惟即任意去做，或是悬空思索不肯躬行。”以今天的情形做补充，完全可以再添上第三种：说归说，做归做。4 月 7 日，新闻出版总署署长柳斌杰在微博上指出：“几百个文件管不住大吃大喝，真是治国之败笔。”全国政协委员吕凤鼎跟帖评论又提到了公车改革的问题，痛心疾首之情溢于言表。公款消费的危害如今认识得不能再透彻了，什么都明白，但是“致良知”出了问题。

借公祭王阳明而弘扬他的“知行合一”，该可算是泛滥的公祭行为中的一抹亮色了。可惜，我在这里纯粹是想当然，因为众多公祭的本质不过是“政绩工程”的一个变体，关联为经济搭台、唱戏一类，根本就没有指望从公祭中汲取真正的营养。

（2012 年 4 月 8 日）

析阜城官员“顾左右而言成绩”

让当下的官员难堪是件很容易的事情，就是他那里出了“负面”新闻，来个现场采访，面对面，或者连线都行。4 月 16 日晚上的央视《新闻 1 + 1》，平添了新的实例。

那是央视主持人白岩松连线那边的河北省衡水市阜城县宣传部长。此前一天，央视曝光了阜城县某家企业如何用工业明胶生产药用胶囊，恶劣程度令人发指。白岩松问：“这个事情发生了之后，我不知道作为一个管理者，作为县里几个班子主要领导人有没有深刻反思，在我们的监管、在我们平常执政过程中是否有值得自己反思的地方?”宣传部长答：“出了这个问题以后，县委、县政府还是非常地关注、高度地重视，采取了一系列措施。为了这个行业，近几年来，阜城县委、县政府针对这个行业季节性生产的特点，每年都有两次对这个行业进行治理整顿，有工商、质监、公安、环保等部门参与。今年对这个行业的治理，我们从 4 月 9 号开始到 5 月 31 日结束，到目前已经进行了一周的时间。”抄了这么一大段，很不好意思，然为了下面的论述，不得已而为之。其实，他后面借此表功的话还说了不少。

当年，孟子问齐宣王：“四境之内不治，则如之何?”宣王答不上来，乃“顾左右而言他”，也就是把话题岔开。今天的许多官员，级别虽然比宣王差得远甚，但在这一点上可谓得其真传，当然，无师自通也说不定。老实说，我在看这期节目、听到那些问答的时候，很有一种憎恶感，虽然我知道这在当下堪称普遍现象，完全没必要迁怒于某个具体的对象，那个平时不知道有多威风八面的部长，众目睽睽之下也呈现出了一副可怜兮兮的模样。但是我们不能因此而漠视，漠视即纵容现实中的这种见怪不怪了多时、杳不知还要上演到何时的丑剧。

面对问题，顾左右而言成绩，或者可以从这样几个方面来认识：一个是一语不慎，乌纱帽难保，讲成绩最保险，顺便还可以为自己开脱。于是无论事件怎样恶性，我高度重视呀，严厉打击呀，但“行业门槛低”，商人“见利忘义”，两手可以顺理成章地就此一摊，双肩一耸。一个是讲成绩出于一种惯性，受“乐感文化”的浸淫太深，凡事总能看到“光明”的、“积极”的一面。再一个是虽然眼下的恶性突发事件此起彼伏，而我们的各级官员仍然欠缺有效应对的任何心理准备。种种原因归结到最后，就是不管你问什么，他都按照事先准备好——可能都无需准备——的说辞，念经一样给你背上一遍。从工业明胶生产药用胶囊中该深刻反思什么？小子不在其位，却愿代那部长回答：之前那么多的措施究竟有多少见之于行动，见之于行动的究竟又有多少纯属走过场！发现问题的记者难道有通天的本领吗？没有，他们有的只是敬业精神。而阜城那些先前参与治理整顿的工商、质监、公安、环保等部门的这种精神在哪里？违法犯罪活动每天就发生在他们眼皮底下，只有外来的人才能发现，并且一下子就能发现，说得通吗？

这几年，我们的食品、药品安全问题这么多，且有愈演愈烈之势，根子正在于方方面面该司其责的人和部门职业精神的沦丧，像西汉那个折槛的朱云所说：“今朝廷大臣，上不能匡主，下亡以益民，皆尸位素餐。”朱云一棍子抡去，打击的面更大就是。可以肯定，如果“下面”就是这种司职状况，“上面”制定再完善的法律法规，终究也等于添了废纸若干张。

（2012 年 4 月 17 日）

如果假微博曝出了真问题

轰动一时的成都计生委“李琢微博门”，眉目渐渐清晰了。《南方周末》今天报道说，李琢确是计生委办公室主任，然此微博乃同僚孟立联“捉刀”所为，且孟氏属于不请自来，并未征得人家许可，与栽赃陷害无异。南方周末记者在面对面采访李琢的时候，另一家媒体打来询问电话，记者发现在短短几十秒的通话时间里，李琢的手一直在抖，可见是气愤已极。但因为联系不到孟氏本人，其冒名的动机尚不得而知。

“李琢微博”刚出来的时候，大家莫不将信将疑。所谓“将疑”，是因为理论上没有人傻到把自己的行踪、对上级的憎恨如此和盘托出的程度，虽然前两年广西那个烟草局长的“香艳日记”，某种程度上颠覆了这种“理论”，内容那么赤裸裸的日记的确是其本人所为。所谓“将信”，是因为微博里提到的官员名姓官阶俱在，地点在哪里哪里也都完全“实名”，兼且说得有鼻子有眼，由不得你不信。所幸没过多久，真相初白。祸起萧墙，斯之谓也。

微博上的李琢是假的，但是微博上的内容呢？成都计生委用了句“皮之不存，毛将焉附”来作答。不言而喻，他们可能以为答得很巧妙。不过，用在这里可能不大合适，因为这件事看起来没那么简单。比方微博上披露人浮于事的有十条，南方周末记者一一验证了，只有一条外地来参观的具体对象与事实有出入。假李琢总共发了126条微博，虽然没有什么了不得的内容，净是官场的“明规则”，但与吏治、与干部作风毕竟有着千丝万缕的关联，网友不是戏称这是“微博举报”嘛。即便不是举报，从别让涉博人“背黑锅”的角度出发，也应当把问题弄清楚，至少别让高到省部级的那25名官员“躺着中枪”。并且，倘说“王三皮，带起二奶到处跑”之类语嫌含混，则“新津县委书记巫敏包二奶：上周五晚上九点五十，巫敏怀拥二奶在羊市街旁若无人激吻”，却是时间、地点、人物、事件诸种要素齐备。把搞清楚的结果坦坦荡荡地公之于众，既是对干部负责的态度，更是对公众负责的态度，重要的还在于，借此可以厘清假微博是否暴露了真问题。如果不幸为“是”，那句老话在飞速发展的时代面前就严重落伍了，要颠覆成，不，要与时俱进成“皮之不存，毛亦可附”才跟得上形势了。喜耶？悲耶？前面讲“真相初白”而非“大白”，道理也正在这里。

无论假微博是否曝出了真问题，“李琢微博门”都让我们得以再窥当前官场生态之冰山一角。李琢没有想到“祸首”离他这么近，何况自己还“把他当兄弟看”。此前我们见过各色涉及香艳的日记，见过不少上下级非因工作引发的互殴乃至凶杀，实质上折射出的都是官场生态，个案也许没什么，频发而汇集在一起就很可怕了。而如果假微博曝出的是真问题，除了该严厉整肃的干部作风，诸如“整天假话空话套话大话”“（搞个活动）又是吃又是拿，天天这样最好”，是否仍然视而不见或者以为病入膏肓而无可奈何了呢？“日记门”“微博门”这种本来的坏事，却为反腐败开创了一条新门径，令人哭笑不得。只是这种属于“意外或偶然”的暴露方式，进一步折射出当下众多监察机构的形同虚设。

（2012 年 4 月 19 日）

久违了的“原始”会议横幅

不久前随省社科联到云浮市调研，其中一事始终不能忘怀，至有不吐不快之感。那就是座谈会挂出的横幅，无意中发现居然是用白纸剪裁好，再用大头针别在红布上的。久违了！然非但不觉此横幅简陋，反而感到朴实，这种做法着实可取，着实值得提倡“回归”。

所以说“回归”，在于去今仅仅十几年前，这还是一种非常普遍的做法。那个时候开会之前，挂横幅的话都要把本单位的巧手抽出来专门制作。同一块长短的红布上，不同的会议字数要求不同，做到都能排列得当，字体端庄美观，绝对是一门手艺。可惜，我们的口袋里自从有了几个钱，什么就都鸟枪换炮了。横幅的转型升级，表现在直接将文字印刷在绸或布——主要是红色的——之上，甚至连高校里面一次极其寻常的讲座或者活动，也莫不如此，原来的那种沦为原始了。据说现在这样做横幅既方便快捷，也花不了多少钱，还显得很有档次。不过，虽然花不了多少钱，却浪费了不少东西，就像餐馆里的一次性筷子，用过一次就扔了，没用了。此类品种刚入眼的时候，曾经想起隋炀帝跟人家老外——胡人——炫富，用布帛装点树木，胡人当时就说了："中国亦有贫者，衣不盖形，何如以此物与之，缠树何为？"不要说现在也还远远没有到布或绸多得没什么用处的地步，即便已经富足到了那个地步，与天天嘴上嚷嚷的低碳、环保相比对，也何其背道而驰！

前几年我们提出建设节约型社会，虽然这是个长期目标，当下连取得惯称的"阶段性成果"还根本谈不上，但在一些人看来，显然风头已经过了，可以忘到九霄云外去了。鹦鹉一样跟着喊口号，之后便一切故我，此乃国人不知道要到何时才能克服的通病。即便没忘，对不同的人来说，节约的内涵也并不一样。比方宋哲宗"御讲筵，诵读毕，赐坐，例赐扇"之后，文彦博忽然发现小皇帝"手中独用纸扇"——不知道大臣们手里用的是何种材质——乃"率群臣降阶称贺"。贺什么呢？哲宗那时年纪还很小，对自己的无意识行为完全不解，宣仁太后有一番微言大义："用纸扇，是人君俭德也。君俭则国丰，国丰则民富而寿。大臣不独贺官家，又为百姓贺也。"又比方对明朝皇帝朱元璋来说，衣服洗过了还肯再穿，也算是俭得可以了。《典故纪闻》云："太祖视事东阁，天热甚，汗湿衣，左右更衣以进，皆经浣濯者。"参军宋思颜便在一旁发感慨说："主公躬行节俭，真可示法子孙。"是朱元璋头一回如此，还是宋思颜像文彦博一样在大拍马屁？且不计较，但宋思颜接下去的话却说得不错："臣恐今日如此，而后或不然，愿始终如此。"建设节约型社会"伊始"之时，一些地方所宣称的相应成绩，正形同皇帝的节俭一类。另一方面，倘若小处俭而大处奢，或者俭的时候给大家"看到"了，奢的时候却偏偏"漏掉"了，即便勉强戴上节俭的帽子，"节俭"前面似需加上一个"伪"字更恰当。

会议横幅用白纸加大头针，从前是不得不如此，如今是可以不如此而云浮此处如此，我没有了解他们是怎么想的，但建设节约型社会显然正需要从这些具体的地方入手。清朝乾隆时的进士、广东海康人陈昌齐说过："人必须节俭，然后可以立品。"他这里说的是"人"而不是官，可见此中的"品"对应的不是官品而是人品。节俭与否的确可以上升到人品的高度，"三公消费"成为顽疾，就不单只有制度的因素，更有人的因素。

（2012 年 4 月 25 日）

"吃空饷"程度折射权力猖獗程度

关于吕梁市文水县副县长王辉 15 年"吃空饷"的丑闻调查刚有初步结果，5 月 2 日《山西日报》又挖出一单新的：该省侯马市国土资源局一名为卢建平的职工，"从未在侯马市国土资源局上过一天班，却以干部身份领了 9 年工资，而且工资还逐年增加"。而山西省疾控中心人事科那个叫王烨的科员"吃空饷"，前文已经评析。

这几起事情连续出现在山西，充其量只能算是巧合，或者说是山西方面趁热打铁、乘胜追击的战果。有人粗粗归纳过若干地方清理"吃空饷"的成绩：2005 年 8 月，四川省南充全市发现 2323 人；2006 年，甘肃省发现 908 人；2007 年，山东省发现 11858 人……虽然数字精确到了个位，但我们也有理由相信这只是个概数，而且没被归纳进来的地方并没有"幸灾乐祸"的资本，归纳进来的地方也不必为自己的"专项治理"成果沾沾自喜，这种问题像许多问题一样，不会因为某一年的某一次"集中行动"而得到根本好转。所以我在前文认为，"吃空饷"实质上是权力滥用的一种，我们的权力滥用众所周知是个全方位的存在，则衍生出地不分南北西东的"吃空饷"同样全方位存在便是自然而然的事情，不可能有哪个地方能够像屈子那样敢说“举世混浊而我独清”。

有名有姓的“吃空饷”，众目睽睽，成为“著名”事件，而构成阿拉伯数字里的那些，只好屈尊于“非著名”之列。“著名的”折射的是“吃空饷”现象“质”的一面，“非著名的”，呈现的则是“量”的一面，然而无论单看哪一面，都足见问题的严重程度。比方去年福建省龙岩市城建监察支队科员江进祥被舆论封为“最牛公务员”，依据是老江9年没在单位上过一天班，工资照发。现在，老卢出现了，他再不能独美，这顶“桂冠”二人要轮换着戴戴。9年里，来都不用来，钱照拿，位照保，那该是在什么样的权力笼罩之下？连我们外人听起来都义愤填膺，他们身边的人呢？“吃空饷”的猖獗程度，折射出的是权力的猖獗程度。王烨的爸爸杨存虎乃山西静乐县在任县委书记，在王辉事件曝出当天，当地对于此事就有两种截然不同的态度：一种认为应该迅速对其停职；另一种则认为，得看看上头的意思再做定夺。王辉被处理之后，知情人士更认为：“如果再深挖下去，恐怕不是一个王辉落马能收场的。”

因此，治理“吃空饷”，以为重在“切实管住管好机构编制”，在所谓制度层面去修修补补，便颇有些南辕北辙。在权力的淫威之下如何“管住管好”还“切实”？上面一个招呼，下面不乐颠颠地出主意、想办法，充当马前卒，那个单位的百姓怕都要烧高香了。对王烨“吃空饷”事件，山西省委常委会做出决定，免去杨存虎静乐县县委书记职务。倘若其人不会短时间内在某个同样级别的岗位上又冷不丁地复出，则在现有状况下这正是具有极大震慑力的一种处置。权力本身约束不了，再不让滥用的权力付出代价，谈论别的什么都是奢侈的。山西行政学院一名不愿具名的专家表示，根治“吃空响”光靠媒体监督不够。我倒不这么看，既然只有媒体才能发现问题，那么媒体倘能尽情施展拳脚，有一起势必就能发现一起，至少在当下也足以告慰公众了。

（2012年5月3日）

我们该借鉴国外治理官员剽窃

5 月 15 日下午，罗马尼亚总理蓬塔宣布，他已经接受教育、研究、青年和体育部长伊万·曼格的请辞。5 月 7 日晚上才宣誓就职的曼格，何以板凳还没坐热就匆忙离去了呢？原因在我们一些人看来可能好笑：涉嫌论文剽窃。

曼格只是个部级干部，稍早一点儿还有一则官更大的新闻，那就是4 月 2 日匈牙利总统施密特·帕尔的宣布辞职，也是败在这种“区区小事”之上。匈牙利泽梅尔魏斯大学发现，施密特·帕尔早年的博士论文涉嫌抄袭，“逐字逐句地将另外一名写作者的关于奥运会历史的论文照搬”，乃于 3 月 29 日剥夺了他在 1992 年获得的博士学位。

除了级别不同、国别不同，二者还有另一点相异之处：帕尔的抄袭已然证据确凿，而曼格尚属疑似。蓬塔总理 5 月 14 日致函罗马尼亚科学院院长约内尔·哈伊杜克，请求他们成立一个专家评估委员会，对有关曼格抄袭日本、中国台湾和以色列专家的论文质疑进行核实。疑似而被处理，由此可窥见罗马尼亚对官员论文剽窃的鲜明态度，时尚地说，这该是所谓的“零容忍”了。

外国的月亮肯定不比中国的圆，但在相似问题的处理上，外国的好的做法应该引起我们的重视，借鉴之可以清洁我们的社会。综观这两个国家对剽窃的处理，不知别人的观感如何，我是眼界大开的，主要是处理的对象。我不知道“礼失而求诸野”用在这里合适与否，但感觉上他们那里真有把我们祖宗的“王子犯法与庶民同罪”落到实处的意思。剽窃在我们这里，早就不是什么秘密了，蔓延到了社会领域的方方面面，涉及众多有名有姓的人物，甚至连若干院士都不能幸免，当真是“上不封顶，下不保底”。剽窃之风恶劣到了这种程度，处理呢？肯定有，而且不少，但鲜有留下深刻印象的，相应的自然是鲜有或没有处理到“量级”值得一提的人物。不难记起，有些对权威人物剽窃的质疑，相当之多的证据俱在，由业界演变为引起社会持续高度关注的事件，仍然被大念“拖字诀”，好像时间真的能够敉平一切。这就不难窥见我们对剽窃这种丑行颇为暧昧的态度，好像“息事宁人”才是不二法则。

我们也不妨拿几个大的人物开刀，就是单纯地因为论文剽窃，不是因为贪腐而牵连出的剽窃，那样的话，人们想必认为处理他是因为贪腐。就像罗马尼亚的部长和匈牙利的总统这样，没犯别的什么事，只是论文剽窃。我们一些人可能会对此不屑，就像帕尔在刚刚败露时的“嘴硬”一样，那时他不是还表示“看不到他的论文剽窃与当总统有任何干系”吗？事实证明我有能力，“原罪”便微不足道。错了。我们在干部任用问题上已经强调“德才兼备，以德为先”，剽窃而泰然处之，无疑对德行构成了辛辣嘲讽。并且，我们还要看到帕尔后来这样检讨自己：“为了国家利益，总统必须能给匈牙利国家带来团结。我不幸成为一个分裂的象征，我感觉有责任辞去总统职务。”可以想见，无论什么人，一旦剽窃败露就得到处理，对越大的人物处理越大张旗鼓，越广而告之，才能够取得应有的震慑效果。

部长、总统，因为当年的论文剽窃而引咎辞职，横竖感觉人家又有践行了我们的“发现一起，查处一起”的意味。这种以及前面的那种想法算不算“崇洋媚外”，要交给读者诸君去评判了。宋人刘元城云：“说得一丈，不如行取一尺。”至少此类古训在今天仍然不失其积极意义吧。

（2012年5月16日）

花架子反不了腐

北京明十三陵之一的昭陵，将在今年10月打造以“明镜昭廉”

为主题的明代廉政文化园区。据十三陵特区办事处有关负责人介绍，这是为了利用昭陵的旅游资源，在文物保护的前提下，利用陵区内废弃的饭馆、房屋，建设总用地面积达 208 亩的明代廉政文化园区。昭陵是隆庆皇帝及其三位皇后的合葬陵寝，虽然在十三陵中是第一座被大规模复原修葺的陵寝，也是正式开放的旅游景点之一，但与同样开放的游人如织的永乐帝长陵和唯一被发掘的万历帝定陵相比，知名度显然较低。

知名度的高低还在其次，一座已成文物的帝王陵寝与其所处时代的“廉政”存在什么关联？愚笨如我还真琢磨不出，但这类事情偏偏无独有偶，逼迫我们不能不去想一想。去年山东省梁山县“针对水浒文化的反腐内涵”，建成了国内首个“水浒特色”廉政教育基地。留意了一下方方面面的评论，基本上一片讥讽之声，“瞎扯”“不靠谱”云云。如今，利用《水浒传》反腐不知收到了怎样的实效，但在昭陵这里，显然有“出师未捷”的意味，用网友的话说，此举“堪称天下奇闻”。

这当然怪不得舆论，实在是当下各种“瞎扯”的反腐举措太多，看厌了，脾气差点儿的难免“恶向胆边生”，劈头盖脸啧几句。但我们也得承认，《水浒传》里还是有反腐成分的，毛主席不是说过嘛，“‘水浒’只反贪官，不反皇帝”。反贪官的行动，逻辑上自然可以“提炼总结”出经验。梁山那里的水浒文化研究专家整理形成了水浒反腐“十八招”，即 18 个经典故事，包括：除暴安良、威武不屈、抱打不平、伸张正义、倡树正义、勇于抗争、以身作则等。老实说，从这些名目上我也觉得有点儿“不靠谱”了，无非是给老故事披件新马甲而已，或者说就是穿西装戴瓜皮帽的模样，看着别别扭扭。但从《水浒传》中毕竟可以借鉴些根本性的东西。比方《水浒传》的主角是一百单八将，但率先出场的却是人品、官品俱不堪一提的高俅。为什么无赖先亮相？金圣叹对此有过精辟分析，《水浒传》开篇“不写高俅而写一百八人，则是乱自下生也；不写一百八人先写高俅，则是乱自上作也”。也就是说，这种看起来貌似出场顺序的问题，其实隐喻着农民起义（所谓“乱”）的成因问题，先写高俅，意味着正是朝廷官员的腐败导致了农民起义；而“乱自上作，不可长也，作者之所以深惧也”，金圣叹认为作者这是要提醒后来的为官者要高度注意。

但是，寿命还不到六年的隆庆朝呢？皇帝自身不但免朝听政成家常便饭，即便临朝也“无所事事”，形同木偶，甚至“未尝时赐请问，体察民情”，连“储司奏章”，也“少经御览”。即便跟廉政搭得上远亲吧，中国当下的反腐败也早已到了需要“治本”的迫切关头，而梁山、十三陵的那些基地、文化园之类，恐怕连“治标”都是奢望，后者其实已经不打自招，所谓“园区建成后将丰富昭陵的客源结构”，因为以前昭陵“以外地来京游客为主”。

反腐败的治本之策呼唤的是“顶层制度设计”，以及把已有的“设计”落到实处。有统计说，十五大以来，全国省部级以上机关制定的党风廉政建设法规及规范性文件达2000多个，其中中纪委、监察部制定的有200多项；2010年，中共中央办公厅颁布了《干部选任责任追究办法（试行）》，中组部同时制定了《干部选任有关事项报告办法（试行）》等3个办法。这些文件可以说环环相扣，形成了事前要报告、事后要评议、离任要检查、违规失责要追究的干部选任监督体系。另一方面，伴随着《刑法》《行政许可法》《公务员法》《行政监察实施条例》等法律法规的相继颁布实施，反腐败的制度设计已经相当完备了，如果钻牛角尖，揪住若干字眼做文章，则永远不会有“健全”的时候。

但我们也都知道，众多的制度设计还仅仅停留在纸上，比方三公经费的公开就羞羞答答，即便公开了的也因语焉不详而备受诟病。各级人大不妨就从这些地方入手，履行好自己的监督使命。古人早就告诉我们：“不积跬步，无以至千里。”

（2012年5月29日）

要给秸秆找条“出路”

秸秆焚烧成了一个大问题。

据环保部 6 月 12 日卫星遥感监测焚烧秸秆情况的信息通报，当日，江苏南京、徐州、淮安、宿迁、连云港地区发现焚烧秸秆火点近百处。此前一天，武汉被焚烧秸秆产生的黄雾笼罩，已经成为公众关注的焦点。印象中再往前几年，成都等地也出现过类似状况。

原本与生态为伍、时尚说法属于“绿色”的秸秆何以酿就“弥天”之祸？焚烧的缘故。显而易见，自从有了农作物，也就有了秸秆，为什么以前不在田野里公然地烧，即使烧也不会像现在这样烧得大规模、全方位？无他，以前秸秆很有用，让农民烧，他们也舍不得。我这样说，基于自己在故乡华北平原的生活经历。

起码得退回到差不多 30 年前了，在我们那里，诸如小麦、玉米的秸秆虽然算不上宝贝，但与农家生活须臾不可或分。扎篱笆就要用不少秸秆，菜园子的四周、困难一点儿人家的院墙，扎的就都是秸秆篱笆，这种篱笆基本上一年一更新，对秸秆的消耗量相当大。那些带有甜味的秸秆，还用铡刀铡碎了当牲口的饲料。记得以前国家推广过沼气，电影上看到它可以用来点灯，像煤气一样做饭，秸秆的用处就更大了，需求也更大了，要挖个沼气池，把秸秆放进去沤。我们老家也挖了这样一个沼气池，可惜最后没有成功，好像全村的成功率也非常之低。——忽然想到，在彼时的沼气入户统计数据上，这笔账不知是如何计算的，忽然想到而已。不成功，想来不是把秸秆丢进池子里沤一沤，发下酵，然后就“出气”那么简单，生产沼气的技术含量还是相当之高的。早几年我回去，自家的沼气池早不知在什么时候都已经填平了，如果不是记忆中有这么档子事，似乎推广沼气根本不曾存在过。

从前秸秆的重要功能之一，也有“烧”这一项，“袅袅炊烟，小小村落，路上一道辙”，歌词中“炊烟”的效果大抵就是家家户户做饭时烧出来的效果，我们平原地带没有柴，烧的都是秸秆。不解的是，同样的行为，为什么彼时产生的是诗情画意的“炊烟”，此时产生的却是人人畏之如虎的“硝烟”？想了一通，该是彼时的大气质量还谈不上糟糕，单纯的焚烧秸秆还根本不至于对之构成威胁吧。有报道说，今年的焚烧方式方法、焚烧量都与往年没有什么不同。那么，何以今年竟为害甚烈？亦无他，从侧面证明那些地方的大气环境进一步恶化的程度，这个时候焚烧秸秆再来添乱，大气质量就被这根小小的稻草彻底压垮了。

不能焚烧，“堵”是肯定不奏效的。6 月 12 日下午，南京市环保局、南京市农委等多家单位组成“秸秆焚烧检查小组”，兵分三路前往南京郊区（县），旨在寻找造成南京“黄泥天”的元凶，遇到焚烧秸秆的农民便上前劝阻。费神费力，农民也一肚子不高兴，不烧，留着这些劳什子干什么呢？显然，关键是要给秸秆找条“出路”，也就是“疏”。没有“出路”，它的归宿就只有焚烧之一途。这本来是不难预见的。方方面面的确都在找，比如有的地方鼓励农民将秸秆还田，一亩地能领到十块钱的补贴，等等。只能说，找了，但没有找准，起不到作用。而当秸秆焚烧成为日益严峻的环境问题的时候，寻找这条“出路”就不能像以前那样优哉游哉，变得迫在眉睫了。这一点，有关方面也意识到了吧？

（2012 年 6 月 13 日）

咀嚼“接待就是生产力”

甘肃省天水市接待办公室的一条标语出了大名，道是“接待就是生产力”。看那张网友拍下来的照片，7 个大字足足占据了整个山墙，而且不是写上去的，似乎是用什么“镶”或“砌”上去的，反着幽光，煞是耀眼夺目，足见他们对这个“等式”的重视。

如果对这标语冠以“雷人”前缀的话，肯定不能说这标语的内容，因为大家都知道它道出的是一种实情，所以还要感到意外和吃惊，该是其“开诚布公”的程度。我胡乱猜测，我国各级“三公经费”居高不下，公务接待费怕是其中的重头，至于能占到多少，须待国家各个部委、地方各级政府都认真履行了中央明令要求的公开“三公经费”账单，自会一目了然。尽管当下大家对公开的速度过于缓慢、公开的内容过于笼统等等都不太满意，还是该保留足够的耐心，万事起头难嘛。咀嚼一下“接待就是生产力”，还是挺有意思的。

何谓“接待”？接待就是迎来送往。何谓“生产力”？辞书上说得明白，虽然长了点儿，也还是抄下来吧：“人类在生产过程中把自然物改造成为适合自己需要的物质资料的力量，包括具有一定知识、经验和技能的劳动者，以生产工具为主的劳动资料，以及劳动对象。”（《现代汉语词典》第5版）这里的“自然物”看着有点别扭，因为“接待”的对象该算是“会物”，不知《现代汉语词典》修订时是否会考虑这个问题。谈到生产力，“科学技术是第一生产力”，我们都能脱口而出，第一而非唯一，就开了个口子，不过现在“接待”算老几还真成了个问题。隐约觉得，它有那么点儿要与第一分庭抗礼的架势，也就是说有篡位的可能。不管怎样，强调“接待就是生产力”，表明“接待”的性质在这里即古人所谓“当其舍时，纯作取想”，即俗语所谓“舍不得孩子套不住狼”。其实很多地方都是这么干的，只是大家没这么“张扬”罢了，倘若这个推测成立，则天水接待办亮出的标语挺像安徒生笔下那个说实话的小男孩，莽撞或懵懂中透着一丝可爱。

在我们这个历史悠久的礼仪之邦，“接待”免不了是一项文化传统，在从前的重要性也的确不亚于今天。与“生产力”挂钩与否本人还真未曾留意，但是看到过几则“接待”不周导致的恶果。比方明朝兵部尚书胡宗宪的儿子路过淳安，因为感到被怠慢，“怒驿吏，倒悬之”。还是明朝，工部郎中徐九思在山东治理黄河，顶头上司赵文华视察东南路过，徐九思“遣一吏赍牒往谒”，没有亲自出面，惹得“文华嫚骂而去”。等到徐九思拟升任高州知府的时候，赵文华“与吏部尚书吴鹏合谋构之，遂坐九思老，致仕”，硬是把他给打发回家了。当代郑秦先生在其著作《清代县制研究》中指出：“宴饮迎送，例有明文限制和禁止，但作为官场通病是无法克服的。接官本不许出城，但十里八里，三接五接习以为常。会议而宴饮，似是惯例，以至于终日，则不知公务作何处理，上班即是宴会，宴会即是上班。吃喝所费，公帑报销，自不待言。如有上司驾临，甚或只是上司的幕友、书差，支应接待也是头等大事，丝毫不敢怠慢。”种种可见，不拘古今，“接待”都是“官场文化”中的一个“文化特质”（掉出文化人类学里的一个概念），而上升到“接待就是生产力”的认识高度，该是今人胜似古人，进而使“接待”更富内涵之处。

但对“接待就是生产力”一类，包括那些虽没声响但行其实的，还是应该奇怪一下，这应该不是一种正常的社会生态。其危害，肯定要远远超出给备受诟病的公款吃喝染上“名正言顺”的色彩。

（2012年6月21日）

不宜对官员即使“正面”的细节过度关注

一帧湖南省祁东县县委书记曾祥月近日吃盒饭的照片在网上很“火”，引起了公众热议，“盒饭书记”一时间也成为网络热词。积经验来看，所谓“热议”，往往是质疑的声音居多，且呈压倒性态势。对“盒饭书记”的评价正是如此。

如今，但凡“显示”官员作风的照片，很少能够赢得公众的赞赏，相反，会加剧公众的反感。前不久，芜湖市副市长詹云超骑自行车送女儿上学的那张“著名”照片，算是个鲜见的例外，然认定其作秀者仍然不乏。何以至此？大约就像曾祥月说的，大家对官员产生了思维定式。这句话我们都不难理解，它所揭示出的，实际上是官员整体形象在公众心目中所恶化的程度。这所谓“定式”，就是在公众眼里，官员本来应该“那样”，必然“那样”，现在他却“这样”了，不合“情理”，还不是作秀吗？因此，我们可以说公众在这类问题上的心态是非常矛盾的：他们一方面希望官员作风朴实，贴近百姓，而另一方面，一旦相应的可以“佐证”的实例出现，却往往又立刻不分青红皂白地大吐口水，掷去种种诛心之论。这当然也怪不得公众，实在是耳闻目睹的社会现实，奠定了他们“妖魔化”官员的心理基础，因为一些官员也的确喜欢作秀。记得前两年有个地方的上级领导下乡去“帮助”农民收割，活儿没干多少，那些尽忠职守的摄影记者还碍了农民的不少正事；而拍完了，准备公开的影像挺满意了，大家也就拍屁股走人了，在当地造成了非常恶劣的影响。

但是，倘若举手投足，兜头先泼去一盆冷水，对那些严于律己、洁身自好的官员而言，就是非常不公允的。这容易让人想起《水浒传》里劫法场的李逵，不论官军百姓，“一概排头砍去”，毫无理性可言。因而对公众来说，质疑是一种权利，但是不能想当然地质疑，不能不加分析地怀疑一切。偏偏我们社会的诚信缺失已是个全方位的存在，官员的作为不能“幸免”，怎么办？那么我想，至少在当下，不宜对官员工作或生活的某个即使“正面”的细节过度关注。在官员自身，也未必认同“随手拍”这类树立所谓良好形象的做法。詹云超自己就觉得很纳闷：“我就送个孩子，怎么还被人拍照了，大家不都这么送孩子吗？”曾祥月对“盒饭”照片被关注也感到很意外，“那天我正在吃饭，然后被那位记者拍下来，我也不知道照片后来还被传到网上去了”。他说在办公室吃盒饭只是个人习惯，他不太喜欢应酬。喜欢“随手拍”的人这个时候要尊重当事人，微博作为新媒体，一旦发布，等同于向社会广而告之。如果喜欢“随手拍”的人一定如此，前提是要把事实搞准，不要凭借一时间的心血来潮来按下快门，想当然地进行评价，尤其不要事后才去证明，那的确是把公众早已十分敏感的神经又撩拨了一回。

我们需要理性地看待一起新闻事件、一帧网络照片，不能让质疑成为否定一切、解构一切的“主角”。倘若凡事到了皆不可信的程度，人际间的基本信任也就无从建立。同样令我们忧心忡忡的是，与对官员“正面”行为照片不加分析地质疑相呼应，对一些严重夸大事实的恶性事件，不少人却每每不加思考地笃信不疑。

（2012 年 7 月 2 日）

多点儿常态，少点儿极端

“把路洗得像狗舔过一样干净”，这一武汉市城管环卫作业的最高标准引起了大家的热议。今天，武汉市城管局新闻办相关负责人回应，那是一句玩笑话，“我们对作业工人要求是要有像在家里做清洁一样的工作态度，强调的是态度，而不是真的用‘狗舔’来衡量”。当然，即便没有这番解释，也没有人会傻到真的那么以为。况且，“狗舔”出来的“干净”也仅仅是看上去的干净。家里养的狗真的要是舔到了“不该”它舔的地方，要赶快清洗干净也说不定。

没必要为一句玩笑话较真，但这则新闻还是有耐人咀嚼之处，就是他们回应强调的“态度”，只是在我看来，折射出的却是当下一种普遍的堪称“极端”的工作态度。此话怎讲？那就是对本该属于常态的工作内容，尽管公众早就啧有烦言，往往视而不见，待到“怨声载道”的时候又拿出“雷厉风行”的架势。这一下可不得了了，基本上来他个“翻天覆地”，以让世人“刮目相看”。就拿“当事”的武汉这条后湖大道作为麻雀来解剖：由于周边工地密集，居民先前都不敢开窗，讥之为武汉市的“光灰大道”；现在呢，“从晚上 10 点到次日凌晨 7 点冲洗，每一条道路，他们都要冲洗至少 5 遍”，对路面的检查标准是“见潮不能见水”“见灰不能见泥”。从“光灰大道”到形同“狗舔”，前后反差如此强烈，算不算从一个极端到了另一个极端？态度一丝不苟，诚然值得褒扬，问题在于即便如此高标准的洗路成本忽略不计，他们这么做能成为常态吗？我狐疑，尽管衷心希望他们能“能”。

工作多点儿常态，大约各地就不会时不时出现备受诟病却又屡屡祭出的“运动式执法”。先是“放任”，继而“严打”，“运动式执法”同样正是极端工作态度或工作方法的典型写照。很多时候，我们都能听到“动真格”之声，说的人很有些美滋滋，而浑然没有意识到那恰恰是对自己先前的证否。现在“动真格”，原来在干吗，不是尸位素餐？放眼看去，这种工作态度在各个领域通行无阻。前两天有则消息，我国已有 470 座摩天大楼，在建 332 座，另有 516 座已经完成土地拍卖、设计招标或已奠基；而全球摩天第一大国美国现有 533 座，在建及规划的只有 30 座。这意味着在未来十年内，中国将以 1318 座摩天大楼的总数傲视全球。前两年不断有“天价公厕”问世，虽然包括决策者在内都知道公厕问题每成焦点在于数量欠缺，大街上内急的时候找不到地方，而不是谁要跑去那里惬意地看电视、坐沙发、洗衣服乃至托婴，那些功能至少在眼下要算乌七八糟。灾难之后重建家园也是这样，往往不管三七二十一，各种建筑以及各种设施的功能先追求如何华丽，多少年后也不会落伍。诸如此类。要么不动，动则发狠得“咬牙切齿”，这种极端的工作方法隐藏着的其实是举手投足必欲张扬的工作心态。

还是多点儿常态，少点儿极端吧。倘若职能部门平时就能够“心平气和”地做事，断不会令本该解决于萌芽的问题积重难返。在武汉各区洗路大排名中，江岸城管“因将城市道路清洗得最为干净”，不仅在 8 月份的大城管排名中得到加分，还获奖一台价值几十万元的冲洗车。本人无意否认他们的劳动成果，只是想提醒大家在看到眼前成绩的同时，再多动一点脑筋，算是“居安思危”？

（2012 年 9 月 27 日）

相亲副乡长何以被过度关注?

江苏卫视的相亲节目《非诚勿扰》,经常成为公众议论的话题。比方新近首次改版了,乐嘉不见了,增加爆灯环节了,退场曲子不再是《可惜不是你》了,等等。前几天还有主持人孟非不认同女嘉宾的价值观而当场“发飙”。最新的一个热点是,四川阆中天宫乡副乡长戴彬10月20日晚在节目中亮了相,铩羽而归。以我看该节目的感觉来看,《非诚勿扰》中失败离场的好像多于牵手成功的,除了个别因为言论交锋触动了某些社会痛处而产生余音之外,大抵走人了也就从此杳如黄鹤了。但是,戴彬不同,他的失败引起了公众浓厚的兴趣,各个网站的大量文章都在兴致勃勃地谈论。

没看过《非诚勿扰》而只看那些关注文章尤其是只看到那些文章标题的人,一定会以为戴彬“惨遭”女嘉宾“全部灭灯”,结局该是怎样的不堪。而看过节目——不拘哪期——的人都知道,实际上“全部灭灯”在该节目中是一种非常正常的现象,是一个常见得不能再常见的常态。戴彬之后的那一期,也就是10月21日那晚,五名来自不同领域的男士也是“全军尽墨”,但至少公开见诸媒体的舆论对此没有任何反应,其中一人还是国际顶尖搜索引擎公司里的角色呢,条件在我们看来好得出奇。灭了就灭了,没反应,自然是大家觉得正常不过,那么,关注甚至过度关注戴彬,我想,该是因为他“副乡长”的身份,使他被划入了官员队伍。虽然“副乡长”在从前大约连“品”都沾不上边,应该属于“未入流”,但是当下,“村长”都不能不当干部,遑论副乡长了。

在我看来,围观者对于戴彬的牵手不成功有幸灾乐祸的成分,显得不大厚道。如果戴彬一亮身份就被“全部灭灯”,当然可以用上“惨遭”一类的字眼。印象中《非诚勿扰》还从来没有这种状况出现，事实上戴彬也根本不是。那期节目我即时看了，好像戴彬的第一轮亮灯超过了20盏，自然也没到一旦牵手成功则可免费去爱琴海度甜蜜之旅的标准。在整个环节中，戴彬的表现是比较得体的，虽然被女嘉宾调侃“看起来像领导”的他，把上级、组织挂在嘴边，却也符合他的身份定位。总之，自始至终，其举止、其言语不见得有什么不妥。换言之，倘若他是“普通人”的话，决无被如此关注的任何可能。

《非诚勿扰》力求使男嘉宾涵盖社会领域的方方面面，这一点良苦用心不难发现。然而许多人亮相时道出的职业，已经注定他们会失意于这个平台，或者他们自己也根本没有抱希望，抱的希望恐怕只是节目最后公布自己的邮箱。戴彬事后说：“我除了真实征婚，还想宣传阆中。阆中争创全国5A级景区，我们天宫乡是全国4A级景区。”他这个目的应该说部分地达到了。阆中，我们都知道跟三国时的猛张飞是关联在一起的，张飞就是在那里被刺身亡，但天宫乡在何方仙境，还真要仰仗此番他的亮相。说句事后诸葛亮的话，副乡长戴彬以及与他同期登台的男护士高鹏哲，亮相时我就知道不会牵手成功，孟非先前的那场“飙”，与之有一定的因果关联，他发得有道理。现实中的人当然需要“现实”，但“现实”与“赤裸裸”毕竟存在本质分野。

一件很寻常的事情，一旦有官员“介入”，谈论起来的味道就不同了。围观者往往极尽揶揄之能事，而任何并非实事求是的态度，也能招致廉价的高声喝彩。对一种正常现象因为当事人的副乡长身份而过度解读，实质上从一个侧面折射了官民之间的隔阂。围观者乐于见到官员“出丑”的心态，已经到了不分青红皂白的地步。这是一种不大正常的心态。

（2012年10月22日）

昭通PS照片的愚蠢之处

云南昭通的地震、泥石流两大自然灾害刚刚令大家移开视线，一张人为的PS照片又聚焦了公众的目光。照片堂而皇之地挂在市政法委主办的昭通政法网上，表现的是某个派出所及时追回了被盗摩托车，失主表示感激而赠送锦旗。锦旗没问题，不像故宫的那面“撼”旗带来一连串的憾事；但此番“群众演员”出了问题。网友即便不贴出原照，任何智力正常的人也都会发现那照片PS得实在太假。

现在，昭通市政法委发表了《致歉信》，检讨自己“把关不严，审核不力”“将吸取教训，改进工作作风”云云。饶是人家“低头”了，这里还抛弃“穷寇勿追”的古训，主要在于至少该点明这次PS照片的愚蠢之处。因为虽则昭通已矣，或可为后来跃跃欲试者深戒。

愚蠢在哪里呢？你既然要PS，还要挂在自己的门户网站上，就总得认真一点，像个样子。前几年有张藏羚羊穿越青藏铁路涵洞的PS照片，当时都能把专业的评委蒙过去。看你这张，还想怎么雷人？声明一下，这里绝无鼓励精心造假的任何意思，只是想说总不能如此侮辱公众的眼力或智力。此之愚蠢可谓其一。

愚蠢之二，无论出于何种目的，PS照片这条路在事实上证明早已行不通了，但他们居然还在埋头奋进，杳不知今夕何夕。“羚羊门”之外，四川会理领导视察的那张“悬浮照”、在首届华赛（中国国际新闻摄影比赛）上获得金奖的那张“广场鸽”，粗略数数，著名的已有不少。然而假的就是假的，一旦……就会像那两名得奖的摄影记者，败相很惨。对于职能部门乃至国家机关，首先是诚信度然后是权威性都要大打折扣。在这种情况下昭通仍要覆辙重蹈，究竟是不问世事，还是根本不长记性？

愚蠢之三，昭通PS照片的出发点显然在于表功，借此把破过的一单案子摇身一变为两单，真新闻在去年已经报道了一回。但他们极大地低估了网友的智慧。网友可以从周久耕抽的烟、从杨达才戴的表这种蛛丝马迹中发现重大问题，能够在开封领导干部的讲话中发现“构建和谐漯河”、在邯郸领导干部的署名文章中发现与青岛的政府文件除了人名地名一字不差，那么，你以为真事情在去年的公安网上、假照片在今年的政法网上就可以瞒天过海，还不是蠢得到家吗？

通过合成等手段“制作照片”什么时候出现的，需要由专业人士指点，以笔者所见，清人刘体智《异辞录》、刘成禺《世载堂杂忆》里均有“伪造合影”，具体指向，限于篇幅，此处不赘。从时人认为“摄影之法极其浅近，两片相合尤轻而易举”来看，PS 在那时已不是什么难事，在电脑愈发大显神通的今天就更加轻而易举。但是，那么多教训在前，如果谁要是以为自己最聪明，PS 了还可弹冠相庆，那就是蠢得不可救药了。

（2012 年 11 月 1 日）

不必做雷政富的“长相”文章

重庆市北碚区原区委书记雷政富“出事”之后，一种挞伐声音做的是其“长相”文章。“外貌协会”甚至将雷政富 3 个字解读为“雷人长相、政府官员、富得流油”，极尽调侃之能事。还有人更在雷政富之外，把刘志军、文强、杨达才等已经落马的其貌大抵不扬的官员头像汇集到一起，名之曰“看长相就像贪官”，好像找到了一条定律一般。

快则快矣，然用外貌来嘲笑他人，尽管嘲笑对象是贪官，尽管那嘲笑可能很传神，然好听一点儿说是情感战胜了理智，难听一点儿说就是粗鄙不堪。雷政富其貌扬否，与其作为没有丝毫的关联，至少他不是因为自己像贪官而去当贪官。在历史上许多时候，长相的确是一种天然劣势。《万历野获编》里有一则“选科道”，说成化之初“给事中之选，则专取姿貌雄伟”，靓仔与否是一个先决条件。因此张元桢建议：“六科不必拘体貌长大，当以器识学问文章为主。”可惜，对张元桢的建议，“时论不从其说”，该怎么干还怎么干，“近侍官兼主对扬，必用体貌长而语言确者，以为壮观”。人们为此还编了段顺口溜：“选科不用选文章，只要生来胡胖长。”如此以貌取人，那个时代算正常吗？

由长相断定人的作为，该算一项非物质文化遗产，不值得继承就是。古人差不多对人体的每个部位，都有一套“行为宝鉴”。比如脸的颜色，《蕉轩随录》说：“唐卢杞面蓝，宋丁大全面亦蓝色，皆奸臣也。”面蓝，很怪，相术界想来自有定义，总之他们总结出此种脸色的人就是坏蛋。又比如眼睛，《万历野获编》说，宋相蔡京能“视日不瞬”，也就是盯着太阳看而不眨眼睛，有人说：“侍其目力，敢与太阳争光，他日必为巨奸。”《邵氏闻见录》载，王安石还是知县时，有人也从他的眼睛看出了问题，“多白，甚似王敦”，必为“他日乱天下者”。王敦就是“旧时王谢堂前燕”中的“王”，东晋时他率兵攻入过都城建康。把王安石变法与王敦“清君侧”相提并论，是变法反对者的成见，此种“行为宝鉴”之荒谬亦见一斑。

“看长相就像贪官”，属于典型的事后诸葛亮。当雷政富在台上风光的时候，相信没有人敢如此“掷地有声”。苟如此，那就是豪杰中的一员了；苟非如此，该要归入阿Q之列。其实，即便长相怪异也没有什么，古人还有一项非物质文化遗产，叫作“奇人必有奇貌”。所谓奇貌，自然异于常人。异于常人，不等于就是坏人。前两年，阿里巴巴集团董事局主席马云在广州召开的首届网商交易会上发表演讲，我在广东卫视上看了一段，正赶上他在舞台上边来回走动边说：“我跟大家没有任何区别，唯一的区别就是比在座的所有人，都长得怪一点，长得丑一点。”他自认为的怪，实际上就是古人眼里的奇。然奇人是否必有奇貌，也是不言自明之事。

俗语说得好：“打蛇打在七寸上。”官员之所以堕落，多少年前我们就总结出来了：缺乏监督。具体到多少年我不知道，最少有 16 年了，因我在 1997 年 2 月有篇文字就是讲这个的。缺乏监督，才是一条真正的定律。从目前对雷政富案件的有限披露也不难发现概莫能外。我们还是不要在官员“先天”的长相上去浓墨重彩，而要在其“后天”的作为上多做文章，探讨一下何以这么多年过去了，我们还在周而复始地总结早已总结出来的定律？如果嘻嘻哈哈形同游戏，则这个话题就属于茶余饭后的谈资，未几便一切如旧，后面的覆辙重蹈，于反腐败并无半点益处可言。与“看长相就像贪官”相对应的，应该是“还真看不出来”。看不出来才对，一个最典型的例子就是：汪精卫相貌何其堂堂，不是到头来成了汉奸吗？

（2012 年 11 月 27 日）

由“并非新规”引发的杂想

12 月 11 日，北京朝阳区开始执行对部分闯红灯的行人罚款 10 元的处罚，目的之一是要遏制“不看红绿灯，凑一堆人就走”的“中国式过马路”行为。有人对罚款依据不解，对此，北京市交管部门回应，“闯红灯罚款 10 元并非新规”，北京市早在 2004 年就出台了地方法规，对有违反交通信号、未走人行道或者未按照规定靠路边行走等十种行为的行人，处 10 元罚款。此举能坚持多久姑妄观之，此则新闻引起我浓厚兴趣的，是“并非新规”这四个字。

规则早就有了，却被大家忘去了脑后，真的一执行，被罚的觉得委屈了，“路见不平”的帮腔了，正像鲁迅先生所说：“以为文明至今，到他们才开始了严酷。”这样的事情，并非“独此一家，别无分店”。前两天湖北出台了“史上最严”的历史文化建筑保护条例，我在为之叫了声好的同时也翻了旧账，言下之意正在于佐证“并非新规”，国务院早就有了，只是“史上最严”言过其实这句话没敢吐出口，概因无意给人家的良好愿望泼去不合时宜的冷水，虽然事实归事实。综合方方面面的其他新闻也可知，我们正处在一个法律法规尚不健全的时代。不是吗？但凡哪个领域总结什么教训，至少都会听到这么一句。于是，作为整顿措施之一，往往都是再制订一大堆这个那个，定睛看去，大抵都“并非新规”，重申而已，强调而已，“至今已觉不新鲜”。待到新的——也许还是老的——问题出现，首要的，仍是新一轮的规章制度大修订。如此循环往复，对于解决问题的希望是否呈“螺旋式上升”的态势没有考证，不敢轻易地乐观或悲观，然而“制度挂满墙”无疑是人人耳闻目睹、早已遍地开花的一大景观。

小时候听长辈不止一次地讲过一个故事：狗熊跑到玉米地里偷玉米，掰一穗，夹在腋下；再掰一穗，再夹在腋下。殊不知，在夹后一穗的时候，前一穗已经在抬胳膊（前腿）的时候掉下来了，但狗熊仍然孜孜以求。就这样，掰到最后，腋下始终只有一穗，忙来忙去，这就是所谓最终的收获。这故事想必很多人都听过，当然是个童话。想起来，从前是每每会心一笑，现在对其中所揭示出的“顾此失彼”的道理，不免有了新的理解，觉得用在“并非新规”这里很熨帖：顾此，忙着弄新的；失彼，把原本的干脆忘去了脑后。因此，自以为从此将会如何，公众也充满期待，却因“并非新规”，在开头热闹了几天之后，终于归为沉寂。而令公众空欢喜一场的事情一多，再出台什么禁令之类也就不会当作一回事。

所以，我们中国人还是多长些记性才好。就北京的处罚来说，闯红灯的行人、对处罚闯红灯行人感到不解的人要记得还有过那么个条例。跳出北京的处罚之外，出台过规章制度的部门记性也要好，要像北京交管部门那样记得自己出台过什么，尤其是要记得跟踪一下落实的情况，定出来的规则不是看着好玩，是要解决实际问题的。“狗熊掰玉米”的话，白忙一通事小，丧失了规则的严肃性那可事大。纵观诸多领域，（墙上）最不欠缺的是规章制度，而（执行）最欠缺的又是规章制度，这个悖论不应该存在。

（2012 年 12 月 12 日）

标准像嘛，还是堂堂正正的好

有人在广西兴安县国土资源局网站查看时发现：在领导公示信息一栏，局长没有相片，数名副局长和党组成员的公示相片面部也都被打了“马赛克”处理。对此，该局纪检组长说，最近一年来，局长和他在内的数名局领导都接到了敲诈信，信里面的相片“都是一男一女躺在床上，看起来较为模糊，但头像清楚，与该局网站上公布的一致”，他们分析这是不法分子从网上下载拼接而成的。为避免类似事情再发生，他们对网站上的相片进行模糊处理，局长的因受不法分子“重点关注”，所以暂时撤下。

明白了，这是防患于未然。明末清初史学家谈迁有一部《枣林杂俎》，里面说到明太祖朱元璋“好微行察外事”，微行时，用的实际上就是这种路数：在标准像上做文章。他这么干，“所赐诸王侯御容一，盖疑像也。真幅藏之太庙”。就是说，他的样子让画家画成两种，假的给当时的大家看，真的则束之高阁留给后世看。不知道别人有没有留意，在我的视野中朱元璋像的确有判若云泥的两幅：中学课本里的那个坐像，纯粹歪瓜裂枣；而台北故宫藏画（发行过邮票）中的那个胸像，又绝对的器宇轩昂。不加说明的话，没有人会把那两幅像上的人关联在一起，更不要说等同为一个人。朱元璋这样做，大概正有安全方面的考虑，微服私访的时候让大家认不出他。而今天政府网站上所以登载干部的照片，性质截然不同，却正是要让大家领略他们的形象，“马赛克”处理的话，还不如干脆没有的好，那不是更放心？

照片遮不住，毕竟要人识。没错，这是对名句“青山遮不住，毕竟东流去”的生吞活剥。昨天湖南邵阳有一块“霸气广告牌”引来了网友关注，广告牌就是高速公路两旁高高大大的那种，霸气在于牌子上的内容：“谁不加快发展，谁就是邵阳历史的千古罪人！谁不加快发展，谁就是邵阳人民的不孝子孙！谁不加快发展，谁就是邵阳今天的混世魔王！”我注意到，安徽卫视在播放此条新闻的时候，三处“邵阳”一概打了“马赛克”。不过，虽然这里模糊处理了，但所有的网络新闻都是那六个字赫然在目，并且其内容人家当地最高领导在讲话中就提到过，根本没有藏着掖着的意思，老话叫“行不更名，坐不改姓”，倒是电视台的“为尊者讳”显得多此一举了。这件事给兴安国土局启发的是，靠“马赛克”照片来保护干部，将遮不胜遮。如果不法分子存心要跟你们哪个领导干部过不去，他不会简单到只盯着你网站上的标准照。

兴安是著名的灵渠所在。我在今年上半年曾经慕名凭吊，一偿夙愿；饭桌上又巧遇歌曲《春天的故事》《走进新时代》词作者蒋开儒先生，蒋先生正兴安人，彼时自深圳回乡省亲，因之对兴安印象更深，兴安现在出了这单新闻，便想说上几句。引申来看，无论哪个地方、哪个部门的网站，在担心干部照片被不法利用这一点上，应该都是多余的。假的就是假的，数码时代PS照片诚然变得容易，但拆穿也没那么难，不要说周正龙那么低级的“华南虎”，前两年获得大奖的那帧著名的“藏羚羊”，即便拼接得貌似天衣无缝，最后也还是露出了马脚。周久耕、杨达才都被网友通过照片发现不对劲，却也都不是从标准像上发现的，纯粹取决于他们平时早已自视为“正常”的习惯和活动。

标准像嘛，还是堂堂正正的好。

（2012年12月19日）

沈丘的“尽快处理”只是寻常小事

《河南商报》记者打开由沈丘县委、县政府主办的“中国·沈丘”网的“来信选登”栏目看到，编号从“389”到“1027”、时间跨度从2010年8月到2012年9月的那些来信，无论内容是什么，回复全部是“您好，我们会尽快为您处理的”。很客气，不过也折射了相当机械的一面。当地解释说，出现这种现象是因网站改版，技术问题。可能吧，但那些既成事实可用一句俗语来解释：以不变应万变。

以不变应万变，据说是佛教禅宗的经典思想，我没有考证过，在原出处具体何指亦不知所云，却不妨碍我们就这几个字本身来“望文生义”。那就是用固有的思维模式，来应对变化着的事物或时代。逻辑上看，以不变来应万变难免出现尴尬，事实也正是如此。在沈丘这里，对于“希望我们的家乡越来越美、越来越富裕”的建议、“县长热线不能解决任何问题”、“我想问一下沈丘对养鸡业有什么优惠政策”等，回复一概为“尽快处理”，又焉能不让人啼笑皆非？不过，类似沈丘“尽快处理”的这种，只是表面上的“以不变应万变”，倘若我们稍微留意，稍加分析，就还可以发现比较隐蔽的，虽然屡试不爽，但因为没有“尽快处理”那么直接，那么一目了然，所以恐怕也没太被大家留意。那种应对“万变”的“不变”是：但凡有恶性事件发生，首先把自己身上的责任推得干干净净。

新近有两个影响力颇大的事件：一个是河南兰考大火，一个是山西长治苯胺泄漏。兰考那间收养孤儿和弃婴的私人场所发生火灾，导致7名孩童死亡，我们在当地的新闻发布会上听到，首先数落了一堆当事人的不是，“袁厉害拥有子女，经济条件不足且没有在民政部门办理弃婴收养手续，比照国家收养法的有关规定，其并不具有收养弃婴的资格”，云云。光听这些，任何还有一点血性的人，都会“怒从心上起，恶向胆边生”。代表官方说这话的人，浑然经不住媒体的追问：面对需要帮助的孩子，当地政府部门做了什么？明知袁厉害不具备收养资格，“有关部门”采取了哪些措施？山西长治苯胺泄漏事件，同样荒谬到了极点。泄漏还是去年的事——12 月 31 日发生的，而直到 1 月 5 日，处于下游的邯郸市政府门户网站发布临时停水通告，才大白于天下。事故隐瞒了这么多天，居然不算迟报，因为“只要污染不出长治的边界好像就不用往省里报，自己处理就行，一出边界了这才需要报”。出边界了，到人家那儿了，让人家措手不及了，你们还问心无愧？7 日上午，长治市市长终于还是为“未及时上报”事故情况向公众“表示深深的歉意”，虽然缀了条“想不到”之类的小尾巴，使道歉颇显勉强，但到底算是不得不低下高贵的头了。说这些话，选择在第一时间有那么难吗？

与这些人命关天的事情比较起来，沈丘在网站上的“以不变应万变”只能算是寻常小事，如果编一本《新笑林广记》，这种例子充其量是“放屁添风，挥涕增河”罢了。那些让我们笑不出来的，在“万变”的各种各样匪夷所思的恶性事件面前应以“不变”的责任推诿，那种行事思维、行为逻辑何时能够得到扭转乃至得到根治，理应更值得我们关注。可以想见，扭转或根治不了，各种不该发生的悲剧就会上演、重演。

（2013 年 1 月 7 日）

征集“你最反感的官话套话”实在是好

人民日报官方微博日前发出征集令：“官话套话空洞无物，多年来相沿成习，会议中官话套话至今不绝于耳。现向网友征集‘你最反感的官话套话’，欢迎实例实录。”此举赢得了网友的热烈响应，在下落笔之际，“高度重视”一语暂拔头筹。这个征集实在是好！令人反感的官话套话肯定能开出长长的一串，征集到最后想必会筛出“十大”，而“十大”一旦出炉，无疑就成了“敏感词”，谁若不想“入瓮”，谁就只有自觉“回避”，客观上就构成了一道以“技术”手段堵截官话套话的屏障，比三令五申可能会奏效得多。

诸如“高度重视”一类，确实是让人听了早已产生不了什么感觉的陈词滥调。虽然没有人“强按牛头”，但说的人像遵守“潜规则”一般心照不宣。我一直不大明白的是，官话套话究竟是说给谁听的。毛主席70多年前即撰文反对这套话语体系，如今读来仍然不失为名篇。70多年来，中央明确、重申又不知有多少回了，可见这套话语体系并不受“上面”待见，而“下面”则无须串通联络，倘若民调一定会齐刷刷地反对。“姥姥不亲，舅舅不爱”，令人如此生厌的东西怎么还有市场呢？说的人为什么仍然乐此不疲呢？解释这种现象，该属于心理学、社会学，还是别的什么学科范畴？不妨作为一个课题来研究。

官话套话每为人们与科举中的八股文等同诟病，然而比较起来，官话套话与八股文根本不在一个档次。八股文只是在文章的形式上固化为八个部分，破题、承题、起讲、入手等等，至于如何破、如何承，那是真正显示学问的地方，决非官话套话那样谁说起来都差不了多少。而就八股这种形式本身，启功先生也认为没什么好诟病的：“外国有‘十四行诗’，为什么必须十四行，为什么十三、十五就不可以，恐怕也禁不得追问。”官话套话多数情况下肯定都是没有丝毫用处的废话。台上的人一定要煞有介事地唾沫横飞，台下不得不坐着的人们只有两种选择：其一，身在曹营心在汉；其二，黑甜乡里见周公。后面这种，“实例实录”俯拾皆是。各地、各级的会议上，时不时就会有与会者东倒西歪的镜头。子洲县政协主席王玉朴在榆林市政协会议上酣然入睡的图片这两天正红遍媒体，爆料者说：“会议开始后不到20分钟，王玉朴就仰着头睡着了，会议期间基本一直保持睡姿，直到会议结束。”幽默感十足的网友，不是就调侃他“抗议会议拖沓”吗？王主席老实回应说，自己在会前吃过药，因为药力发作才

"眯瞪了一会"，但积经验来看，很多的类似镜头背后，官话套话的催眠作用绝对不容低估。

中央提出改会风、文风之后，不少地方又竞相出台新一轮的对某级领导讲话的时间限定、报道的字数限定，不要说这种做法早就折腾过了，"至今已觉不新鲜"，就算是在规定时间、字数内，如果思维模式没变，官话套话照样会大行其道。还应当明确的是，不要以为官话套话只出现在会场上，也不要以为只有官员才用那种口吻，不少专家学者的文字实际上也是这个路数，尤其在大量的"贯彻"或"落实"来临之时，貌似营造了铺天盖地的气氛，定睛看去，根本没多少有价值的内容。昨天还有一则相关新闻，做了十多年高考语文阅卷工作的浙江大学中文系教授陈建新，在主讲2012年高考作文阅卷的代表性问题时说，其中"套话"问题最严重，考生常事先准备些材料，以屈原、苏轼和陶渊明的生平事迹写得最多，被称为"套话三巨头"。官话套话与学生的作文套话，有没有什么因果关联呢？或者说，前者是不是起到了很坏的示范作用呢？不妨也作为一个课题来研究。

（2013年1月10日）

我国究竟有多少人口？

我国究竟有多少人口，也是个问题吗？新中国成立以来，我们已经搞过六次全国人口普查了，如果想了解哪一次有多少，查查资料就是。2010年的第六次也就是最新一次，总人口为1370536875人，差不多14亿。统计到个位，够精确了，但新近的事实表明，这个数字大约还回答不了我国究竟有多少人口的问题。

新近的什么事实呢？河南郑州先出了个"房妹"，陕西神木再出了个"房姐"。扯开一点看，如今的各种社会事件正在令汉语词语不断衍生出新的品种，以"房"来说，"房×"就是一个将来《辞海》

修订时或许会考虑收入的词，异曲同工的，还有“表×”系列。后面的“×”可置换一亲属称谓，约略表示当事人的大概年纪和性别，“姐妹”“哥弟”，或“叔伯”“姑婶”等等。而无论置换成哪一个，意思都一样：当事人房子很多，多得已经挑战了世人心理承受的底线。郑州的“房妹”先是被曝有11套房，媒体一顺藤摸瓜，发现他们家房子的总数是29套；神木的“房姐”被曝在北京的房产居然就有20多套！从事态的进展来看，虽然我们的亲属称谓制度丰富多彩，“伯、叔、舅、姑、姨父”每令那个形单影只的“uncle”无所适从，以至于成为人类学里的一个研究分支，但恐怕很快也会有用完之虞。

这些新近的事实与我国究竟有多少人口的关联度又在哪里呢？“房姐妹”在我国的户籍登记簿子上，都不是孤零零的一个人，或者说，她们明明只是一个人，在户籍簿子上却标明是不同的两个人，她们有两个身份证号码或更多。按道理，这是只有孙悟空才驾驭得了的“分身术”。《西游记》里，大圣拔把毫毛，放在嘴里嚼碎，一吹，就能变化出无数个跟自己一样的猴子，或搬运，或作战。“房姐妹”是人嘛，自然要稍逊一筹，先是“变化”有限，“房妹”及其全家上阵统统“一变二”——事实上的四口人变成了簿子上的八口人，“房姐”则被曝出“一变四”；再是“变化”为踅房的目的之一达到之后，白纸黑字却留下了抵赖不了的证据，全不如大圣完事后身子一抖，毫毛都收回来。不过，即便只是“一变二”吧，在孙大圣统领的猴界不算什么，在人间也是极度惊人了，那可不是拔把毫毛的轻巧事情，一定隐藏着我们难以想象的腐败。

户口者何？《辞海》（1989年版）的解释是：“住户和口的总称，户有户主，户内每一成员（即人）称一口。”作为一个法律概念，在我国已经有两千多年的历史。《史记·萧相国世家》云：“汉王所以具知天下厄塞，户口多少，强弱之处，民所疾苦者，以何具得秦图书也。”这是说，刘邦在打江山的时候所以对形势了如指掌，得益于萧何抢救并保留了秦的法律条文、地理图册、户籍档案等文献资料。户口从那时起，就是我们所独有的一种人口管理方法，而管理的成效，能不取决于人口数据的真实可靠？

无论是郑州的“房妹”还是神木的“房姐”，都不是什么了不得的人物，家里也似乎没有人位高权重，“房妹”的老爹事发之时也不过只是个区的房管局局长，“房姐”更只是县农村商业银行的副行长。官儿虽比芝麻小得多，能量却大得惊人，办几个假户口的事居然也易如反掌，那么我们就有理由担心如今貌似铁桶的户籍制度，已经被捅得千疮百孔了。因为即便我们的智商再低，也断不至于相信偌大中国，拥有多个户口的就是被曝光了的那一家和那一人吧！苟如是，事情未免太过凑巧。而倘若这疑心被坐实，又很可怕，放大了看，对我国究竟有多少人口就不能不感到狐疑了。

（2013 年 1 月 22 日）

杜绝“舌尖上的浪费”考验政府决心

“舌尖上的浪费”正在成为时下的热点话题，餐桌上触目惊心的“剩”宴，又一次引发了公众的反思。之所以说又一次，是因为从古到今，这样的反思已经不知凡几。这一次，也有人在担忧风过之后，一切奢侈浪费又会照旧。这是很有可能的。但反思一次，多少还是能够触动一次吧。

与奢侈浪费对应的，是勤俭节约。不知肇始于谁，说后面这四个字是中华民族的传统美德。泼点儿冷水，这话其实没多大意思。首先，大约没有哪个民族先天以奢侈为荣，包括勤俭在内的诸多美德实际上具有普适性，类似的还有勇敢、善良等等。所以必欲形象说话的话，不光我们亚洲“山是高昂的头，河像热水流”，非洲的、美洲的、欧洲的山与河也可以这样比喻。其次，我们的历史簿子里关于勤俭的经典格言，绝对汗牛充栋，“历览前贤国与家，成由勤俭破由奢”，“奢者狼藉俭者安，一凶一吉在眼前”，任谁都可以如数家珍，但这或许恰恰证明，咱们的前人总体而言属于“天桥的把式——光说不练”，所以才有一代一代人们的不断言说。非只“舌尖上的浪费”如此，做官、做人，哪一方面我们不是一套一套的，都自成集子或能编成集子？所以，我一向觉得应当弘扬王阳明的“知行合一”，因为任何道理我们都已经懂得足够多了，欠缺的只是“行”。

在“舌尖上的浪费”中，调查发现公众日常生活中的浪费同样值得警惕，很多人因面子和攀比心理等因素让浪费变成不想为而为之的无奈，但显而易见，“主力军”仍然当推公款，央视这几天连续曝光的，概属此类。公款从来都是唐僧肉，花起来不会心疼。《官场现形记》里，胡华若被派往浙东严州去平定土匪，他“特地叫县里替他封了一只‘江山船’”，随从则包了两条“茭白船”。两种船稍有区别，前一种单装人不装货，后一种舱深一些，人货并载；共同点则是“舱面上的规矩”：都有擦脂抹粉、插花带朵的女人伺候。铺排这一切，胡华若的心态即“横竖用的是皇上家的钱，乐得任意开销”。小说这样写，在于现实如此提供素材。《枣林杂俎》有则史料：崇祯自缢之后，福王朱由崧带一伙人流窜到南京附近组成了南明弘光小朝廷，“以武英殿为正朝”，时殿有五楹，“卑狭”，但“工部仅涂朱费（即）三千七百余金”。主事胡其枝指出：“若民间，不过三十金耳。”看，都狼狈到这个程度了，看到公款还是眼睛发绿。

同样是“舌尖上的浪费”，我们还得区别公私两种行为在本质上的分野：因面子和攀比而浪费，是文化心理在作祟；因满不在乎而浪费，则是制度纵容的产物，至少是财务制度。区别开二者，在解决之道上才能对症下药。文化心理的形成是一个漫长的过程，改变这种心理只能通过引导，尽管大家都能意识到其中的“不良”成分，在短时间内仍然不能指望奏效；而消除制度纵容带来的产物，却可以立竿见影，变革那种制度就是。中央军委“禁酒令”执行一个月了，用成都军区某师师政委王良福的说法，“不仅有利于和谐军队建设，更有利于提高部队战斗力”。因此，能不能杜绝公款“舌尖上的浪费”，考验的还是政府的决心。有了决心，无论多少年形成的潜规则还是明规则，一概可以打破。

清朝乾隆时的进士、广东海康人陈昌齐说：“人必须节俭，然后可以立品。”另一位叫作陈其元的更干脆说：“居家俭，则居官廉。”这两则警句不大常见，拈出以与大家共享。还是前面那些话的意思，“说一丈不如行一尺”，在新一轮反思潮中，道理就别讲了，盘算怎么迈出步子吧。

（2013 年 1 月 28 日）

别一种“产业结构”也需“调整”

昨天连续看到几则本埠年花滞销的消息。什么原因呢？公款的购买力降低了。这很有可能。以我们所看到的而言，今年全省各级“两会”的“新风”之一就是会场不摆鲜花；而我们没看到但记者调查出来的，是年关将至，政府机构、企事业单位年花采购数量整体下降。因为事情来得比较突然，依照“惯例”行事的花农们可以说有一点儿措手不及，毕竟花卉有它的生长周期。

何以说来得突然？众所周知，去年 12 月 4 日中共中央政治局通过了关于改进工作作风、密切联系群众的“八项规定”。旋即，“顶层”又通过率先垂范，使“八项规定”在全国形成了浩荡之势。正是基于这个大的背景，加上珠海“学酒哥”什么的刚一露头就弄得灰头土脸，所以原本出手阔绰的各种公款，也不能不收敛一时。如同周久耕之后，抽好烟的得想着把烟盒藏起来，杨达才之后，戴名表的得想着别撸袖子一样。从时间上看，“八项规定”从问世到现在也只区区两个月，不要说对花农，对政府机构和企事业单位来说，也是“突然”，也是措手不及的，“学酒哥”就没有这种心理准备。

会场不摆花、年关少送花，居然让花农体会了“切肤之痛”，至于媒体联名发出倡议，欢迎有爱心有需要的羊城市民在近期内前往采购滞销菊花。对这则新闻感到温暖之余，也有一点可窥，那就是公款消费之巨令人咂舌；稍微思考一下，还可知别一种“产业结构”的“调整”也呼之欲出了。

产业结构调整是近年来的一个热词，但凡关心时事的人都耳熟能详。但这个热词的焦点，对准的从来都是国家或地方的经济结构，为了科学发展，必须调整过去那种拼资源、拼消耗、拼土地、拼劳动力的粗放发展模式。在那里，经济的健康可持续需要通过经济结构的调整来实现，也就是必须使增长的动力结构发生实质性的变化。而在这里，“调整”的该是依附于或曰寄生于公款消费的那些“产业结构”。此前我们已经见识了，全国各地不少高档酒楼纷纷遭遇了退订，不少高档白酒亦纷纷身价大跌，好像但凡沾上“高档”二字的东西，与往年相比大抵都有“业绩”受挫之势。正所谓“八项规定”潮起、“高档××”潮落，“这个冬天有点冷”。那么，受“发展型”产业结构调整势在必行且迫在眉睫的启发，愚以为“依附型”或“寄生型”的“产业结构”正面临着同样的命运。所不同的，在于前者的调整乃主动为之，后者的属于诚不得已。

这别一种“产业结构”也需“调整”，还只是我的浅见，我这样说，是基于“八项规定”的雷厉风行之势而言，而从事那些“产业”的人却未必这么认为。在他们看来，此番也许又是“阵风”，尽管刮得猛烈，风头过后，一切依然故我，对公款这块“唐僧肉”照旧可以磨刀霍霍。必须承认，“历史的经验”告诉我们，他们的这种判断也不是完全没有道理。因此，“依附型”或“寄生型”的“产业”要不要“调整”，是不是到了迫在眉睫的程度，归根到底考验的是“八项规定”的执行力度。现在它才只是出台两个月，那些相关“产业”就遭到了重创，面临了窘境，若干年之后呢？没有及时“调整”的，或许就是在自掘坟墓。

（2013 年 2 月 5 日）

有些指标订得很没意思

国家安全监管总局今天在其官网公布了《2013 年非煤矿山安全监管重点工作安排》，其中五项“工作目标”的第一项是：“2013 年非煤矿山生产安全事故死亡人数控制在 900 人以内，事故总量继续降低。”这种数字指标订得很没意思。

我当然毫不怀疑安监总局“认真开展地下矿山专项整治”的良好出发点，也毫不怀疑他们为“强化科技支撑、提升非煤矿山安全生产保障能力、加快实现非煤矿山安全生产形势根本好转”所付出的努力，而且，我也相信“死亡人数控制在 900 人以内”这个指标，有历年的或去年的惨祸作为依据。概因对于展示政绩，我们耳熟能详的一个句式是：正面的，比去年增加了多少百分比；负面的，比去年降低了多少百分比。这个百分比还可以细化到“去年同期水平”。现在，“死亡人数控制在 900 人以内”应该是建立在这种惯性思维之上。篡改毛主席的话说，要“生产”就会有牺牲，死人的事是经常发生的。通过死亡人数，的确可以直观地衡量行业安全生产形势的好坏，就非煤矿山的行业特性而言，也许非如此则不足以进行量化考核，没办法的办法，但我还是想固执“很没意思”的己见。

安监总局给自己订了“死亡人数控制在 900 人以内”这么一个指标，实际上不啻于一次赌博。这种指标毕竟跟 GDP 增速多少那种不同，上面再强调科学发展，我为了完成那个数字，照旧可以采用传统竭泽而渔的发展方式，人终归是主动的。怎么说控制死亡人数是赌博呢？在于人在这里呈现了被动的一面。非煤矿山的实例不好举，可以“迂回”来看。比方道路交通安全倘若也有这种指标，而前提却是根本搞不清楚全国有哪些大桥不堪一击，船从底下钻的时候因为一不小心是否能把它撞塌，车在上面走的时候因为超载是否能把它压塌，拉鞭炮的时候因为发生爆炸是否能把它炸塌，基本情况不了解，胸脯就拍得山响也没有用。安全系数低到难以想象，却张口闭口控制在什么之内，如何保证？拿什么保证？这种“迂回”观之的结果，就是安监总局能不能对全国非煤矿山的安全状况了如指掌？如果不能，潜在的隐患随时爆发一下，则“死亡人数控制在900人以内”就不是客观结论，而只是出于不高于某年尤其可能是去年数字的人为认定，即便实现了，也是侥幸的成分居多。最糟糕的是年终总结，这种指标没有“逾越”，没有“超量”，难道安监总局就敢松一口气、就可以心安理得地沾沾自喜吗？恐怕不能。那么，横竖看去，“死亡人数控制在900人以内”这种指标不是都订得很没意思吗？

仔细琢磨一下，在安全生产之外，就不只是“有些”而是很多貌似精确的数字化指标都订得很没意思了。我们国度里的数字弄虚作假屡禁不绝，很大程度上正与那些很没意思的指标密切关联，或者直接地说，后者难逃其咎。因为我们看到，很多地方为了遏制恶性事故发生，往往根据造成死亡人数多少，划分若干问责等级；事实上，一旦恶性事故发生，为了“刑不上大夫”，无论事实如何，那种“符合需要”的死亡数字都应运而生。前些天不记得看了央视的什么节目，努力回想也没想起来，但清楚地记得他们曝光的那个瞒报理由是：按照真实的死亡人数，将由国务院成立事故调查组；而按照他们公开的那个数字，就变成自查自纠了。数字弄虚作假乃至“数字出官”，我在以前的文字中说过发轫于战国时期的年终“上计”制度，历史悠久，杜绝起来肯定不大容易。然而把指标订得“有意思”一些，或不失为运用技术手段堵塞漏洞之一途。

（2013年2月20日）

周口平坟冲突实乃文化冲突

河南周口的“平坟运动”一度沸沸扬扬，去年历时数月而平掉的200余万坟头，今年春节前后至少半数被恢复。报道都说，这些被恢复的坟头，很可能将再次被强制推平。苟如是，平一复一再平，就构成了一场“拉锯战”。对此，舆论几乎一边倒地站在百姓一方，人民日报官方微博也有“平坟复圆坟，滔滔民意岂可违”的判断，认为平坟“背后的民心向背值得当地反思”。

周口平坟这场“拉锯战”所折射出来的官民冲突，实乃文化冲突。我们正处于一个大讲文化的时代，先前是“文化搭台，经济唱戏”，后来是认识到“文化决定发展后劲”，文化一家伙由配角转换为主角。然而，且不说现实中那些挂文化羊头而卖其他肉类的货色，就算那些真正在讲着的文化，基本上讲的也是显示文化程度的那个文化，或者是热热闹闹的以文艺演出为代表的丰富文化生活的那种文化，尤其是后者，翻来覆去地唱那些所谓老歌就算是振兴文化的方式了，甚至不少主政者以为文化产业在GDP中占了多少比重就算是后劲十足了。这种南辕北辙的文化认识何时能够得到改观？愚见以为，决定发展后劲的文化，至少该是指本文化所塑造出来的思维方式、行为方式、生产方式等等。在周口的平坟“拉锯战”中，能够窥见这种文化的影子。周口百姓对先人坟茔的呵护，正出自他们的文化心理。

我们的传统文化一向是看重“死”的，帝王继位，尽管年纪轻轻，往往首先考虑的是看风水、修墓地。《东周列国志》开篇词曰“青史几行名姓，北邙无数荒丘”，这里的“荒丘”尚稍有隐晦；《红楼梦》里的“古今将相在何方，荒冢一堆草没了”，就非常直白了，“荒冢”，无主的坟。大小人物，人世走一遭之后，“终需一个土馒头”。我们今天津津乐道的辉煌灿烂的古文明，绝大多数都是墓葬中陪葬品的贡献。广州前些年清理白云山的坟墓，古点儿的、名人的还要保留呢。周口百姓的这种文化心理，传承得显然更彻底一些。而其官方要推进殡葬改革，祭出的则是今人惯用且屡试不爽的“运动式”手段，说白了，有“不管三七二十一”之意。简单粗暴的现代治理方式与根深蒂固的传统文化习俗，就这样发生了剧烈碰撞。以愚意度之，具体到参与平坟的官员个人，在执行过程中未必都那么真心实意。

美国著名人类学家本尼迪克特有部名著叫作《菊花与刀》。那是二战结束之前，为了配合本国政府制定对日政策提供科学依据，而解析日本民族精神、文化和人格的著作。其中的很多建议最后都为官方所采纳，使美国对战后日本的占领呈现了较为顺利的一面。比方美国曾经讨论过日本天皇的存废问题，本氏得出的结论是：“天皇是日本现代国家神道的核心，如果我们向天皇的神道进行挑战并予以摧毁，那么日本帝国的整个社会结构就会坍塌。”因此，解决周口问题的“拉锯战”，社科界没有袖手旁观的道理，应该介入其中了。殡葬改革是在全国范围内推开的，以汉族地区而言，何以其他地方尽管并非顺风顺水，毕竟没有掀起过令国人瞩目的轩然大波，而独独在周口遇到如此之大的阻力？个中原因，不是任何人可以想当然地脱口而出的，而必须经过一定时间、一定规模的田野调查。在认真研究周口文化的基础上，才能有针对性地提出解决问题的真建议。

殡葬改革是大势所趋。以周口而言，如果不从文化方面对症下药，官民双方就这么“针尖对麦芒”，这场“拉锯战”也许没有止息。官方即便一时“获胜”，也会埋下诱发不稳定因素的祸根。

（2013 年 2 月 21 日）

“削山造城”算不上愚公移山

时下一些地方流行“削山造城”。动静比较大的，先有陕西延安用10年时间整理出78.5平方公里土地，以期建造一个两倍于目前城区的新城；接着有“车城”湖北十堰，在老城区的东、西两面大规模造城86平方公里，相当于再造一个十堰。也许延安是革命圣地的缘故吧，舆论对其“削山造城”大抵都持小心谨慎的态度；而到了十堰这里，不管那么多了，至少揪住了他们“愚公移山”的口号。

“愚公移山”的典故家喻户晓，是毛主席名篇《愚公移山》的普及功劳。我们在不断强调改文风，《愚公移山》正是个很好的模板，须知那是党的七大的闭幕词啊。在抗日战争即将胜利的前夜，以区区1600字清楚地表达了中国共产党领导的中国“革命一定要胜利”的信心，全无多少个“必须”“坚决”一类的字眼，这在今天的各级党代会上如何可以想象？《愚公移山》诞生于延安，却为十堰巧妙地用于宣传，显示了十堰人精明的一面。他们在未来两个新城方向各立了巨幅标语，分别是“愚公移山，向山要地”和“愚公移山，人造平原”。当然，精明和气魄是一方面，另一方面，延安属黄土高原丘陵沟壑区，地貌以丘陵为主，削起来，不像“九山半水半分田”的十堰那么惊天动地吧。

“愚公移山”这个寓言故事出自《列子·汤问篇》，大家都耳熟能详。实际上，同样是面对移山，相对于愚公之“愚”干，《汤问篇》中还有另外一种做法。说渤海之东有五座山岱舆、员峤、方壶、瀛洲和蓬莱，因为“五山之根无所连著”，于是就像寻常的漂浮物一样，“常随潮波上下往还，不得暂峙焉”。天帝“乃命禺强使巨鳌十五举首而戴之”，让15个大家伙在底下托着。不要小看巨鳌的力量，女娲炼五色石补天之后，“断鳌足以立四极”，鳌就成了能够顶天立地的角色。巨鳌举首而戴，五座大山倒是稳当了，却挡住了龙伯国某位大人的路，令人家“举足不盈数步而暨五山之所”，跟“惩山北之塞，出入之迂”的愚公一家面临相同的处境。怎么办？愚公选择的是“挖”，靠“子子孙孙无穷尽”的恒心来乐观地展望未来：“山不加增，何苦而不平？”而龙伯国这位大人则深谙“基础不牢，地动山摇”之道。他摸清了五座大山之所以稳定的原理，采用垂钓战术，用饵诱惑，结果“一钓而连六鳌”；鳌被钓走了，釜底抽薪，“岱舆、员峤二山流于北极，沉于大海”。愚公其“愚”之所在，在于但知苦干，而龙伯国的大人是先找准问题的症结，因而“钓鳌”一词用来比喻抱负远大，举止豪迈。

应当说，延安、十堰的大面积造城属于有样学样，东部先发展起来的很多地方都是这么干的，20 世纪 90 年代以来，全国冒出来多少新市区、新县城？后者无须削山填谷，大量占用耕地乃至良田就是。问题在于，大面积造城是否是地方加快发展的重要途径甚或唯一途径。我们在任何时候所膜拜的，都应该是愚公移山的精神，做事有顽强毅力、不怕困难，而不是真的“遂率子孙荷担者三夫，叩石垦壤”，十堰等地还要看到龙伯国大人的方式方法。对别人模式的亦步亦趋亦可视之为“愚”，后发地区更应当以远大的抱负，因地制宜地找准自己的发展之路。况且，了解实情的反对者已经担心了，十堰地处南水北调源头，削山造城将使山体、水系遭受重创，带来严重的生态后果。一旦如此，影响的可就远远超出十堰范围了。这一点，不知道他们组织论证过没有。

延安、十堰已经热火朝天地干开，“开弓没有回头箭”。但我国有三分之二的面积是山地，难免还有别的地方摩拳擦掌。因此，“削山造城”可行与否，到了应当引起国家层面重视的程度了。

（2013 年 2 月 25 日）

既向菩萨保证，就应清退出党

江西省莲花县文广新局纪检书记李小平日前因违纪被撤销职务，留党察看一年。犯了什么事呢？向菩萨保证娶情妇为妻。保证书这样写道："菩萨：今生我李小平发誓一定要娶贺小兰为合法妻子，希望能尽快和刘汝娇离婚，请保证我和小兰顺顺利利幸福结合在一起做一对恩爱夫妻。"这样的承诺书或保证书，李小平写有3份之多，写给菩萨的是最后一份。横竖看去，我都觉得这个"留党察看一年"的处分太轻了。

李小平为什么要留下"证据"？大抵不会是传承了梁山好汉"行不更名，坐不改姓"的遗风吧，早几年山东济宁有个落马的副市长李信可资参照。单就官阶和犯案金额（索贿400万元，挪用公款300万元）而言，李信无论如何都够不上令举国上下关注的程度；而李信之所以做到了，全在于他是"中国第一个下跪乞求的副市长"，那几张下跪的照片，想必大家还记忆犹新。李信为什么要不顾颜面地跪在那里？举报者说，他掌握了太多李信的劣迹，李信只能借此来显示所谓诚意，希望举报人手下留情。运用到李小平这里，情形怕是八九不离十吧。

既向菩萨保证，就应清退出党。菩萨，无论其作为释迦牟尼修行尚未成佛时的称号，还是泛指对大乘思想实行者的称呼，总之是宗教信仰的一种。而共产党的始祖马克思一开始就指出"共产主义是径直从无神论开始的"，《中国共产党章程》开篇也明确"党的最高理想和最终目标是实现共产主义"。我国《宪法》第三十六条赋予了"中华人民共和国公民有宗教信仰自由"的权利，但这是针对我国公民而言；当一个公民志愿加入中国共产党的时候，就意味着他已经无条件地接受了马克思主义的辩证唯物主义世界观，同时还意味着他根据公民所享有的宗教信仰自由权利自愿选择了不信仰任何宗教。这一点泾渭分明。以为可以兼而得之的，那是把自己混同于一般群众了。

去年11月17日，习近平总书记在十八届中共中央政治局第一次集体学习时的讲话中，把理想信念形象地比作共产党人精神上的“钙”。他说，没有理想信念，理想信念不坚定，精神上就会“缺钙”，就会得“软骨病”，而“一些党员、干部出这样那样的问题，说到底是信仰迷茫、精神迷失”。今年1月28日，中共中央政治局召开会议研究部署加强新形势下党员发展和管理工作，要求严格坚持标准，始终把政治标准放在首位，及时处置不合格党员。在江西这里，对李小平处理还语焉不详的是，他究竟是因为养情妇而被察看，还是因为信仰菩萨？信仰菩萨为党员资格所不允，包养情妇则有《中国共产党纪律处分条例》第一百五十条伺候：“重婚或者包养情妇（夫）的，给予开除党籍处分。”在这些背景、规章之下来看对李小平“留党察看一年”的处理，不是显得轻飘飘吗？

如果我们正视现实就会发现，近年来党员领导干部“不问苍生问鬼神”已非个别现象而是比较普遍的现象，已非偷偷摸摸而是堂而皇之、津津乐道的事情。《党章》第九条写着：“党员有退党的自由。”对李小平等一类明里暗里、台上台下的党员来说，真的膜拜菩萨的话，何不提重新选择信仰？

（2013年2月27日）

假“钦差”告诉我们的真问题

新近出了一个“大”骗子赵锡永。所谓大，是冒充的“级别”相对较高——“国务院研究室司长、副部级巡视员”，不是发个短信让你汇钱的那种下三滥。大骗骗于市，公开而且堂皇，根本不怕见诸媒体。吊诡的只是，骗子被拆穿之后，被骗的也毫无怨言。

骗子的存在，古今中外大抵都免不了，可归为寄生类吧，也就是同时并存可能还须臾不可或分的两种生物。翻翻历史，“大”骗子从来不绝。比方元末的红巾军领袖韩山童就冒充是宋徽宗的八世孙，所以刘福通立山童儿子韩林儿为帝之后，国号便恢复为“宋”。如果说刘福通是从战略出发，出于迎合汉族人民的民族情感以反抗元朝暴政而不得已为之，那么，明末崇祯皇帝死难后冒出的假太子、南明弘光小朝廷冒出的假皇妃、清末冒出的假光绪，这些“大牌人物”的登场亮相，就纯粹是招摇撞骗了。每个骗子被拆穿之后，往往都会留下相应的教训，但是“道高一尺魔高一丈”，后来总有更狡猾的能够号准时代的脉门，借此得逞于一时或一世。有报道说，假“钦差”是一场早该被识破的官场骗局。为什么理论上早该而事实上没有？这个个案实际上告诉了我们现实中的一些真问题。

首先，有些地方“媚上”到了不分青红皂白的地步，而“媚上”几乎等同于“媚权”。前几年，某个教育部评估专家组的女秘书被若干高校过于隆重接待的照片轰动一时。高校辩解说，那表示自己重视。算了吧，这点小把戏蒙得了谁呀？如今“钦差”来了，那还得了，肯来都屈尊了，还可能表示怀疑？清末那个假光绪“演戏”之时，“候补官员中，有视为绝大机会，亲往拜会者，亦有献款供奉者”，大家太需要通过不正常的途径达到个人的目的了！而时任湖广总督张之洞打听到光绪正被慈禧软禁在中南海瀛台，才敢“开庭亲审”。此番如果国务院研究室没有下发本室“没有此人”的通知，请云南省办公厅“及时采取措施”，否则，老赵未必只是在湘辽滇鲁的若干市县纵横驰骋，还不知要笑到几时呢！

其次，要么是赵某人政策水平、理论水平的确十分了得，要么是如今大官的讲话着实好讲，顾问着实好当。打个不恰当的比方，上海的江面上打捞起了过万头浸泡了不知多少天的死猪，水质却仍然正常，要么是那条江的自然净化能力超强，要么是水质正常的标准太低，二者必居其一。赵锡永所居之一，定然是后者。这个到现在大家还弄不清其真实身份的人，可以在湖南娄底大做“把握机遇、调整结构、转变方式、加速发展”的报告，可以在“2012‘收获金秋’投资昆明年会”上透露“云南省桥头堡2012—2020年规划已经得到国务院的正式批复”，可以“把脉玉溪经济社会发展战略及实现路径和玉溪重点产业转型升级、新兴产业发展战略定位”，如此等等，与先前的“开封指导漯河”“邯郸学步青岛”能相差多少？古人说“文章大抵皆相似”，今人只需把“文章”置换成“讲话”。

第三，因为GDP崇拜，我们大抵都了解了地方眼里的“政绩”观，现在又多少窥见了他们的“损失”观。赵锡永暴露之后，其所到之处旋即竞相表白自己未受损失。奇了怪了，地方搞个活动，剪彩、论坛什么的，请来大牌人物都是要有出场费的。就算没有，接待一个“副部级”干部“调研”，“食住行”的开支都不算数？难道那些容易上当受骗的地方，廉政建设却早就走到了中央“八项规定”的前面？还有，政府的信誉呢？

一个早该识破并且不难识破的骗子，可以招摇3年之久，总结起来轻描淡写的话，就算不上记取教训。

（2013年3月20日）

看“合成淫秽图片”须跳出双峰

湖南省娄底市双峰县近日出现了一系列关于“打击利用PS技术合成淫秽图片”的标语横幅，引发大家的围观。标语的内容有“坚决打击利用PS技术合成淫秽图片敲诈犯罪，树立双峰良好形象！”“全社会动员起来，掀起一场打击利用PS技术合成淫秽图片敲诈的‘人民战争’！”“严厉打击利用PS技术合成淫秽图片敲诈，打造诚信双峰！”“合法致富光荣，敲诈勒索可耻”等，标语落款都是双峰县的各级政府。

双峰之所以有如此声势浩大的运动式执法，在于他们那里“合成淫秽图片”已经形成了“地下产业”。黑龙江省去年底破获了一起相关案件，顺藤摸瓜，最终找到了双峰这里。3 月 15 日，双峰警方逮捕了 4 个团伙的 8 名犯罪嫌疑人，警方称，2011 年来他们为牟取私利，多次利用“合成淫秽图片”敲诈政府官员、企业董事长、经理等，涉案总金额达 4530 余万元。而自 2012 年以来，双峰县共破获此类案件 127 起，抓获犯罪嫌疑人 37 人。双峰县公安局 3 月 21 日还在其官方网站上发布了一份敦促自首的通告，公布了 23 名“合成淫秽图片”嫌疑人的姓名、身份证号码、照片等，限定他们在 3 月 31 日前投案自首。信息汇总表明，双峰那里的这一产业猖獗到了“非打击不可”的程度。

“合成淫秽图片”并非电脑时代的产物，也并非今天才用于敲诈，可能自打照相术被发明，这些手段及功能就如影随形了。清人刘体智《异辞录》里即有一则“伪造合影”，说光绪十年（1884 年）间，“招商局得旗昌洋行业产，浸以盛大”，李鸿章乃以马建忠总办局务，沈能虎当他的副手。但马建忠不喜欢这个副手，甚至憎恨他，怎么赶走他呢?“密以能虎与妓女合影”，PS 了一张“淫秽图片”拿给李鸿章看。李鸿章不虞有诈，然“嗣见能虎，仅加斥责而已”，觉得这种事没什么大不了吧。沈能虎想辩解，却一来自己是“末秩微员”，不敢吭声；二来李鸿章“既未明言，尤难申诉”，他并没有斥责你干吗嫖妓还给人留下把柄，沈能虎就弄了个哑巴吃黄连，只好在私底下发牢骚：“苟以傅相影加于其上，无不合也。”沈能虎的意思是说，让您老人家无中生有地跟妓女合影，也是容易办到的。

“合成淫秽图片”作为“产业”出现在双峰，玷污了双峰的声誉，双峰自然要严厉打击。但是，双峰的这个“产业”却不是单纯针对本地“政府官员、企业董事长、经理”的，他们的网是撒向全国的，所以我们关注“合成淫秽图片”，还须跳出双峰之外。在本人而言，首先是奇怪以这样的方式来敲诈，居然能够得逞。3 月 15 日逮捕的那 4 个团伙，细看去战果并没有那么辉煌，4500 多万元当中，4080 万元处于犯罪未遂阶段，430 万元处于犯罪预备阶段，但非法所得也有25.5万元，称得上可观了。那么，究竟是哪些“政府官员、企业董事长、经理”，接到敲诈信便乖乖地奉上银两呢？为什么要奉上？俗话说：“没做亏心事，不怕鬼叫门。”俗话还说：“若要人不知，除非已莫为。”前一句表现的是底气，后一句针对的便是心虚的人，借此很容易使人想到，那些见“合成淫秽图片”就束手就擒的，是在担心曾经“天知地知你知我知”的勾当被人抓到了把柄。

所以我想，倘若各地各级的“政府官员、企业董事长、经理”收到“合成淫秽图片”之后敢于上交，敢于报案，则“合成淫秽图片”这门“地下产业”便不可能有什么市场，则双峰这场“人民战争”根本就用不着打，不必打，“不战而屈人之兵”。因此，跳出双峰我们看到，“合成淫秽图片”问题其实是吏治问题、大款们的道德水准问题。

（2013年3月25日）

“否认之否认”，诚信失多少？

新近发生的几件涉及职能部门动粗执法的事情不能不引发另外一种思考。佛山对超载司机、广州对无牌小贩、昭通对当路乞丐，拳打脚踢，引起了公愤。职能部门的上级旋即公开回应，本是与公众沟通理解的好时机，却每每先来个断然“否认”。然而，视频一类的铁证话音未落就摆在面前了，或者另外成立的调查组得出结论了，又赶快来个“否认之否认”，貌似诚恳地“检讨”自己先前的结论匆忙了，一时被蒙蔽了。

不能不引发的另外一种思考是什么呢？如此“否认之否认”，公众诚然最终收获了真相，相应的公愤也得到了平息，不过，当那种断然否认沦为笑柄之后，政府的诚信在这当中又失去了多少，这笔账不知有人算过没有？寄望于当事职能部门来算，无异于与虎谋皮，但这却是一个不能不算也不能不为后来者深戒的问题。

说到“否认之否认”，很容易联想起作为唯物辩证法基本规律之一的“否定之否定”，虽然二者有着天壤之别。后面这个概念，我们在中学的时候都学过，黑格尔的原创，它表明事物自身发展的整个过程是由肯定、否定和否定之否定诸环节构成的。在那里，肯定是概念自身，是概念的抽象状态；否定是和概念自身性质相反的规定。概念由肯定转化为否定，即由抽象转化为具体。而概念的本性是抽象与具体的统一，因此否定必须再次被否定，重新回到肯定，使否定和肯定即具体与抽象结合起来，这就是“否定之否定”。这些绕口令式的话，黑格尔比喻为圆圈式的发展。经过马克思主义哲学的改造，“否定之否定”上升为对自然界、社会历史中事物发展普遍规律的反映。而在“否认之否认”这里呢，绝没有那么复杂，形象地说，基本上等同于公然撒谎。如果比照前一个“公式”来说的话，它同样是由承认、否认和否认之否认诸环节构成的：承认只是承认有这么一档子事情发生，否认是不承认事件中那些不利于己的成分；而窗户纸捅破了，意想不到的的确不利于己的证据出现了，再匆忙否认前一个否认。那么，这种公然撒谎无异于自扇耳光，响声如何，腮帮子肿得有多高，取决于前一个否认的“坚决”程度。

我们整天都在讲社会诚信缺失，讲危害如何，原因和对策“甲乙丙丁”，谁来写文章都认识得清楚无比。但我们这样讲的目的，并不是像毛主席说的要“开中药铺”，药柜“每个格子上面贴着药名，当归、熟地、大黄、芒硝，应有尽有”，认识问题是为了解决问题。宋人刘元城云“说得一丈不如行得一尺”，明人周天佐云“示人以言，不如示人以政”，讲的都是同一个道理：要落实。而落实的成效，对具体个案的处理正是检验的尺度之一。不难想见，“否认之否认”的每一上演，都是对政府诚信的一次深深伤害。职能部门把自身置于尴尬境地之后，再怎样对那些先前貌似被冤枉了的动粗者进行处理，记过、免职什么的，都难免为时已晚。这样的事情即便偶尔发生一起也是不应该的，其可再乎？其可接二连三乎？得不到遏制的话，就很难挽回公众的信心了，政府诚信毕竟是社会诚信体系的“定盘星”。

拜托，今后那些向全社会澄清所谓问题的新闻发布会，既然如他们“检讨”所言自己都还没弄清楚，就不要把话说得决绝，应该有一说一，底线是不能撒谎。并且，无论什么领域，诚信建设都需“行一尺”或者退而求其次“行一寸”，集腋成裘，我们社会极度欠缺的这方面，才会真的现出曙光。

（2013 年 3 月 28 日）

“梦棺得官”与“拜棺得官”

清明节要到了。在我们的二十四节气之中，既是节气又是节日的，唯有清明。清明节也是最重要的祭祀节日，大自然到此时令也很知趣地“雨纷纷”，为祭拜先人、先烈增添“欲断魂”的氛围。但这两天有人发帖说，三门峡市渑池县仰韶大峡谷景区内的悬棺谷那里，几名游客在一座悬棺前烧纸跪拜，且有图为证。

悬棺葬，是传统葬式的一种，通过人类学田野调查，其分布区域早已大致明确。笔者的一个大师姐是这方面的研究专家，其著作《中国悬棺葬》因为被一所名牌大学的博导“整段整段地抄”，还打过一场全国瞩目的“刚立案上面就有人打招呼”的“痛苦官司”。以愚之所闻，目前似乎没有任何一座“棺主”的身份得到了确认，那几个烧纸跪拜的人是在攀哪门子干亲呢？其中一人如此吐露实情，他们其实是想在仕途上“再上一步”，因为这些悬棺“升”在半空，是“升官”谐音，希望通过拜谒能使自己官运亨通。

哦，原来如此。有这种想法应该说诚不足怪，以“棺”谐“官”，至少远在魏晋之际就已是士林和民间的共识，所谓“梦棺得官”。《晋书·殷浩传》载，有人问殷浩：“将莅官而梦棺，将得财而梦粪，何也？”莅官而梦棺，正是说马上要“上岗”的时候梦到了棺材。素来以“死在柳州”著称的广西柳州，前几年就继承了这种传统文化，本来用于装殓死人的棺材被他们巧妙地做起活人文章：专门生产可以放在手里把玩的小棺材。记得报道说，那东西居然精致得“让人爱不释手”呢！现在不知市场依然兴旺与否，由此带来的GDP可观与否。棺材，在那里正是借了升官发财的谐音，相形之下，那几个乞求“拜棺得官”的人倒是没那么“贪心”，百分之五十的胜算即足矣了。

谐音，辞书释义为字词的声韵相同或相近，运用得好，汉字的魅力尽显。“贾岛醉来非假倒，刘伶饮尽不留零”“佛印水边寻蚌（棒）吃，东坡河上带家（枷）来”，自然是一种文字游戏，但其中蕴藏的智慧亦令人莞尔。不过，它也可能被用歪。比如宋朝有个樊若冰，赵匡胤听着像“弱兵”，戳到了自己的痛处，龙颜不悦，老樊就赶快改名“知古”。清朝同治时的原定状元王国均更惨，“亡国君”，那还得了，结果不但状元没份，还从一甲被贬至三甲。今天也是这样，什么驴友、童鞋、神马、杯具，都是谐音催生出来的，作为网络世界的语言尚可，而电视广告中曾经铺天盖地的“衣衣不舍”“向网未来”“随心所浴”“咳不容缓”，就是有意在糟蹋成语了。

实际上，“梦棺得官”在前人眼里，也不见得就纯粹是美事一桩。我要是把殷浩当年的回答抄上，能令那几个冀望“拜棺得官”的可怜虫气炸了肺。他这么说的：“官本臭腐，故将得官而梦尸；钱本粪土，故将得钱而梦秽。”可惜，我们不大清楚他这句话是在什么背景之下讲的，因为虽然殷浩是东晋大臣，却有过“被黜放”的经历。彼时，这老兄虽“口无怨言，夷神委命，谈咏不辍”，貌似潇洒得很，但是“终日书空”，在空气里用指头划拉个不停。写得多了，大家难免要弄个究竟，原来他不断在写的是“咄咄怪事”四个字。然从“时人以为名言”来推断，他这句话应该还是“识度清远”的一个体现吧。

在壁立千仞的悬崖上如何放置悬棺，今人有诸多猜想，并无定论。就结果看，“棺”的确是“升”上去的，但“升”上之后

“悬”着呀，那几个“拜棺得官”以及受此启发跃跃欲试的人想到没有？这可根本不用谐音，字面上和事实上就明摆着，等于直接点明这样的“官”很危险。俗语有“病急乱投医”，这算是什么乱投什么呢？

（2013 年 4 月 2 日）

把“神桥”当成一面镜子

雅安震区出现了一座“神桥”。此桥位于芦山县城到宝盛乡之间，地震时滚落的一块巨石堂而皇之地堵在那里，阻断了救灾物资的进入。4 月 22 日下午，武警水电部队对它进行了爆破清障，从南方日报记者张由琼拍摄的现场照片来看，爆破的瞬间端的叫惊心动魄。有人估计，巨石有 250 吨重。而爆破之后，那座貌不惊人、看上去有些“年纪”的拱桥居然安然无恙，双向行车道因而迅速得以打通。加上先前的震不垮、压不塌，再比照 2 月 1 日一车鞭炮爆炸便在河南撂倒半幅桥面的那位“老弟”，封这座拱桥为“神桥”，当之无愧。

“神桥”之所以在短时间内历经“三不”——再加上“炸不断”——而巍然屹立（当此承载生命救援重要通道之际，以该词拟之毫不过分），无论找出其如何“幸运”的怎样理由，建筑质量都是根本保证。那么，“神桥”应该成为一面镜子，在它的折射中，当下建筑领域的诸多不堪毕现无疑，相关从业者该不该无地自容呢？

按照中央的部署，今年下半年起将用一年左右时间开展群众路线教育实践活动。这项活动的总要求正是：“照镜子、正衣冠、洗洗澡、治治病。”镜子该怎么个照法？宋朝宰相范觉民以照镜子出名，外号就叫“三照相公”，他是“旦起与裹头、带巾，必皆览镜”。有人在他生日时填了一阕《风流子》，说他“煌煌天人表，琼林与瑶树，照映庭槐”，用极不尊重传统文字表达的网络语言说，帅哥一枚吧。但他这是直观地照镜子，跟同时代的王希默差不多，“简淡无他好，惟以对镜为娱，整饰眉鬓，终日无倦”，刻薄点儿说属于臭美一类。《宋史》载范觉民“为政多私，屡为议者所诋”，表明这个“肥白如冠玉”的年轻人，虽然32岁就当上去了，但是“盛‘官’之下，其实难副”。瞧他举荐的两个人：“魏滂为江东通判，谏官言其贪盗官钱，滂遂罢；李弼孺领营田，谏官言其媚事朱勔，弼孺亦罢。”

中学课本以前有“邹忌讽齐王纳谏”的故事，不知如今还有没有。“修八尺有余，而形貌昳丽”的邹忌，也是“朝服衣冠，窥镜”，喜欢照镜子，他就照出了问题。邹忌分别问自己的老婆、小妾、来客，他跟徐公谁更帅哥一些，结果三人一致投票给他。邹忌并没有飘飘然，反而对齐威王讲出了自己的一番感悟：“臣诚知不如徐公美。臣之妻私臣，臣之妾畏臣，臣之客欲有求于臣，皆以美于徐公。今齐地方千里，百二十城，宫妇左右莫不私王，朝廷之臣莫不畏王，四境之内莫不有求于王：由此观之，王之蔽甚矣。”当然，唐太宗的话更为我们耳熟能详，就是后晋刘昫编纂的《旧唐书》上所载的那句：“夫以铜为镜，可以正衣冠；以史为镜，可以知兴替，以人为镜，可以知得失。”这些，该是中央要求“照镜子”的基本出发点吧。

还有报道说，芦山县龙门乡古城村一座始建于清朝同治年间的百多年老宅，与周围民房或倒塌或开裂不同，除了屋脊上掉下几片瓦，几乎完好无损。虽然与“神桥”一道只是构成个案，但保证建筑的坚固毕竟可以做到，且前人已经做到。“百年大计，质量第一”，口号喊得震天动地，标语挂得到处都是，并没有什么实质意义。小说《围城》里，方鸿渐留学回国前之所以要买假文凭，原因在于“父亲是科举中人，要看报条；丈人是商人，要看契据”。我们今后要看的是，建筑领域能否吸取教训，不再愧对国人，拿出来的成品不再像方鸿渐的那个文凭一样：银样镴枪头。

（2013年4月23日）

干部子女当然可以“正常”升迁

4月10日，25岁的韩寒——不是那个赛车、写书的大名人——“高票当选”了济宁市的一个镇的镇长。事情虽然发生在山东，但是举国关注并质疑。11天后，韩寒辞职；同一天，她爸爸——济宁市委组织部常务副部长——辞职。今天，《中国青年报》有一篇《山东金乡“父女官员”同日辞职的背后》，将事件又一次梳理、分析。以为其中值得咀嚼的，是济宁市委宣传部一名负责人在接受采访时的发问：只不过她父亲是个干部，但干部的子女就不能正常升迁吗？

这个问题问得好。答案也显而易见，肯定能。古时候，不乏父子——当然不可能有父女——同朝当官的。清朝乾隆时山东海丰吴绍诗与儿子吴垣甚至同在一个部门为官，父亲是刑部侍郎，儿子是郎中。儿子从兵部调过来的时候，是乾隆“命毋回避”。更绝的是，父亲调走，二儿子吴坛接替他的位置，构成“父子相代”的奇异景观。众所周知从前也“内举不避亲”，宋朝留下不少名句比如“无可奈何花落去，似曾相识燕归来”的晏殊，在宰相的任上就举荐自己的女婿富弼为枢密副使，后来富弼也官拜宰相，并在青史上留下了美名。所以，父亲当权，子女完全可以正常升迁，而现在问题的关键恐怕在于，如韩寒这种升迁是否“正常”。似乎不是。

中组部、人事部好几年前就印发了《公务员职务任免与职务升降规定》，其中第十九条中这样写着：晋升乡科级正职领导职务的，应当担任副乡科级职务两年以上；而晋升乡科级副职领导职务的，应当担任科员级职务三年以上。这就是说，韩寒从科员到镇长（乡科级）至少应该需要5年时间，而她却只用了3年，所以人们把她的升迁说成“火箭式”。当然了，《规定》第二十一条又说：“公务员晋升职务，应当逐级晋升。特别优秀的公务员或者工作特殊需要的，可以破格或者越级晋升职务。”那么问题又来了一个关键：韩寒的“特别优秀”体现在哪里？甲乙丙丁，开中药铺嘛。列不出来，麻烦了。这样一分析，济宁市委宣传部那名负责人释然了吗？

基于父母或者别的什么背景的“火箭式提拔”，早已不是孤立事件。与韩寒事件差不多同时沸沸扬扬的，就有湖南湘潭县提拔的27岁的副县长徐韬。徐韬用一年半时间完成了从正科到副处的晋升，其间还在湘潭大学攻读全日制硕士；加上在郴州参加公选的他，最后却录取到了湘潭，而他的父亲和母亲均为湘潭雨湖区有或曾有一定职务的干部，这就难免不叫公众“想入非非”了。不过，4月22日，湖南方面已向外界一锤定音了此事。简言之就是提拔没问题，程序有瑕疵，因而对涉事的6名官员或党内警告处分，或批评教育，或诫勉谈话。

不知为什么，我们当下特别喜欢做年龄文章，每一届哪里的什么班子或者什么成员构成，往往少不了一句“平均年龄比上届低了多少”。这种强调的实质意义在哪里，我始终弄不明白。“火箭式提拔”的各级干部越来越年轻，与这种强调应该存在因果关联吧，据说如今每个县市区必须配备一名“80后”县处级干部。但过于强调所谓年龄，难免置能力于不顾，而一个资历太浅、太过普通的年轻人被“超擢”，人们不可能不去猜测他的关系、他的背景。就如《中青报》报道中提到的国家行政学院教授竹立家所言，一些地方以“干部年轻化”“破格提拔”“异地任用”为借口，违法违规选拔、提拔干部，正变得越来越普遍。这又可以回答济宁那位老兄的疑问了。

（2013年4月25日）

喝倒喝伤折射社会风气走向

重庆合川那里刚因为醉死了一个“京城处长”，导致负责接待的街道党工委书记被停职，湖北襄阳又传出一个镇的工作人员被领导叫去陪酒，导致酒精中毒休克险些丧命的消息。这一类的事情本来构不成新闻，之所以构成新闻，往往因不幸死去的人被定性为“工伤”乃至申报“烈士”。现在，在中央“八项规定”面前，不要说醉死或者差点送命，便是自始至终其乐融融、没有酿成任何不良后果的大吃大喝，一旦见诸媒体也变得格外刺眼。前几天那帧江苏泰州某管委会主任下跪的照片，尽管随后被挖出了幕后新闻，但由吃喝而引爆，确凿无疑。

在喝酒问题上，国人地不分南北，一概慷慨大方。这肯定是传统文化遗传的基因了。“烟酒不分家”中的“烟”，如今我们至少还能在表面上痛恨一下，“酒”则堂而皇之地大行其道。能喝酒的人，往往被视为很有本事，能够对周边人等产生威慑，能够办成许多不可能的事情。真有这种本领自然没什么好说，实际上有不少人是在逞能，自己逞能还不够，还要力劝别人逞能。“劝酒令”丰富多彩，洋洋大观，“中心思想”归结为一点就是：叫你喝，喝得有理。公元11世纪契丹冯见善出使北宋，有一个精辟见解：“劝酒当以其量，若不以量，如徭役而不分户等高下也。”不管穷人家还是富人家，对国家的负担都一样，那能行吗？可惜，千把年过去了，今天的人也没明白这个其实很浅显的道理。不能喝而强喝的人都知道，那于身体是非常难受的，而一旦喝高，再往嘴里倒什么都一个滋味，等于在糟蹋东西。

不喝行吗？当然行，前提是得看什么人。南宋宁宗皇帝走到哪里，都让人扛两块牌子跟着，一块写“少饮酒，怕吐”，一块写“少食生冷，怕肚痛”。宴席上先把牌子一亮，谁要是来套近乎，也不说话，“指屏以示之”。其实对至高无上的“一哥”来说，喝不喝酒，根本用不着弄这么复杂，此举反映出宁宗头脑简单、体质孱弱的一面。级别没这么高的，也可以不吃劝，那要看什么性格。“黑老包”当年在衙门里摆酒席，邀请大家去赏牡丹，王安石就“终席不饮”，不喝就是不喝，说什么都没用；司马光便抹不开面子，尽管自己“素不喜酒”，只好“亦强饮”。但对下属而言，基本上没得选择，叫你陪酒，一般不敢不去、不可不去；叫你喝，不敢不喝，不能不喝。那是给你机会，看得起你，你还别不识抬举。襄阳险些送命的那位，估计跟这种情况差不了多少。与合川的事情连起来看，大而言之，简单的喝酒问题折射出的是社会风气走向。

今年年初，81岁的中科院院士、中国地质大学（武汉）原校长赵鹏大教授，连发数条实名微博痛批央视晚间新闻白酒广告泛滥。老院士统计出30分钟的新闻时段所插白酒广告多达16种，精确化到了让人哑口无言的程度。我们则全凭感觉，电视里的酒广告的确太多了，多得烦人了。而且，这些广告都无一例外地、近乎梦呓般地放大酒的“正”功能，而完全漠视其带来“负”效应的另一面。在“八项规定”面前，我们的社会需要从“醉酒”状态中“清醒”起来。在饭桌上约束的同时，还该将营造出来的、日益浓厚的“酒文化”氛围渐消之，那就是整顿酒类广告。尽管不用像烟草广告那样“斩尽杀绝”，至少也别这么铺天盖地，给人一种离了它就没了命的感觉吧。

（2013年4月26日）

借免费发放自肥的胆量从何而来？

云南腾冲、临沧不久前相继曝出向农村义务教育阶段学生免费发放的《新华字典》出现大量盗版货，余音未了，问责尚在进行当中，湖北的相关事件又来了，这一回，问题字典——《学生新华字典》——的数量差不多达到400万册。什么叫“小巫见大巫”？把这两地前后发生的事件比较一下，形象不过。较之后者堂而皇之的规模作战，腾冲、临沧的做法堪称偷鸡摸狗，他们毕竟还是将正版盗版混杂其中，按央视新闻里的说法，正版的采购不足才动了歪脑筋。我早就乌鸦嘴过，我们国家同一性质的恶劣事件，总是不肯形单影只，踽踽独行。此番又得到了一次验证。

腾冲、临沧的那部分盗版《新华字典》乃真盗版，严格地说，大量媒体把湖北的《学生新华字典》同样以“盗版”名之，定性是不够准确的，人家的那是真货，只是前缀“学生”二字，且外观也与《新华字典》泾渭分明，至少不像央视昨晚披露的“王老古”“营养抉线”那样，存心要与“王老吉”“营养快线”混淆视听。《学生新华字典》是人家组织人马编纂的，可能班子过于草台，导致“编纂存在严重的问题，甚至出现了很多常识性的错误，总体的差错率高达万分之二十，超过了国家标准规定的 19 倍”。因此，准确定性的话，湖北版《学生新华字典》与“王老古”们殊途同归，也是试图鱼目混珠罢了。报道说这本叫作字典的东西并不在市场上公开发行，大约不是羞于露面而是不屑，因为尽管政府采购价甚至高于零售价，从今年春季开学至今就已经陆续发放了 320 万册，而湖北全省符合条件的农村中小学生共约 380 万。获利之巨不言而喻，但还只是小试牛刀吧，“铁打的中小学校流水的学生”，每年不是都会有新入学的适龄儿童吗？

真正的《新华字典》是我国第一部以词汇规范和运用为旨归的字典，几代专家学者已经联袂进行了 10 余次的大规模修订，“编写的目的主要是想让读者利用这本字典，对祖国语文的词汇能得到正确的理解，并且知道词汇现代化和规范化的用法，在书面上和口头上都能正确地运用”。正是因此，2012 年 10 月，财政部、教育部联合发出通知，将《新华字典》纳入“国家免费提供教科书范畴”，明确自 2013 年寒假开学起，我国将为全国农村地区中小学 1—9 年级在校生免费提供《新华字典》。显而易见，通知出台之际，就是国家的这笔专项补助资金变成唐僧肉之时！财政部、教育部的这项政策是面向全国农村中小学生的，那么，如果我们认为惦记从“免费发放《新华字典》”中分一杯羹的，仅仅这两省三地，积经验来看就难免失之于天真，包括国家专项基金在内的任何公款，不是从来都属于被算计的对象吗？倘若有关方面能认同我这个判断，现在的情形就叫作“战斗正未有穷期”，要在全国范围内仔细摸底排查，不该有一个借免费发放而自肥了的漏网之鱼。

马克思有一句大家耳熟能详的经典名言，就是“一旦有适当的利润资本就大胆起来”，10% 如何、20% 如何的那句；后半截最重要：到了 50%，“它就铤而走险”；到了 100%，“它就敢践踏一切人间法律”；到了 300%，“它就敢犯任何罪行甚至冒上绞架的危险”。朦胧中觉得，这句经典名言用于“《新华字典》事件”以及任何性质相同的恶劣行为都合适不过，这真的是个“胆量”问题，从何而来？一时间没找到恰当的替代“资本”的名词，“政府部门”？“官员”？似乎都不太熨帖。作为一个问题提出来，就教于智慧的网友吧。

（2013 年 5 月 7 日）

得守住食品安全这条底线

最近一周以来，因为山东潍坊以剧毒农药种植生姜、老鼠肉变身羊肉等令人不寒而栗事件的曝光，食品安全问题又一次触动了国人早已绷得很紧的神经。与此同时，一连串的高层动作，又多少给国人以慰藉。5 月 2 日，公安部公布了各地公安机关侦破的十起肉制品犯罪典型案例；5 月 3 日，最高人民法院、最高人民检察院发布《关于办理危害食品安全刑事案件适用法律若干问题的解释》；5 月 6 日，国务院总理李克强主持召开国务院常务会议，要求建立最严格的食品药品安全监管制度；5 月 8 日，国务院常务会议要求严格食品安全监管，严打肉类产品掺假售假等行为……

我们现在的发展称得上“仓廪实”了，按照管子的理想逻辑，接下来应该“知礼节”。然而很遗憾，不少人——还是别用极个别或个别等避重就轻的字眼——非但没有，反而良心坏了，且有越来越坏的趋向。就食品生产而言，列举没有出过问题的品种太难，简单一点，就是不妨谁给开个没有问题品种的清单。生产者的良心坏就坏在，为了他或他们的一己私利，生产手段无所不用其极，根本不顾及他人的健康甚至死活。潍坊的种姜人家，自己吃的不是就不用农药吗？

秦末楚汉相争之时，儒生郦食其给刘邦出主意，其中一个重要观点是："王者以民人为天，而民人以食为天。"因此他建议刘邦"急复进兵，收取荥阳"，抢夺"藏粟甚多"的敖仓。在他看来，项羽占领荥阳却"不坚守敖仓，乃引而东，令適卒分守成皋，此乃天所以资汉也"。郦食其说的"食"，基本上等同于粮食，"粟"嘛，而且主要是强调吃饱，量的问题。今天，"民以食为天"得到了传承，然而"苏秦不是旧苏秦"，"食"的这一概念的外延，显然扩展到了质量层面、安全感层面，将来也许会"食不厌精，脍不厌细"，眼下却要吃得安心、吃得放心。

如何守住食品安全这条底线？个人以为最重要的应该是"有司"的作为。从央视新闻报道中我们都看到了，潍坊用"神农丹"生产出来的毒姜是供应给国人自己的，出口的那些不用，种植户说了，不让用，用了能检出来，不收。这就足以印证"非不能也，实不为也"那句老话。虽然食品监管没有"为长者折枝"那么轻易，但离"挟太山以超北海"也还差了孙悟空翻一个跟斗的距离：十万八千里。食品安全出了问题，从前我们习惯于归咎为分段的监管体制，即质量技术监督部门管生产、工商行政管理部门管流通、食品药品管理部门管消费，导致监管资源分散，整体执法效能不高，新一轮国务院机构改革于是组建国家食品药品监督管理总局，结束了"九龙治水"的多头管理格局。成效如何，自然要拭目以待。但我始终认为，食品安全的核心问题应该是职能部门的责任感问题。无论你以怎样卑劣的手段生产，我把你扼杀在进入市场之前，又如何能造成危害？缺乏责任感，在作为体现形式的机构组成上拆拆合合，效用有限。

"开门七件事，柴米油盐酱醋茶"，在任何时候怕都会是金科玉律，这是关乎人人的重大基本民生问题，比天大，比地大。如果

"民"被食品安全弄得惶惶不可终日，任何"幸福××"都难免成为奢谈。因此，必须守住食品安全这条底线，无路可退。"严惩重处"得成食品安全治理常态，千万不要只是青睐"专项"。

（2013 年 5 月 9 日）

雀跃"桥坚强"在于少见多怪

前两天，著名的南京长江大桥被一艘满载 12500 吨石灰石的货轮碰撞了桥墩。与以往——比如广东的九江大桥——被撞"大异其趣"的是，桥墩安然无恙，倒是那货轮半小时左右迅速沉没。舆论对大桥一片喝彩之声。众所周知大桥是毛泽东时代修建的，此情此景用他老人家的诗句来说，就叫作"蚍蜉撼树谈何易"。相对于大桥，万吨货轮的这次碰撞，恰如给出了生动诠释。

笔者对沉船决无幸灾乐祸的意味，实在是这几年来，大江南北、长城内外，我们见识了太多"年轻"大桥各种各样原因的坍塌，而那些经受住考验的每每被称作"桥坚强"。茅以升先生设计的钱塘江大桥历经沧桑而巍然屹立，一度为大家津津乐道；芦山地震后，一座名不见经传的拱桥因为"震不垮、压不塌、炸不断"而成了"神桥"。南京长江大桥的此番经历同样令人刮目相看，只是由此生出的仰慕不同于火红年代的那种了。正因为感觉上"桥坚强"不多，所以发现一起，难免偏爱有加，欢呼雀跃一回，不吝奉送美名。此亦可用"少见多怪"来调侃吧。

桥之所以不"坚强"，肇事者肯定是有一定责任的，但归根到底还是取决于桥的建设质量。20 世纪 80 年代初南斯拉夫有部电影《桥》在我们这里热映，想必过来人都印象深刻，主题歌《啊，朋友再见》至今听来依然打动人心，欢快旋律中流露出的是对战争的控诉。电影中，游击队奉命要炸掉一座桥以阻击德军，为了完成任务，先要费尽周折找到大桥的设计师，弄清桥的最薄弱之处，以明确在哪里放置炸药。倘若他们有幸听说，其实弄一车鞭炮在大桥上随便炸一下也能达到摧毁的目的，不知该作何感想。这样的事情在我们这里偏偏就发生了。并且，我们还有好多不可思议的塌桥事件。2011 年 7 月 11 日到 20 日的全国“10 天 4 塌”，都是因为行驶其上的汽车超载；而昆明新机场配套引桥工程在浇灌过程中垮塌，居然“不排除天气的原因，比如刮风引起”。诸如此类，即便人家不觉得是笑话，我们自己不觉得是耻辱吗？

桥是用来帮助人跨越障碍的，人命关天，桥便理当“坚强”，必须“坚强”。但何以屡屡事与愿违？根本恐怕在于事故之后，追的只是肇事者的责，顶多再加上设计者、施工者的责。看看韩国，印象颇深的是 1994 年汉江上一座大桥早上坍塌，下午汉城市长就引咎辞职了。近年来我们这么多的恶性塌桥事件，可曾见到过一个官员主动为此承担责任？所以我一向认为，我们干部处分条款中的“引咎辞职”形同虚设，根本派不上用场。用新近的事实来佐证，2012 年 12 月，《财经》杂志副主编罗昌平实名举报时任国家发改委副主任、国家能源局局长的刘铁男涉嫌伪造学历、与商人结成官商同盟，国家能源局新闻发言人旋即声明举报内容纯属诬蔑，还要“报案、报警，采取正式的法律手段处理此事”。现在刘铁男果真垮了，那个自扇耳光的新闻发言人该不该引咎辞职？该，但他没有。为什么？引咎辞职是一种主动的自责行为，那该需要多高的道德修养做支撑啊，在当今谈论这些，奢侈，极度奢侈！

但是，没有人在“根本上”为塌桥负责，类似事件也许就不可能得到杜绝。但愿这个预言不对。不过，有一点自强意识的话，我们这个时代就不能总是让“前桥”在考验面前独美，也得拿出自己的样板来。一旦给人的感觉是从前的东西才货真价实，所谓发展就透出浓浓的悲哀了。

（2013 年 5 月 14 日）

开口"临时工"，未必是托辞

6月4日，网上一段名为"实拍：延安城管暴力执法双脚跳起暴踩男子头部"的视频，引起了社会的广泛关注。视频显示，六七名身穿制服的城管人员，在人行道上与商户抢夺自行车，之后数名城管对一名男子展开围殴，该男子摔倒在地后，一名身材壮硕的城管队员更双脚跳起踩向男子头部……5日下午，延安市政府召开新闻发布会，称涉事8人全部受到处理，野蛮脚踏商户的协管员景鼎文被刑事拘留，不出大家预料：又是个"临时工"。

所以说不出大家预料，概因此前，凡是干了千夫所指事情的，已有太多的"临时工"。对此，大家始而还能会心一笑，一旦发现"临时工"像网络上的"杜甫"一样很忙之后，就完全演变成了嘲笑，嘲笑开口就是"临时工"的单位部门，是借此给自己蒙上一块"遮羞布"、一面"挡箭牌"，归根到底是要避重就轻的托辞。不过，冷静看去，"临时工"成为恶性事件之后的"替罪羊"，却也有可能是一种实情。所谓临时工，就是暂时在单位工作的人员，与之相对的自然是正式工，直接来说，就是一个在编制外，一个在编制内。外国人未必弄得明白，但咱们都清楚，编制内意味着包括医疗在内的福利能得到保障。

以前是方方面面都是"铁饭碗"，大家几乎都在编制内，"老人老办法，新人新办法"之后便不同了，但"新人"里面，编制的内与外也隔着鸿沟一道，表现在敝报这里，即所谓"紧密型"与"松散型"，前者才属于"内"，后者随时可以辞退。我国究竟有多少编制外人员？迄今尚没有公开资料显示详细的统计数据。《半月谈》日前的一篇文章指出，编制内、外导致的正式工、临时工这种双轨制用人模式，几乎覆盖了全国所有行政机关、事业单位。在我看来，借调应该也算是一种。所谓借调，就是部一级的单位从省里借调，省一级的从市里或从下属单位借调，反正就是上级要求下级无偿贡献劳动力：人归我用，工资福利由你负责。借调或许真的有编制所限忙不过来的因素，但也有反正自己不需要付出成本、不用白不用的因素。国务院办公厅早在2002年就有一个转发中央编办《关于清理整顿行政执法队伍实行综合行政执法试点工作意见》的通知，其中明确“要全面清理行政执法机构现有人员，清退临时人员和借调人员”。结果呢，与其他政令的“命运”无二，“得诏书，但挂壁”。

这些年来，各地城管无一例外地处于舆论的风口浪尖之上。矛盾是先天存在的：城管的职责是管理城市，至少要让城市“面上”整洁、美丽；而城市中涌入的大量低收入群体以及城市的原住贫民，要自食其力解决生计问题，要占道经营，不仅破坏环境卫生，还造成“视觉污染”。因此，城管执法就变成了一种很有“风险”的事情，城管暴力执法、小贩暴力抗法，成为城市生活中的一种常态。因为“暴力”，临时工难免成为“作战”的主力军，临时工为了挣得表现，以期自己能“临时”得长久，自告奋勇地充当“打手”也是完全有可能的。当然，即便真的是临时工所为，当下这样一种表态也的确有推脱的嫌疑，你的队伍管理难道没有缺失吗？

此番，延安这个“临时工”，先牵出了位于宝塔区繁华地段高达30层楼的“城管大厦”，再牵出了城管局长屁股下40万元的“座驾”，恐为大家始料不及。我们中国的太多事情都是这样，由一个偶然的线索切入，才能发现极端的严重问题。同是陕西的杨达才，哪里想到车祸现场的一个微笑就把自己栽了进去？而没有这个偶然的线索，一切就都歌舞升平，真乃咄咄怪事。靠“偶然”而非“必然”来发现问题，诚然比没有发现要好，但一来二去，也就会令人对多如牛毛的各种监督制约机制产生不了丝毫的信任之感。

（2013年6月8日）

“假装上面有人”与“上面真的有人”

今天《南方周末》的封面报道，是调查最近“走红”的“国内动态调查委员会”。像小偷“偷”出贪官、因情妇而“祸起萧墙”出贪官一样，这个“国调委”的败露也是非常偶然：一组艳照。艳照中的男主角是该机构的“主任”李广年。紧接着，该机构的“秘书长”党金国反戈一击，举报李广年的“国调委”及后来借尸还魂的“中调委”坑蒙拐骗。当下的电视剧老是拍什么宫廷争斗、雷人抗日，惹得主管部门生气，其实这些东西都是现成的好题材，怎么不关注一下？当年以“功臣”“模范”行骗全国的李万铭锒铛入狱之后，老舍先生就采访之并写出话剧《西望长安》呢。

《南方周末》上这篇报道的标题起得极妙——《假装上面有人》，对这个草台班子行骗的基础和前提可谓一语中的。“国（中）调委”有一个20人的顾问团名单，里面不仅有前国务院副总理等退休高官，还有10个退役将军，豪华得很。但因为是“假装”，估计是一厢情愿吧，且不理它。他们所以要“假装上面有人”，当在于“上面真的有人”的那些的确奏效。这个猜测如果成立，则可认为前者实则建立在后者的示范效应之上，或者说前者受到后者的启发而催生。“上面真的没人”的，只好“假装”，大旗一定要拉起来。武松在景阳冈上打虎之后，“就石头边寻了毡笠儿，转过乱树林边，一步步捱下冈子来”，走不到半里多路，枯草中钻出两个穿着虎皮衣裳的猎户，武松就被吓坏了，不禁叫道：“阿呀！我今番罢了！”你看，虎皮的威慑力该有多强。

前人从《西游记》中早就发现，同样是作恶多端的妖怪，被孙悟空打死的，都是“上面真的没人”的，那些“上面真的有人”的，在性命堪虞之际都能化险为夷，被“上面”或派人或亲自及时地接走。所以，如虎先锋、白骨精、九尾狐、狐阿七、蝎子精、玉面公主、碧波潭老龙等，无不命丧金箍棒下，而当黄风怪露出本相，“行者赶上，举棒就打”时，就被灵吉菩萨立刻拦住，说要“拿他去见如来”；金角大王和银角大王被悟空收进葫芦和净瓶后，马上又闪出太上李老君，甚至连同悟空缴获的宝贝也一并索要了回去；灵感大王本是观音“莲花池里养大的金鱼”，作恶败露之后菩萨要带回去继续观赏……文学作品是现实的反映，但我们还是要钦佩吴承恩的洞察力，他通过这些貌似荒诞的离奇故事，何等巧妙地揭示了社会真相。可惜的是，那么多年过去了，涛声依旧，应了鲁迅先生概括的，“仿佛时间的流驶，独与我们中国无关”。

《南方周末》的报道说了，类似“国内动态调查委员会”这样的骗子“机构”，近年来已非孤例。想来很多人都有兴趣知道，被拆穿的那些，是否可以分出“假装上面有人”与“上面真的有人”这“两大阵营”？分的话，又各占怎样的比例？胡乱猜测，那些“上面真的有人”的，保险系数要大得多，虽然敛财的手段并无二致，但至少在公开层面，大家连屁都不敢放一个，也放不出一个。20 世纪 80 年代初，谭咏麟演过一部电影《假如我是真的》。剧中下乡青年“谭咏麟”回城不成，懊恼至极，却因为被误认为是高干子弟而一切得到改观。这部电影虽然得了金马奖的最佳剧情，但时空、言语错乱实在不能恭维，给我留下印象的是“谭咏麟”最后在狱中的哀叹：“我因为假冒高干子弟便落得如此下场，但假如我是真的呢？”此语未知可否攀龙附凤，视之为“‘谭咏麟’之问”。在我看来解决此“问”，与解决“钱学森之问”同等重要。

（2013 年 7 月 4 日）

更应从技术层面遏制盲目冲动

长沙那个号称世界第一高楼的“天空城市”被有关部门叫停了。7 月 20 日举行了热闹的开工典礼，7 月 24 日即归于沉寂，这么短命的项目肯定有许多，但这么“著名”的短命项目，恐怕“独此一家，别无分店”吧。有意思的是叫停的原因：没有完成相关法定的报建手续，远大集团没有建筑资质。

这个准“世界第一”就这样再次成为了焦点。我们翻回去年 6 月的相关报道，可以发现诸多值得回味的内容。其总裁办明确告诉记者：“长沙 838 米高楼项目在今年 4 月份已经启动，各方面工作也已经在进行中。”这“已经在进行中”的“各方面工作”，难道不包括必备的法定报建手续？当初忽略了，还是因为一直没有通过，靠强行上马以制造既成事实？我臆测应该是忽略了，报的话，不可能完不成。夭折的“世界第一”坐落在望城区——雷锋故里吧，记得雷锋是望城县人——在去年 6 月 5 日的签约仪式上，望城区委书记、区长谭小平明确表态，这个高楼对于望城的发展具有跨时代意义，区委、区政府将排除万难、坚定不移地支持该项目的建设。并且，他还建议项目命名为“远望大厦”，取了远大集团中的“远”和他们望城的“望”，以期远望长沙、远望湖南、远望中国、远望世界。在这样的决心和气魄面前，按道理，完成相关法定的报建手续简直是探囊取物之事。

但这个“世界之最”也就是从掀开面纱时起便质疑连连。首先是它的规划，起初只是 150 层；2010 年年底，升格为 200 层、高 666 米的“空中城市 1 号”；而到 2012 年 4 月份，便“拔高”到了 220 层、838 米，成为比迪拜塔还高 10 米的“世界第一”。这一幕似曾相识。对了，1958 年，我们的小麦亩产“卫星”就是这么放出来的。

权威媒体这样告知我们喜讯：6 月 8 日，河南遂平，2105 斤；7 月 12 日，河南西平，7320 斤；7 月 25 日，江西波阳，9195 斤；7 月 31 日，湖北应城，10597 斤；8 月 13 日，湖北麻城，36900 斤；9 月 5 日，广东连县，60437 斤；9 月 25 日，广西环江，130435 斤……如果说有什么不同的话，那个时候是相互较劲，谁也不想输给谁；而这个世界第一高楼似是在与自己较劲，当然，纷繁世界中高楼竞赛的刺激因素肯定少不了就是。不过，专家说了，楼越高遇到的问题就越多，可建度、安全性能、能源环保等方面均需要进行科学论证，并不是张口就来那么简单。亩产张口就来的那些后果，我们已经领略了。

同样咂舌的，还有它的建设速度。地上这 800 多米，只消 7 个月，不被叫停的话，明年 4 月人家就可以封顶了。当年深圳国贸大厦施工因为 3 天一层楼，以至赢得了“深圳速度”的美誉，人家现在却可以做到 5 个小时一层，既曰“天空城市”，想来其截面面积也要比国贸大得多得多。5 小时建一层，五五二十五，一天 24 小时，能建差不多五层耶！深圳国贸诚然远矣，但现任世界第一迪拜塔还建了 6 年呢，真是小巫一个！倘若我们这里不是吹牛皮，倘若这工程质量能够得到保证，那我们感叹的就不只是时代发展的飞速了。不过专家又说了，投资方在建筑高楼方面并不是很有经验，如果在未知领域挑战，会有风险。现在来看，他们连建筑资质都不具备，这个 800 多米高的东西立起之日，可能也是不知多少人等开始揪心之时了。

留下了报建、资质方面的“漏洞”，我们要感到庆幸才是，否则对这个专业人士普遍质疑的“巨无霸”还有没有叫停的理由呢。叫停自然是件好事，但是我们希望今后的类似叫停，更多的是从技术层面而不单单只是从行政层面。从技术层面遏制盲目的冲动，对后来者的警诫更有力度。

（2013 年 7 月 25 日）

邵阳交警的底气何来？

湘E00001，一看这车牌就知道它的“背景”不会寻常，No. 1嘛。地方的一般人物要是觊觎这个号牌，那是自己找不自在了。事实也的确如此，那是湖南邵阳市主要领导时常使用的座驾。不寻常的是，这种理论上的“牛（×）车”，居然违章了也被记录，不对不对，违章了被记录是正常的，应该说违章了居然也可以真的被罚款。7月26日下午，这辆车的司机蒋重良正是开着它来到邵阳市交警支队直属大队交罚款。不知怎么走漏了风声，在当地引来了众多记者和市民的围观；消息传出，自然会超越地域，引来包括笔者在内的局外人的好奇。

好奇些什么呢？如同邵阳市公安局交警支队支队长杨修文所说：“这么多职能部门、这么多在政府工作的朋友，还有交警支队内部的同事，以前几乎每天都有人排着队找我帮忙签字，免除交通违法处罚。”以我们这个人情社会的实情推测，这绝非他们那里特有的景观。就算是吧，“湘E00001”何以不“顺理成章”地祭出此招，它不是更有条件那样去做吗？原来去年6月底，邵阳市纪委、市委组织部、市委宣传部、监察局、公安局和人社局六个部门联合发文，实行公职人员交通违法“零减免”制度，核心思想显然是“王子犯法与庶民同罪”。不过联合发文我们都见得太多，不只是名目上五花八门，关键是虎头蛇尾或者色厉内荏的多，所以我们国家但凡该杜绝的现象都要三令五申。看起来，邵阳那里应了俗话说的“动真格”了。去年10月，“湘E00001”已经交纳了1000多元的罚款，今年这是第一次交通违法。而且，4月11日，牌号为“湘E00003”的公务车也交纳了1600元罚款，这辆车还被算了细账：从2010年7月到2013年3月共有9次交通违法。从这些案例来推断，邵阳执行联合发文是有气魄、有恒心的。邵阳市交警如此掷地有声的底气何来，倒是真的值得善于发掘典型的人们关注了，这难道还不该作为一项宝贵经验在全国范围内推广开来吗？

杨支队长还说了，找他签字免罚这种事情，严重干扰交警部门的正常工作，“最主要的是，有特权或者能找到关系的，就能违法减免，普通市民却不行，这是执法不公”。话说得不错，然“牛（×）车”漠视交通规则，车牌本身狐假虎威是一个重要因素，根本上应该在于座驾“主人”不大把交通规则放在眼里。“湘 E00001”新近被罚的这一次，司机是比较冤枉的。蒋重良说，那天领导在市区内视察，“我知道那个路口不能停车，但领导要下车看看，我就没多想，把车停下了”。面对“如果下次领导又让你在不能停车的地方停，你怎么办”的记者提问，蒋重良说：“那我要跟领导提意见嘞！”从这里我又比较有兴趣了解若干细节，比如“湘 E00001”今年是“违反禁止标线指示”，那么去年那 1000 多块钱都花在什么教训上了？至于有人提出罚款该由谁来出的问题，就更有意思了。由司机出，他开着此车来交罚款不是公车私用？而如果是公款，那么上下就未必在乎这两个“小钱”，想违则违，司机提意见未必顶用。

我知道这样说话很有一点得寸进尺，“湘 E00001”“湘 E00003”等能被罚款、能让你曝光已经不错了，别的地方又有几辆“牛（×）车”做到了这点？我的本意是想让他们把好头带得更彻底一些，对典型人物不是都力求尽善尽美嘛。顺便骄傲一下，在下驾车已近三年，尚未有过一次违章记录，这表明遵守交通规则并不是一件很难做到的事情。我们的交通信号标志确有太多不尽如人意之处，不清楚啊，误导啊什么的，但最根本的是你得有遵守意识。开车上路了就遵守交通规则，工作生活中遵守其他法律法规才可能自然而然。

（2013 年 7 月 29 日）

“笑模样”的官员得引以为戒

如今当一名官员实在是有一点儿难。一语不慎带来的严重后果，大家已有越来越多的领略。“雷语”就不用说了，新近某个副省长的“败类”“人渣”观，虽然立场正确无比，旋即也不得不以道歉来平息众怒，既要承认自己“个别言辞欠妥”，又要表示今后“有话好好说”。至于由“雷语”牵连出了官员的其他乃至出现最坏的结局——落马，都已经不乏实例。对那个副省长，也有人建议调查一下他的家人和财产去向，副省长表示欢迎就是。

说什么话毕竟属于主观的、后天的因素，现在的问题是官员先天的长相也有了让人纠结的成分。重庆的雷政富前一段说过了，这里再说说“笑模样”。前两天，湖北一个11岁的男孩不幸溺水身亡，男孩家长抗议一名街道干部在处理事件时面露“笑容”。街道办事处主任解释说，那同志生就一副笑眯眯的“福相”，引发了家长误会。这不是可以归为“生得不慎”？天生“笑模样”，很耳熟。哦，想起来了，不久前有篇文章借“知情人”的口告诉我们，陕西省安监局原局长杨达才当年在特大车祸现场的那个微笑，被大家误读了，那老兄也是天生如此，现在虽然在服刑也给人乐呵呵的感觉（大意）。这则“真相”估计很多人都关注到了，当下这名街道干部的出现，相当于助了“知情人”一臂之力。

明白“知情人”和那主任的意思，是在告诫我们不要以“笑”取人。这个告诫有道理。北魏有个叫元苌的皇族，世袭侯爵，仕途先天就安排好了，生活也无忧无虑，本该满心欢喜吧，他却无论如何也高兴不起来，“虽有吉庆事，未尝开口而笑”，气得孝文帝拓跋宏说他“五行之气，偏有所不入”。不笑无所谓，为官如何呢？《魏书》给他这样定论：“中年以后，官位微达，乃自尊倨，闺门无礼，昆季不穆，性又贪虐，论者鄙之。”唐高宗时的李义府则天生一副笑模样，“与人语必嬉怡微笑”，但时人都看出来了，他那是“笑中有刀”，可能正盘算你呢，成语“笑里藏刀”就是从他那儿发源的。李义府阴险到了什么程度？“欲人附己，微忤意者，辄加倾陷”。这两个例子说明，天生“笑模样”与否只是外在的形式，对人品、官品的判断而言，的确没有任何辅助意义。

街道那“福相”同志的级别太低，未必会有后续值得大家关注。有意思的是，本来杨达才长的什么样子，至少对他那个算不上小的系统的公务员和临时工来说都看得见，根本不用现在由“知情人”来揭秘；并且，在杨局长还没倒台而对记者解释时，也没有拎出本来最具说服力的先天因素，倒是这么说的：“来到事故现场，看到情况，我们的心情很沉痛，由于事故太过重大，现场气氛其实很压抑，有些基层同志向我介绍情况的时候，都显得特别紧张，有的同志口音比较重，有些话我听不太清楚。我让他们放松些，可能一不留神，神情上有些放松。”这样一来，杨达才天生“笑模样”与否，倒给那个“知情人”弄成谜团了。

公众诚然不必对官员的长相过于敏感，但即便生就“笑模样”，官员自己还是要慎重对待，颁发各种奖牌奖状需要其乐融融时好办，在灾难场合尤其要尽量把持自己。记得有项研究说，人与动物的一个本质区别，在于人的表情丰富，而动物的比较单一。想想不难接受这个观点，小狗表达高兴的程度，就是靠尾巴摇动的频率来体现。事实上，杨达才的照片现在也不难在网上搜到，并不都是“笑模样”，有张叉腰的甚至还有些恼怒，表明他还是可以自控的。那个“一不留神”，说到底，还是骨子里对生命的骤然逝去没有体现出应有的尊重。这一点，那个街道干部没有视为教训，只有用来警示后来那些天生“笑模样”的官员了。

（2013 年 7 月 31 日）

北京不如把“最牛违建”留作标本

北京“最牛违建”发酵成为全国关注的焦点之后，海淀区城管再次在违建主人张某某的房门口张贴了公告，认定其在楼顶800平方米的建筑属于违建，要求其在15天内自行拆除，或到城管部门接受调查，逾期不主张权利或不自行拆除的，将报请海淀区政府强制拆除。从8月12日海淀区城管发布这则公告起，我们就有理由认为这个“最牛违建”进入生命的倒计时了，不仅在于若干亿国人眼睛在盯着，而且关键在于海淀城管终于鼓足了勇气，按照从前章回小说的套路，弓弦响处，接下来就该箭如流星。

不过，真的要动手了，我倒有极力挽救的念头，觉得不必一拆了之，相反，不如保留。这不是反话正说，保留它，是留作一个标本，借以从中一窥所谓法律法规在神通广大的人物面前是如何的不堪一击。北京“最牛违建”从开始施工到现在已经历时六年了，城管也不是不管，而是人家拒绝配合。于是，从2008年12月起至今年，你调查，人家要么出差，要么拒绝开门入户；你特快专递《权利告知书》，人家要么退回，要么由他人签收。一句话，懒得理你。一来二去，竟然弄得城管“狗咬刺猬——不知从哪儿下嘴”。由此忽然想去，倘若各地城管执法都如海淀城管这般文明，能够避免多少不该发生的悲剧啊。报道说楼下不堪其扰的住户都换了三茬，宁可贱卖也得逃离，情况恶劣到了什么程度？相形之下，许多地方不过是小贩占道经营，使市容一时间不大光鲜而已，真不至于暴力相向。

汇总各地城管的执法案例不难推知，城管之所谓没办法，归根到底还在于执法对象有“能量”。就像《水浒传》里的林冲，将调戏自己媳妇的恶棍“扳将过来”，刚要抡拳，一看是高俅的儿子，“先自软了”。北京“最牛违建”的主人虽非权力人物，但有权力背景几乎是可以肯定的。所以他对邻里放言："我既然敢住这，我就不怕谁告。"所以他也就对城管五次三番的"调查"全当耳旁风。他的底气估计在于他所发明的"奇经疗法"，对"神经、肌肉、关节、韧带的各种疾病有手到病除之功"，因此给很多"有来头"的人以及名人看过病，并借此"俘获"了他们。真要这样的话，则北京"最牛违建"也许无心插柳，又牵出了一个神医类的"大师"，先不讨论。此处由"先自软了"不免又要想去，倘若各地城管在纷繁复杂的管理职责中能够抓"大"放"小"，打一打"老虎"，该能够树立起多么良好的正面形象啊！

我们一直在强调建设法治社会，步履蹒跚是一定的，但是，如果不是惊动了举国上下，却连一个明目张胆的楼顶违建都奈何不得，让公众建立起对法治的信心就会很难很难。因此，唯"最牛违建"立在楼顶，视觉冲击强烈，与其在木已成舟之后显示强拆的决心和力度，还不如留着它，所谓"耻辱柱"是也。前几年，广州二沙岛那栋号称价值两亿的违建别墅，正是在弹指间灰飞烟灭的，但拆了也就拆了，其所产生的震撼效应只是局限于一时，全不如留着更能警醒城市的管理者，更能告诫后人当年这里为什么会发生这荒唐无比的一幕！得寸进尺的话，各地不妨都选择一处典型的违建留作标本，把它们视为早已消失了的、传统上的"记恶碑"的一种，再现于现实当中。

我们需要这类的标本。当然，留着它确实有一点儿难堪，这个标志丑陋的所在会成为当地的一景，让人指指点点。然何谓"知耻而后勇"？何谓"置之死地而后生"？斯之谓也。这种活生生的反面典型，正是法治进程中有益无害的生动教材。与此同时，唯其时时进入公众的视野，所以对自以为"能量"无边的人，也未尝不构成一种威慑。

（2013 年 8 月 13 日）

由“大喝一声”而胡乱想去

8月12日《学习时报》有篇《以整风精神开展批评和自我批评》的文章，内容是关于群众路线教育实践活动的。为了引述相对完整，权且先当一回“文抄公”。文章说，我们要通过整风触动灵魂，开好民主生活会，开门搞活动。对马克思主义的信仰，对社会主义和共产主义的信念，是共产党人的政治灵魂。但现在已经有不少身份是“共产党员”但不信仰“共产主义”的失魂落魄分子，这些人在组织上入党了但在思想上没有甚至也不准备入党。对于这样的人，我们要大喝一声：“同志，你危险了。”

这里的“大喝一声”，显然得到了若干网站的垂青，推介的时候便拎出来，当作吸引眼球的标题。虽然新鲜出炉，但觉得很眼熟……想起来了，毛主席的名篇《反对党八股》里正有这么一句。既然上了“文抄公”的贼船，索性就多坐一会儿。毛主席这么说的：要做对于这些东西（即党八股）的肃清工作和打扫工作，是不容易的。做起来必须得当，就是说，要好好地说理。如果说理说得好，说得恰当，那是会有效力的。说理的首先一个方法，就是重重地给患病者一个刺激，向他们大喝一声，说：“你有病呀！”使患者为之一惊，出一身汗，然后好好地叫他们治疗。

两篇文章中的“大喝一声”，众所周知皆属形象的比喻，相当于为诊断出来的问题开出的药方。二者在用法上有没有思维方面的逻辑关联无甚紧要，我比较感兴趣的是：由谁来“大喝一声”？“大喝一声”之后会怎么样？毛主席那里不用说了，他的那篇檄文就等同于为“大喝一声”带了个头。我们从延安整风的成效有理由相信，“党八股”一时间恐怕偃旗息鼓了，所以说“一时间”，在于它今日“风采依然”，苏秦还是旧苏秦，光是最近几年，上面强调改进文风都不知“切实”了几回。可见连毛主席那样的人物，“大喝一声”之后也只能收到治标的效果。况且，思想政治层面的事情，可以“大喝一声”的，更有“胆量”之外的因素。比方现在，《学习时报》文章作者所说的“我们”究竟指的是谁，包括作者自己吗？

见之于社会生活层面，我以为倒是时常需要“大喝一声”，针对那些尸位素餐的政府职能部门。就最新的例子来说，北京“最牛违建”今日开始自家开拆了，虽然直接地看，这确是海淀城管那纸公告——“最后通牒”的效力，但是间接地看，则是网络曝光、媒体追踪、举国瞩目的功劳。六年前，也就是“最牛违建”动工的时候，海淀城管是应该而且必须“大喝一声”的，但他们没有，对如此恶劣的事情表现出了极好的涵养，乃至六年来说话的声音都从来没有盖住楼顶的装修声音，眼睁睁地看着那个布满亭台楼阁的“楼上楼”拔地而起。那么，面对养痈成患所导致的恶果，该由谁对城管“大喝一声”，仅仅是愤愤不已的公共舆论吗？

不错，当下我们也能偶尔听到对职能部门的“大喝一声”，但有这个“资格”的，往往得位高权重，至少是那个领域、部门的“一把手”吧。细察被喝的，也就冷不防吓了一跳而已，回过神来，抖抖身子，“睬你都傻（suo）”。想想都不难悟出，为什么大量见不得人的肮脏行径并不见得隐秘，记者一个暗访就原形毕露？如果职能部门都能各司其职，该“大喝一声”的时候决不装聋作哑，何至于到积重难返的时候不得不祭出“专项行动”！但我们这个社会不仅时时需要“大喝一声”，尤其需要普通公民的“大喝一声”，且喝过之后不会带来无妄之灾，社会才是正常的社会，才是有希望的社会。

（2013 年 8 月 15 日）

录用网络警察不必计较“面容”

湖南一个网民发帖称，自己近期报考了湘西自治州公安局网络民警的岗位，并以笔试、面试总成绩第一名进入体检，但因脸上长了痤疮（即青春痘）、“长得丑”而遭淘汰。对此，湘西自治州人力资源和社会保障局回应称，他们只采用指定体检机构的体检结论，而三名专家医生对这名考生检查会诊的意见为“面部有瘢痕影响面容，且瘢痕难治愈，易反复发作”，根据《公务员录用体检特殊标准》第一部分第三条规定，结论为不合格。

对这个答复，不光那考生，好多网友也都不接受，“人民警察要形象”一类的风凉话脱口而出。对待这些貌似不公的事情，首先需要些心平气和，看看究竟有没有那些规定。按图索骥，《公务员录用体检特殊标准（试行）》果然有，是卫生部、国家公务员局2010年11月印发的，其中第一部分“人民警察职位”的第三条，确实是这样规定的：“影响面容且难以治愈的皮肤病（如白癜风、银屑病、血管瘤、斑痣等），或者外观存在明显疾病特征（如五官畸形、不能自行矫正的斜颈、步态异常等），不合格。”对警察职位专门做出“面容”规定，表明其录用标准高于其他公务员。必须明确，该考生没有通过体检，不是因为先天“长得丑”，而正是因为痤疮影响的“面容”。这一点还是得分清楚，分不清楚，难免就有“美与丑不应成为选拔标准”的武断了。至于该考生的痤疮是否可归入皮肤病之列从而涉及到了“面容”，是个很专业的技术问题，本人无可置喙，所能代之一呼的，只能是相对来说藏在“幕后”的网络警察，其岗位是否可以稍稍区别于“台前”的那些，在录取操作的过程中“枪口抬高一寸”？并且，好在这个《特殊标准》还处在试行阶段，修订之时应当把这些比较特殊的问题酌情考虑进去。

在很多时候，无论报考公务员与否，“长得丑”肯定都天然存在劣势，“爱美之心，人皆有之”嘛。况且，不独人类如此。清初张怡所撰《玉光剑气集》引了《读书笔记》中的一则议论：“犬见人衣貌不扬则吠之，稍整则亦稍戢，盖彼亦知外美耳。”不过，这话使人疑心此乃前人在借题发挥，概因我们都知道，犬之吠否往往取决于它眼中人之生熟与否，上升到美学层次抬举了“旺旺”，显见话中有话。果然，那书里接着又说了：“人之智宜辨于犬矣，乃亦敬富贵，忽贫贱，而不问其贤否，何以异于犬乎？”在作者看来，犬之“敬体貌”与人之“敬富贵”异曲同工。品味品味，这话是相当恶毒的，此处不表。

但历史上确有一些凭借外貌来用人的不可思议的实例。比方唐玄宗有一次跟李白闲聊，现在跟武则天的时候相比怎么样，李白说他们没法比，举的就是用人的例子。李白说我们现在用人“如淘沙取金、剖石采玉，皆得其精粹者”，他们那时“任人之道如小儿市瓜，不择香味，惟拣肥大者”，太看重外表了。李白的话肯定有拍马屁的成分，然依此似亦不难推断出武则天时，朝中高官当有不少高大威猛的帅哥乃至胖子。《万历野获编》有一则“选科道”，说成化初编修张元桢建议：“六科不必拘体貌长大，当以器识学问文章为主。”针对的也是当时选拔官员太强调外表，往那一亮，“以为壮观”。人们为此还编了段顺口溜：“选科不用选文章，只要生来胡胖长。”过于着眼“末”的东西，难免就忽略了“本”。

这几年来我们陆续看到了公务员录取过程中的若干不公，以及若干标准枝节上的喧宾夺主，但如今公务员录用越来越趋于规范也是不争的事实。前几天召开的全国公务员考试录用工作会议上，国家公务员局局长尹蔚民强调要不断完善考录法规政策，着力提高选人用人质量等等。遴选出高质量的人才，正该是公务员录用制度之本。

（2013 年 8 月 26 日）

城管装备升级之后

广州城管执法人员的装备升级了。先睹为快者说，一共有“六件套”护身：防刺衣、防护手套、防护头盔、防护盾牌、全频加密对讲机、胸挂摄像头。其中，由7块钢板组成的防刺衣，能抵挡刀、棍等攻击武器对胸部、侧腰、背部的袭击；由特殊纤维制作的2毫米厚的防护手套，不仅能缓冲部分刀、棍的攻击，还能在搬运热、烫物体时起保护作用；最值得一提的，还是全国首创的胸挂摄像头，可以在执法时连续12小时自动拍摄现场。

在城管执法渐成一种危险职业的背景之下，其装备升级乃顺理成章之事，这是对执法人员的以人为本。谁都看到了，这些年来全国各地城管与小贩之间的暴力冲突屡有发生，不乏流血事件与命案，且对立并没有止息的态势。毋庸讳言，一些地方城管的执法方式，在人们的心目中留下了“野蛮”的印象，现今装备升级不该令人加深这种印象。因此，我特别赞同广州市城管负责人的反复强调：“所有这些装备都属于防护装备，唯一的作用就是保护城管执法人员的人身安全，完全不具备攻击性。”城管的职能本来是多方面的，比方拆除违建即为其一，但在现实中，城管给人的感觉却只是“死磕”占道经营的流动小贩，对固定在那里的“土围子”倒有些束手无策。那么，升级的城管装备显然不是应对违建业主的。况且以新近的楼顶违建事件而言，北京的“最牛”、深圳的“庙宇”，盘踞了那么多年，一旦众目睽睽，业主马上乖乖地选择了自拆，不劳城管的大驾。但无论是针对谁，“攻击性”毕竟都不是城管执法的初衷。

城管与小贩这对“冤家”的矛盾如何化解，各种建言早已汗牛充栋。城管装备升级之后，非但不能放松对化解之道的探讨，相反还要继续加强，以防城管装备的进一步升级，宏观视野而言，升级肯定不是好事。逻辑上看，小贩占道经营主要是为了谋生，城管驱之逐之则是为了维护良好的市容市貌。也就是说，双方在前提上没到非要暴力相向乃至你死我活的地步。昨天有一篇关于河南夫妇在伦敦卖拉面的报道，借夫妇之口盛赞英国的“城管”非常人性化。国情不同，民族性不同，他们那一套无法直接引进吧。但我们的城管为改善形象也下了很大功夫，“微笑执法”“围观执法”“静默队列式执法”等推出了不少，然这些柔性执法方式能否得到坚持姑且不论，即便在当时，双方实际上也并未因此处于和解状态，对峙依然。而矛盾的根本解决显然超越了城管与小贩两个群体本身，涉及到城市建设和弱势群体就业、城市功能区的规划等等。这些根本性的问题得不到解决，只有一味将城管赶上前台，社会发展进程中暴露出来的种种缺陷，就此简单地演变成城管与小贩的尖锐对立。平心而论，城管这是“代人受过”。鉴于痼疾问题非一朝一夕可以解决，因而现阶段政府和市民对市容市貌的要求不妨稍微降低一点、容忍一点，至少不能把小贩存在本身先当成一块“毒瘤”，必欲除之而后快。

记得前些年有段时间广州的治安较差，街边遍布的治安员于是都配备了一根长棍子。媒体还渲染过棍子的妙用，可以插进逃跑歹徒摩托车的辐条之间，云云。百姓的安全感的确得到了提升，但我们也不能不承认看上去着实不雅。“棍子军”不知何时没了踪影，广州的治安不是也一样“升级”了吗？我倒是真心希望，广州城管装备升级仅仅是权一时之需，是一种过渡手段。假以时日，防刺衣、防护手套、头盔、盾牌之类，还是该远离城管，那也是和谐社会的一个重要表征吧。

（2013 年 8 月 27 日）

辩证看邵阳的“误工补贴”

今天上午，湖南邵阳市委、市政府采取紧急措施，叫停了“短信求好评”之举，并向网民表示歉意。此前，一条落款为邵阳市社会管理综合治理委员会办公室群发的手机短信称：“邵阳人要说邵阳好，家乡才能真的好，请接到省综治民调电话并予以客观公正、积极评价的用户，持五分钟左右的电话通讯记录单到当地综治办领取误工补贴。”

紧急叫停，说明综治办的上级意识到了此举不妥。细看这则短信，前面绝大部分还是没什么不妥的。“谁不说俺家乡好”，歌里唱的虽然是沂蒙山区，但不是早就引起了各地游子的共鸣吗？“树高千尺也忘不了根”，赞美家乡理论上乃自然而然之事。然而，可非议的是后面那个“误工补贴”，5 分钟左右即可换得 300 大元。名曰补贴，实际上意味着什么，乃“司马昭之心——路人皆知”。用句俗话说，“吃人家嘴软，拿人家手短”，面对这个不低的误工补贴，“答题”时自然得拍拍胸口，答出来的即便是真情实感，也难免瓜田李下了。

但我很有兴趣知道的是，湖南此番究竟要民调什么，令邵阳如此重视？这个前提决定我们是否辩证看他们的“误工补贴”。因为民调可能只是寻常的摸底，为决策提供依据，也可能是检查、评比一类的变体。如果是后者，就由不得邵阳不紧张万分了。前两年，某个评选文明城市的地方，干脆把问卷和答案一并发给市民家庭。从邵阳方面事先得到风声并精心准备来看，这次民调显然不那么一般。我们正处在社会转型期，转型期的特点是矛盾复杂而且尖锐，这一点邵阳不会例外。不说别的，8 月 1 日起邵阳开始禁摩、限摩，头几天，除了交警，还发动 5000 余名政府工作人员一同上路对摩托车进行查扣。尽管在统计调查中有六成多的市民赞成，但民调到那三成多反对的群体中，结果是可想而知的。

正是转型期的方方面面原因，不要说要邵阳人说邵阳好不那么容易，就算其他地方的人，提及自己的家乡，大抵除了山水风物骄傲自豪之外，别的什么要竖大拇指恐怕都不那么容易。虽然我们不断强调社会“正能量”，但倘若漠视某种程度上已然充斥着戾气的社会情绪，无异于掩耳盗铃。在这种背景之下，加上动不动“一把手”负责、动不动“一票否决”的简单乃至有些粗暴的社会治理模式，在但求“保险”的前提下，以造假来应对上峰几乎是必然选择。

所以，邵阳综治办此番诚然该打板子，但是同时该打的、该“深刻反思”的，恐怕不仅仅是他们。

（2013 年 9 月 10 日）

做饭污染，暂时不说也罢

北京市政府外事办主任赵会民先生关于改善空气质量的一番话，从其脱口而出之际，就注定会成为议论的焦点。北京市已制定2013—2017 年城市清洁空气行动计划，其中包含了八大项措施，如控制人口、控制机动车、提高机动车排放标准、关闭一些重污染企业等，这些都没什么，成为焦点的是赵主任接下来的话，“比如我们中国人的烹饪，实际上现在城市大了之后，它对 PM2. 5 的贡献也还是不小的”，因此赵主任“希望市民能够更好配合政府做好清洁空气的工作”。

“贡献不小”，自然是赵主任的幽默，其实质含义我们都能心领神会。这两天北京接连遭遇重污染，我的一位师兄在微信上抱怨“浓稠的空气，刺得你要流眼泪”，并附上了他昨天傍晚时分正在路过的不知哪个路段的路边灯饰，对已经亮起来的“美丽中国”四个大字，他觉得“分外刺眼”。作为北京市民，要他配合政府做好清洁空气的工作，他肯定十分愿意。问题在于市民如何配合？关火闭灶显然是不行的。因为如果我们把文绉绉的“烹饪”换成大白话，实则就是家家都时时不可或缺的“做饭”。有句俗话概括得好：“人是铁，饭是钢，一顿不吃饿得慌。”换上李时珍的文雅说法：“饮食者，人之命脉也。”所以，网友“建议摇号买灶具做饭”自然是一种调侃，但是极尽我的想象，也想象不出市民配合的路径何在。

乡村的“炊烟袅袅”，曾经是十分写意的生活图景；而城市的，却成了“毒烟”。倘用小品演员范伟的话说，同样是做饭，区别咋就这么大呢？但赵主任的话也并非信口而出。早在去年夏天，中科院“大气灰霾追因与控制”专项组之“大气灰霾溯源”项目组报告执笔人、中科院大气物理研究所研究员王跃思即发布过研究成果，认为北京冬季霾的形成主要来源是一次污染物，罪魁祸首是供暖燃煤产生的污染气体，而夏季则烹饪源的影响更大，“这是不可忽视的”。王研究员有相关的数字支撑：在夏季北京城区 PM2.5 污染源中，烹饪源能占到 15%—20%，汽车和相关产业占到 40%—50%，外地污染传输占 30%，扬尘占的比例少于 10%。不过我觉得，尽管烹饪源所占比例不低，但治理这部分污染相对而言最不具备可操作性。北京市政府这两天正在召开专题会议，听取关于制定《北京市空气重污染应急预案》情况的汇报。预案提到，当遭遇重污染日时，城管执法部门将合理调配执法力量，在确保街面环境秩序良好的基础上，加大对扬尘、遗撒、露天焚烧（垃圾、树叶、秸秆）、露天烧烤以及经营性燃煤等污染源执法检查频次，加强施工工地扬尘防控；必要时，将要求辖区施工工地停止土石方作业，停止建筑拆除工程，停止渣土车、砂石车等易扬尘车辆运输。至少在当下而言，抓住这些才抓住了问题的根本吧。

当年，因为一句药家鑫“激情杀人”而进入公众视野——确切地说是撩拨了公众情绪的李玫瑾教授，未几即反思自己错在忽视了“可研究的东西不等于可宣传”。李教授能否借此自圆其说又当别论，然用在烹饪污染这里倒比较熨帖。李教授还说自己“走了一个很专业的思路，而忽略了老百姓的感受”，这句话就可放之四海了。因此我觉得，赵主任关于烹饪的这些话暂时不说也罢。现在说了，除了“等闲平地起波澜”，引起毫不必要的舆论大哗，没有任何益处可言。对这一类性质的问题，后面的各地各级政府“发言者”恐怕要有个充分的认识才行。

（2013 年 10 月 9 日）

仅仅事后整改是不够的

江苏徐州沛县县委、县政府的豪华办公大楼被曝光了。前两年有个摄影师边走边拍，从样本意义上完成了一次中国县市级政府大楼风格的收集。那次收集让我们见识的是豪华办公大楼的“面子”，此番曝光让我们见识的则是“里子”。引用一段报道的原文说：“大楼四层组织部长吴某办公室内除办公桌外，还设有一张茶几、三张沙发和一张小型会议桌，地面均为木地板。此外，办公室内还带有一间约 30 平方米的休息室，有双人床、沙发、书柜，全部面积超 100 平方米。”

虽然这里的“双人床”极扎人眼，不能不令公众本能地“想入非非”，但那些曾经享受或正在享受，只因没有暴露而弹冠相庆的人也许不这么想，对沛县的“标配”没看上眼也说不定。正是这层原因，沛县可能也会觉得只有自己被示众实在有些委屈。不过既然被抓了现行，就肯定谈不上冤屈，只好作为麻雀供围观者解剖，虽然我们也只能是纸上谈兵。

沛县是汉高祖刘邦的故乡，没有争议，不像别的名人故里大家都试图分一杯羹。当地人自然比我们更清楚这一风光的祖先，所以由一主楼两副楼构成的豪华办公楼群前，建有巨大的人工湖和面积上万平方米的“大风歌广场”。《大风歌》，“大风起兮云飞扬，威加海内兮归故乡，安得猛士兮守四方！”三句歌词，胜过今天不少领导干部的洋洋万言。那是刘邦平定英布，班师时途经故乡的得意之作，记得早年收入过中学课本。当然，刘邦嘴里唱出来的却未必出自其本人之手，虽然史书言之凿凿“酒酣，高祖击筑，自为歌诗”。在他豪迈放歌之前，曾“发沛中儿得百二十人，教之歌”。教的是什么？由其“歌诗”之后旋即“令儿皆和习之”可推断，教的就是《大风歌》。有人总结，刘邦是中国历史上第一位推行“量吏禄，度官用，以赋于民”的财政支出紧缩政策，提倡节俭的皇帝。苟如是，则沛县当下的豪华办公楼难免背祖，而且走的是他们祖先对头——项羽奉行的路数。《史记·项羽本纪》载，项羽攻下咸阳，一把火烧了阿房宫，“收其货宝妇女而东”。谋士出主意不要回去，“关中阻山河四塞，地肥饶，可都以霸”。但项羽认为：“富贵不归故乡，如衣绣夜行，谁知之者！”在他看来，穿得再土豪，黑夜里溜达是瞎溜达，白穿了。发迹了，要显摆才行。处于苏、鲁、豫、皖四省交界的沛县，作为淮海经济区的中心城市，可能觉得豪华才能体现他们应有的地位吧。

沛县的豪华办公楼建成于2011年5月，如果我们翻出一则旧闻，会发现这个时间点的意味所在。2009年3月24日在国务院第二次廉政工作会议上，时任总理温家宝说，从现在起到2010年底，各级党政机关一律不得新建办公楼，不得建设培训中心、宾馆、招待所等楼堂馆所。那么，沛县此楼有无自禁令解除之日起仅仅5个月便建成之理？没有，不可能。那就意味着，国务院的那个“一律”根本没被他们放在眼里。实际上，国家层面的诸多禁令在地方不起作用，要多少令多少申，正在于地方都没有放在眼里，“得诏书，但挂壁”，你说你的，我干我的。

今年7月23日，中共中央办公厅、国务院办公厅又印发了《关于党政机关停止新建楼堂馆所和清理办公用房的通知》，明确5年内各级党政机关一律不得以任何形式和理由新建楼堂馆所，甚至已批准未开工楼堂馆所项目也一律停建。前车之鉴显示，欲其发挥效力，必须辅以追溯制裁的手段。沛县政府回应称，他们四套班子的领导已完成了对办公用房的腾退，其余面积超标的将在一周内完成整改。整改是必须的，但仅仅事后整改就可以应付过关了吗？

（2013 年 10 月 29 日）

宁国 PS 照片的真正悲哀之处

安徽宁国市民政局的官网上又出现了官员的“悬浮”照，那是民政局局长陪同副市长看望一位百岁老人。照片上，看望者的形象都颇为伟岸，被看望者则蜷缩一角，人物大小明显地不成比例。网友说疑似 PS，真是客气到了极点。

看到这张照片，在下的思绪先飞去了一千多年前，想到的是唐朝大画家阎立本的《步辇图》。想必稍微关心历史的人，对那幅名画都不会感到陌生，国家邮政局在 2002 年还发行过特种邮票。《步辇图》画的是公元 640 年，吐蕃王松赞干布派使者禄东赞来长安通聘，并朝见唐太宗时的场景。为什么会想到那里去呢？因为那画面上的人物大小就不成比例，彼时的原则是：地位越高人物就画得越大，反之就越小。于是，执伞抬辇的九名宫女自然比三名吐蕃使者的形象要“小”，而即便三名一字排开的使者本身，也是从右向左由“高”变“低”；整个画面中最“大”的，自然非世民皇帝莫属了。原则如此，所以我们今天看那幅比例明显失调的名画，没有人非议画家的水准。

把思绪拉回现实，可发现宁国的这张 PS 照片，在观念上比《步辇图》是进步许多的，那四名“大”人的官阶不可能一致，副市长和局长就该是两个级别，因而至少没有《步辇图》在“大小”上区分得那么细致。殊为可惜的是，照片上官太“大”而民太“小”，间隔的那道鸿沟有不打自招的意味，思维正常的人都会觉得非常别扭。对这张照片，宁国市政府官网今天下午给出了《情况说明》，承认 PS 照片属实，但副市长等领导当日（重阳节）确实去了老人家中，那是目前宁国年龄最大的老人，103 岁了。领导们并“送上节日的祝福和慰问金”，照片也确实是在现场所拍，只是“由于当时老人坐在椅子上在阳台上晒太阳，阳台的空间比较小”，才将两张照片合成了一张。这就是说，弄巧成拙了。

这个解释是说得通的。领导来慰问了一回，如果照片上只见领导没有老人或者只见老人没有领导，肯定不那么完美，且在来过的“证据”方面也显得不足。但在下于理解之余仍存若干不解之处，姑列两条吧。首先，PS 领导照片并非宁国首创，关键是因此而成为国人笑柄亦早非“大姑娘上轿——头一遭”，数数各地的同类事件，用上两只手的指头再加两只脚的趾头大概都忙乎不过来，宁国民政局的人何以如此“两耳不闻窗外事”，难道他们对必然招致的举国唾沫和口水根本预期不到吗？其次，非要合成不可的话，却怎能如此草率至于有侮辱国人智商之嫌？须知“藏羚羊穿越青藏铁路”那种能骗过国家大奖评委的照片都骗不了网友，你那里阳台的栏杆都插进副市长的大腿了，那么明显的破绽自己也发现不了吗？

在宁国的《情况说明》中，市委、市政府“要求市民政局立即责令当事人做出书面检查，并在全市范围内通报批评”。我不知道此“当事人”究竟何指，民政局负责宣传的人还是动手 PS 的人？无论是谁，单纯地追究他们，我觉得都有点儿冤枉。如今一些稍“大”一点儿的领导，举手投足都要广而告之公众，对报道的字数多寡以及自己的形象稍不满意就要发飙，令下面的人每每不知所措、战战兢兢，宁国那里有没有这样的背景因素？不管有没有吧，经此教训，宁国的照片今后应该不会再出现类似的状况了。问题是这样的“前车”前面已经有了那么多，“后人哀之”更要“鉴之”，不能还是阎立本那个时代的人的识见。所谓鉴之，就是不能覆辙重蹈，民间的通俗说法是得“长点儿记性”。现在看来，不少地方大有亲自来“体会”一下才知道何为教训的态势，这是宁国 PS 照片“问世”的真正悲哀之处。

（2013 年 10 月 30 日）

公车标识能否“顶层设计”呢？

认证为“丽江市永胜县委宣传部副部长”的网友“@边屯丽影”发布了一组照片，引起包括“@人民日报”在内的广泛关注。内容其实并不特别新鲜，就是几张当地喷涂了含“严禁公车私用”字样和监督电话的公务车照片。“@边屯丽影”在微博中说：“11月20日至30日，永胜将完成公务用车标识喷涂。一般公务用车在左后轮上方喷涂‘永胜县公务车’字样，右后轮上方喷涂‘严禁公车私用’和‘监督电话：0888－6521887’字样。”就是这并不特别新鲜的做法，也足令网友雀跃一回了，且建议推而广之。

公车私用如今已经成了过街老鼠。在公车不该出现的某个地点一旦发现了公车，再被网友拍下来传到网上，马上会引起轰动，而相关责任人旋即也会得到处理。这个“公式”至少表明，无论官方还是民间，对公车私用都表现了不能容忍的态度。但细观暴露的那些公车，往往在于“不打自招”。比如前两年有网友在老挝万象旅游时看到的那辆云南牌照的吉普车，车身上喷有“农业执法”字样。而更多的公车在外观上，和私家车并没什么两样。因此，杜绝公车私用，把公车标识出来势必成为前提之举。各地每一个标识公车的举措出现，往往也都能赢得喝彩之声。但如类似永胜这样的做法见得多了，也有眼花缭乱之虞。我想，不就是标识公车嘛，公车的性质在哪里都是一样的，与其各地各自为战进行“探索”，能否干脆来个“顶层设计”进行统一呢？

上周去澳门参加一个学术论坛，终于一睹其公车“鹅蛋牌”的真容。对“鹅蛋牌”，早就有几分亲切，概因2002年10月的时候曾写过一篇《几时借鉴“鹅蛋牌”》发表在《南方日报》上。说来惭愧，整整11年过去了才与“故友”相见。原来很简单嘛：椭圆（所谓“鹅蛋”）形的，前后各一，前面的就固定在车牌的上方，后面的也在显著位置；编号之外，不仅标明单位，而且我看到的这辆属于某个高校的公车，还有“总务”二字。一目了然，肯定比安装 GPS 成本低多了。几时借鉴？不知道，甚至连有借鉴的意思与否也是个未知数。自古人微言轻，抵不得动辄一见的“拍案而怒”，因而对自己的建议没人当回事也毫不足奇。但治理公车私用喊了那么多年了，我们却放着那么多现成的行之有效的做法不“拿来”，居然还在摸索如何标识公车，不是该奇怪一下吗？

借鉴“鹅蛋牌”，或者在统一的车身部位悬挂或喷涂统一的公车标志，我一点儿都想不通究竟“有何难哉”。如果我们“站着说话不腰疼”，有关方面却觉得很难的话，不妨公开一下难点究竟在哪里。你若不吭声，我只好诛心了：这个方面的“既得利益集团”势力过于强大，真正属于深化改革面临的“深水区”！

当下，广东省人大常委会正在向社会公开征集 2014 年监督议题建议。据他们的通告，公众可以根据自己的观察和思考来提出监督议题，写明监督议题的名称、阐明开展此项监督的必要性和需要解决的主要问题等内容即可。当然，征集监督议题不是开设投诉窗口，所以他们划定了两个范围：一个是可以就省人大常委会需要听取和审议本级“一府两院”的专项工作报告或执法检查提出监督议题建议，再一个是应当围绕关系本省改革发展稳定大局和群众切身利益、社会普遍关注的重大问题。我在琢磨，倘若提交一个至少在全省范围内统一标识公车的监督议题，属不属于征集的范畴呢？算是“社会普遍关注的重大问题”吧。如果属于，就准备提它一个，也算是咱有序参与国家政治生活了。

（2013 年 11 月 21 日）

樟树无端被砍说明了什么

江西新建县望城镇青西村村民程业进培育的 4 亩多、“至少有 5000 棵樟树”，在其本人毫不知情的情况下被连夜砍光。10 月 9 日发生的这一咄咄怪事新近得以曝光。但凡这样的事情很容易让人想到事关拆迁，这块地皮要开发，搞房地产，或者什么工程，遇到了“钉子户”。然而，经验主义在此行不通，此番的“理由”如果不看消息源，谁也断然不会想到：那是市里一名领导路过这里时说，那些樟树把视线挡住了，“不好看”。

“我见青山多妩媚，料青山见我应如是。”那领导敢是记起了辛弃疾的句子，樟树碍事了而动起“杀机”？不知道。从照片上看好像那一带是平原，连个山影也没有啊。那么樟树究竟挡住了什么，不妨深度调查一下，说不定能开阔我们极其狭窄的审美思路。以愚意度之，樟树挡住的可能是应该让他的上级看到的东西吧。只有自己觉得“好”的一面，才唯恐上级不知、他人不知。这是逆推的结果。这两年，大家都见识了不少地方修建的“遮羞墙”，那是为了挡住修建者的上级的视线，要的是“驴粪蛋子外面光”。修墙与砍树，在此殊途同归了，都是为了“好看”。

对于砍树，望城镇政府有关领导强调：“我们按市里领导的意思办，没办法！”此话未必是虚言或塞责，但我们由这“实话”中不难窥见两“斑”。其一是不分青红皂白的长官意志在某些地方已经“牛×”到了什么程度，而下级对上级的盲从、对上级的诚惶诚恐又到了什么程度。其二是十八届三中全会《中共中央关于全面深化改革若干重大问题的决定》重申的“加快生态文明制度建设”，何其任重道远。上个月落马的南京市市长季建业，在他如日中天的时候就引起过南京市民的公愤，因为他为了修地铁而大肆砍伐、迁移有六七十年历史的梧桐树，有统计说罹难的达1100棵之多。市民为了保护梧桐树，甚至发生了“南京3·19集体散步事件”。市政建设与梧桐生存到了水火不容的地步吗？没有。根子在于主政者骨子里没有生态文明的意识，这样的话，好事也会办成坏事。

意大利有部著名电影叫作《木屐树》，20世纪70年代拍的，得过戛纳电影节的最高大奖：金棕榈奖。电影纪实一般描写了19世纪末期，意大利北部贫穷困苦农村中几户农家的生活。里面有这么一个情节：儿子穿的木屐裂成了两半，他的佃农父亲就出去偷偷地砍了一棵小树，给儿子做了一双新的。地主后来发现被砍的树，把这户佃农漏夜逐出了他的领地。倘以阶级斗争的视野打量，这不啻地主残酷对待农民的典型例证。但此文化非彼文化，在人家那里，其他佃户除了认为地主处罚过当，也一概不认同偷偷砍树的行为，在镇上卖完番茄刚回到家的老爷爷甚至脱口而出：“这不如同抢夺面包吗？”你看，人家还穷得那么叮当响呢，就已经有了生态保护意识。这一点应该是我们自愧弗如的吧，建设生态文明，同时得从培育这种意识着手。

按我的浅薄理解，生态文明不单纯是种多少亩的树，把森林的覆盖率提高多少；更不是把别处的大树花大价钱移到自己这里来，顷刻间制造出郁郁葱葱的效果。前几天有则消息，京沪高铁为避让1982年被国务院公布为全国重点文物保护单位的朱元璋父母陵墓而绕道，为此多花了2.3亿元。这是值得的，是文保意识在与现实碰撞时占据上风的表现。倘若在设计方案中即考虑到这一点，不是到跟前了才骤然“发现”侵入了文物保护区，那就更加理想了。有朝一日，我们的各种工程建设在规划时能考虑到为高龄老树让路，生态意识就有了飞跃。日常生活中的价值取向、行为取向，才真正是检验生态文明的一把重要标尺。

（2013年11月25日）

为什么要穿清朝官服领奖？

11 月 24 日，环鄱阳湖国际自行车赛第二赛段比赛在江西景德镇市浮梁县进行。赛后，组织方将颁奖台“别出心裁”地设置在古县衙前，且让夺得本赛段前三名的车手身着清朝官服坐上花轿，在唢呐声中登台领奖……

在组织者眼里，这显然是他们的得意之笔。景德镇市体育局负责人说，以体育为载体，宣传当地丰富的文化、旅游资源，是环鄱阳湖国际自行车赛的重要功能之一，颁奖布置正是体现地域文化的一种。古县衙旅游公司总经理这么说的，他们将中国科举时代殿试的一、二、三名定为状元、榜眼、探花的荣誉，套用在本次自行车赛的冠军、亚军和季军身上，其目的是为了更好地向外界展示千年古县的衙署文化。应当说，某种程度上他们达到了这一目的。比方我先前就只知道浮梁以茶闻名。白居易《琵琶行》里有“商人重利轻别离，前月浮梁买茶去”，看过陈寅恪先生的笺释：“此茶商之娶此长安故倡（琵琶女），特不过一寻常之外妇。其关系本在可离可合之间，以今日通行语言之，直‘同居’而已。”但商人为什么去浮梁呢？陈先生又综合《元和郡县图志》和《国史补》说，浮梁每岁出茶七百万驮，税十五余万贯，其茶虽非名品，而其产量极丰也。这回知道原来那里还有个“中国第一县衙”，但不知河南内乡认同与否，那里有一个号称我国唯一保存最完好的县衙。

铺天盖地的舆论或极尽调侃之能事，或义愤填膺，恐为浮梁所始料不及。地产大佬任志强在微博上写道：“把大清当国际？不知羞耻！”大家倒也用不着这么动气，有理讲理嘛。但江西师范大学正大研究院院长兼文化研究所所长王东林的说法，令我着实如“丈二和尚摸不着头脑”。王院长兼所长认为，让获奖的国外车手穿上中国清代官服登台领奖，是对外国人的一种尊重，只要他们不反感就无可厚非。这短短的一句，令人摸不着头脑的地方至少有两点：一、为什么穿着清朝官服领奖就是一种尊重，二者之间的逻辑关联是如何产生的？二、外国选手是否知道自己所着何物，即便知道，其乐融融之下反感又从何而来？

大清与自行车，还真是发生过一定关联的。末代皇帝溥仪大概是中国历史上唯一一个会骑自行车的皇帝。在《我的前半生》中，溥仪说自己小的时候在紫禁城里得到一辆自行车，从此着了迷，在小王国里来回穿梭，还因此“下令把宫门的门槛一律锯掉，这样出入无阻碍地到处骑”。浮梁让获奖选手清官装扮，当然不是基于此种背景，但正是这种装扮，被可气的网友名之曰看僵尸片。这是受港产片的影响太深之故吧，尤其“黄百鸣”两手平伸，一蹦一蹦，令大家看到顶戴花翎就本能地往那儿联想。前年国庆黄金周，山西平遥县长穿着清朝县太爷的服装迎接各地游客，从里到外倒是如假包换了，但在当时招来了多少口水？从那时起两个国庆黄金周过去了，县长大人再也没有露面，不意浮梁此番接过了僵尸之棒。可惜官服前面的图案被一朵大红花挡住了，看不到“补子”上饰的是禽还是兽，禽则文官，兽则武职嘛，借此可以窥见获奖者在浮梁那里“定性”为文还是武。开个玩笑。然冷观热闹的场面，即便不给人以借尸还魂之感，也还是觉得散发着某种霉气。

说到底，浮梁古县衙是想搭一下国际自行车赛的车，扩大影响力，目前看来不大成功，好听点说是别出心裁，难听点则是不伦不类、弄巧成拙。到古县衙去看什么？要是我的话，可能会看看他们留下了哪些名言警句，如内乡县衙的大堂楹联：“欺人如欺天，毋自欺也；负民即负国，何忍负之。”不管究竟落实了没有，对今天毕竟还有警示意义。

（2013 年 11 月 26 日）

“胜利”手势是一种得意忘形

湖南临澧县摆出“胜利”手势与上访者合影的两名接（也可能是“截”）访人员，已被停职检查处理。临澧县委宣传部的这一决定，多少能够平息那帧照片犯起的众怒。

照片上，两名接访人员，笑容满面，如沐春风，一个手势比画的是“胜利”，另一个手势比画的是“手枪”，目标均对着上访者段新德的胸膛。与之相映而不成趣的是，上访者表情凝重，弓腰哈背，形同嫌犯。说得严重一点儿，这帧照片从其“问世”之时起，就已经被钉在了历史的耻辱柱上。之所以会拍下这种照片，临澧县信访局局长称，是因为那两人知道患有癌症的段新德病情好转以及家人可以接其回家后，一时间高兴所为。但是，段新德妻子说，当时接访人员拉扯段新德，是要消耗他的体力好带他回去，她声称再拉扯就要拍照，对方回答“你拍吧”并摆出了各种手势。段新德自己也说：“你看照片中我的脸色，我能高兴得起来吗?”无论哪种说法属实，照片中的影像是被定格了，双方神态上的鲜明对比，强烈地触动了公众的情感。

从逻辑上看，高兴的也只能是接访方面。拍摄地点是在长沙市的湖南省委门前，就要接走了，大功告成，自然如释重负。这是可以理解的。国家层面各地的信访排名不搞了，但悬在各地头顶的“一票否决”还健在否？倘其安康，则这个指挥棒下的基层干部就没有不战战兢兢的道理。早几年有个北京大学的教授曾经“负责任地说”，那些老上访专业户中至少99%精神有问题，属于偏执型精神障碍。这个观点当时就被抨击得灰头土脸自不待言，但在某种程度上却也道出了信访工作的难度。我甚至觉得，原本属于计划生育的那个“天下第一难”，应该让位给信访了。一个鲜明的信号就是：近几年来，关于信访尤其是截访所引起的话题此伏彼起，而关于计生的已寥若晨星。所以，我们应该非常理解基层工作者的苦衷。不过，如临澧这帧照片，还只是把上访者接回来，接回并不意味着了事。人家的问题尚未解决，接访的同志就仍须努力。而后面要解决的事情肯定要比单纯的接回棘手得多，忽如阮籍般“当其得意，忽忘形骸”，难免让大家觉得你是把手段当成了目的，也就难免要犯众怒了。

前几天，国家信访局副局长张恩玺表示，信访制度改革首先将进一步畅通和拓宽信访渠道：各地民生热线、视频接访、绿色邮政、信访代理等做法，将制度化；市县两级全部实行联合接访，即把有权处理信访问题的责任部门集中起来联合接待上访群众，实行“一站式接待、一条龙办理、一揽子解决”。这当中，我以为关键的关键还是在于“解决”。上访的队伍中，无理取闹的固然不乏，但更多的却可能是上访的问题被踢了皮球，解决无期。临澧县委宣传部现在明确，由县委常委、政法委书记林宜泉对访民段新德的诉求进行督办，对该事件进行依法公正处理。众目睽睽之下，这一个有了“特事特办”的味道，解决可期，但是其他的呢？因此，如何把握好现阶段群众共同利益、不同群体特殊利益以及个别群众具体利益之间的相互关系，进而推动每一个信访具体问题全都能依法依规解决，尤为重要。

将来有那么一天，同样是上访者与接访者的合影，同样是比画“胜利”的手势，同样是露出开心的笑容，却不是单方而是双方，我们的社会庶几向“和谐”就迈进了坚实的一步。

（2013 年 12 月 3 日）

胡乱罚款与该罚不罚

今天新华社“新华视点”有篇《治超还是“制钞”?》的文章，从河南女车主喝农药事件透视“中国式”治超乱象。

11 月 14 日发生在河南永成的那起恶性事件，前因后果现在都很清楚了。女车主是超载的，这一点没有疑问。但当地的潜规则是，罚款可以缴年票和月票，前者是向当地运政执法部门缴纳，每辆车每年交 3000 元；后者是向当地路政执法部门缴纳，每月交 3000 元。按时缴纳了这两笔钱，就可以超载行驶。女车主已经缴纳了，此番却仍然被截停开罚，"倔脾气"的她便喝了刚买来的农药，以死抗争。"新华视点"记者调查发现，这只是曝出了"中国式"治超黑幕的一角。长期以来，大车司机沦为"唐僧肉"，一些执法部门不但未有效治超，且不断"创新"罚款，让人瞠目结舌。

罚款乱象一团；倘若我们稍将视线从这个领域移开，会发现该罚的时候，却又"网开一面"。老"广电总局"对电视"挂角广告"禁了多少回？但是你今晚回家用遥控器扫一遍看看，八九十个频道哪个没有？禁而不止，该不该开罚？从央视春晚的那瓶"国窖 1573"开始，国人算是见识了什么叫"植入广告"，如今愈发肆无忌惮。央视一套正在热映电视剧《咱们结婚吧》，有细心的网友数了，全剧共有 49 个植入广告，"连台词都有广告"。更有网友直言，该剧是史上最长的广告片。对这种怪象，除了网友吐吐槽就没有办法了吗？巧的是，香港给我们做了个示范。其通讯事务管理局昨日裁定，香港无线电视台今夏播出的皇牌剧集《冲上云霄 Ⅱ》内的维他命饮料及手表植入式广告，频频违反香港《电视节目守则》及《电视广告守则》，决定向无线电视台罚款 10 万港元。处罚的前提很有意思，"早前收到 5 名公众人士对节目的个别集数提出 9 宗投诉"，指该剧内出现某品牌的维他命饮品及相机品牌，"干扰观赏趣味，等同为有关产品做间接宣传"。在《咱们结婚吧》这里，一项网络调查显示，57% 的观众对植入广告表示反感，只有 9% 的观众表示支持。

咱们这儿有没有相关的守则不知道，但我在老早就发现了一个规律，咱们这里治理什么不力，大抵有个"三段论"：首先是没有相关的法律法规，下不了手，得制订；其次是有了的，但没这条，跟不上形势需要了，得健全；第三，法律法规方面没得挑了的，却执行不力，形同虚设，得加大力度。恰如《说唐》里的程咬金，无论与谁交手，都是“劈脑袋”“小鬼剔牙”和“掏耳朵”。不同的是，程咬金的“三板斧”屡屡奏效，能建奇功，而“三段论”每每沦为坐而论道，于是，在条文方面忙乎了一通之后，问题依旧还是问题。新的问题出现了，仍然是“三段论”。在罚款问题上再落窠臼。据说，涉及治理“三乱”的部门有十几个，包括交警、运政、路政、城管、工商等，各部门虽都有法可依，但处罚标准、金额多少又不一样。想问的是：问题的实质果真在此吗？

服毒事件曝光后，当地路政和运政相关负责人或被停职或被免职。在我们看来，女车主是胜利了，但她现在却为自己当天的行为感到后悔，说早知弄成这样当初借钱也要交罚款。她悔什么？她的大货车的贷款还未还清，还得继续在这条线路上奔波，如今人得罪了一大片，她不知道以后该怎么跑下去。你看，咱们公路“三乱”——乱设卡、乱收费、乱罚款——在百姓心中已经投下了怎样的阴影？因此，一味埋头修补规章、合并执法部门的话，类似悲剧的重演就只是时间问题。而胡乱罚款与该罚不罚这两个基本问题都解决不了，我们的社会离法治就还有好大一段距离。

（2013 年 12 月 4 日）

为重出江湖的“三鹿”捏把汗

在近期举办的浙江省农博会上，有家销售有机粗粮摊位的巨大“三鹿”标志煞是夺人眼球。“是原来那个卖奶粉的三鹿吗？”不光现场的人会发此一问，就是我们看报道的，狐疑一下也正常不过。报道说，销售人员在介绍产品的同时，更多的工作是向消费者解释他们和原来那家臭名昭著的“三鹿”是何种关系。因此我们也知道，此“三鹿”正是彼“三鹿”。四年前，这家公司竞拍下了“三鹿”商标，经过几年的研发筹备，此番重出江湖。

当然了，他们只是借用了“三鹿”的名。的确，“三鹿”实在太有名了，因为它，国人把本该远离自己生活的“三聚氰胺”牢牢地刻在了心底里。那些本来用作化工原料的东西，“三鹿”居然添加到了婴幼儿食用的奶粉中，2008 年终于东窗事发。一项数据显示，截至当年 12 月 2 日，全国累计报告因食用这种问题奶粉导致泌尿系统出现异常的患儿共 29.4 万人。因此，彼“三鹿”不仅仅一时间声名狼藉，而且从事发之时起，它就已经被牢牢地钉在了历史的耻辱柱上！在这样的背景下企业仍然借“三鹿”的品牌出击，勇气着实可嘉，但在我们旁观者，却不由得要为重出江湖的“三鹿”捏把汗。

有分析师认为，企业此举可以借三鹿品牌知名度，但是要打消市场疑虑仍存几大难点。这几大难点具体何指？我没看到，不知道是记者还是编辑在这里该“繁复”却“简约”了，很不应该。在我看来，彼“三鹿”品牌“知”的这个“名”不是什么好名，应该可列为其一。以孔夫子为代表，我们中国人对“名”很看重，他有句著名的话，叫作“名不正，则言不顺；言不顺，则事不成”。其实这只是他话的前一半，接着看下去，会知道问题有多严重：“事不成，则礼乐不兴；礼乐不兴，则刑罚不中；刑罚不中，则民无所措手足。”也就是说，如果“名不正”，建立在它上面的什么就都成了空中楼阁。我们当然可以不认同他老人家的观点，但是，有句成语不是叫“姑妄听之”吗？况且，征诸现实，我们也不难发现遵循孔训的影子。比方给楼盘起个洋名，是神州大地的一种普遍做法，不久前出台的《河南省地名管理办法》明确禁止，又引发了一场“该不该”的舆论交锋。这样的禁止许多地方都出台过，归根到底，不就是“（洋）名不正”吗？

说到彼“三鹿”的臭名昭著，想到了一个臭名昭著的人物：秦桧。前两年，有个“艺术家”因为激发了自己身上的“人权”意识，给秦桧塑了尊站像，美其名曰《跪了 492 年，我们想站起来歇歇了》。如果我们把秦桧视为一个中华民族历史上定格了的文化符号的话，那么就不是艺术家一个站立的所谓塑像就能让秦桧“站起来”的。

联想太多，还是回归问题本身。此“三鹿”自然只是借名而已，新的产品与市场定位与彼“三鹿”都有本质的不同。彼“三鹿”坏在了婴幼儿奶粉上，此“三鹿”开发的则是中高端的有机粗粮，目前已持有了中国有机认证、美国有机认证、欧盟有机认证和日本有机认证等。参加农博会的浙江省农业厅一位副厅长表示，希望此“三鹿”真正担起振兴民族品牌的重责，在品牌农业，农产品品牌化，农业品牌的打造和规模化、标准化、产业化发展道路上越走越远，让消费者吃到放心的食品。我们当然也衷心希望如此，只是为此“三鹿”的前景捏上一把汗，尽管操的是不咸不淡的心，甚至有“狗拿耗子”之嫌，但出发点还是良好的吧。

（2013 年 12 月 12 日）

（追记：2015 年 4 月 27 日，《长江商报》报道《“三鹿”变身有机粮后再度折戟》）

禁烟，从“一把手”突破

中共中央办公厅、国务院办公厅近日印发了《关于领导干部带头在公共场所禁烟有关事项的通知》，提出各级领导干部不得在禁止吸烟的公共场所吸烟、各级党政机关公务活动中严禁吸烟、要把各级党政机关建成无烟机关等五项要求。有人名之以“史上最严”。但新华社记者随后在各地走访时发现，吸烟已经成为当下的一种“普遍礼仪”，政府机关的禁烟实效仍有待观察。

在公共场所禁烟，早不是新鲜话题了。按照 2003 年我国签署的世界卫生组织《烟草控制框架公约》的约定，我国应于 2011 年实现所有室内公共场所等 100% 禁烟，但成效如何尽人皆知。卫生部《公共场所卫生管理条例实施细则》对“室内公共场所禁止吸烟”有明确规定，不少地方为了落实还佐以相应的罚款。虽然声色俱厉，但普遍遇到的是“执行难”，罚单开不出去或开出去极少。在这样的背景下，我们既可以把针对领导干部的禁烟令理解为如同“八项规定”等的延伸和补充，旨在借此使干部作风问题一点一滴得到净化；也可以理解为开辟“第二战场”，先扫出领导干部这一方“净土”，进而为全民公共场所禁烟做出示范。

《通知》中的各级领导干部，现实中尤该是各级“一把手”。新华社报道提到了某个地方通行的“明规则”：会场抽不抽烟主要看“最大的领导”。如果“一把手”不抽烟，下面的“瘾君子”就是瘾再大也都能强行憋着；而如果相反，马上就会“乌烟瘴气”。这样的“明规则”不局限于那个地方，想来很多人都遇到过。有一次我在珠三角某市参加座谈会，开到末端，当地“最大的领导”匆匆赶来，主办方在领导位子前先备好的是烟灰缸，显然是对其嗜好了然于胸。果然，领导甫一落座，还没坐稳就开吸了，很有点儿迫不及待的意味。一干地方干部也马上纷纷奉陪，不知是憋得太久还是媚态使然。

清末笔记《世载堂杂忆》中的一段记载也很有意思。沈葆桢在江苏禁烟——当然，那个时候禁的是鸦片烟——有一天，全省司道重要执掌人员都来江宁（南京）督署开会讨论落实，唯独江宁藩司孙衣言没来。派人骑马去催，还不到。藩司是主管一省民政与财务的官员，他不来，这会就没法开。好不容易来了，孙衣言进门却说，你们究竟要干什么催得这么急，“我尚有鸦片烟两三口未吸，议事不能振起精神也”。话一出口，“各司道瞠目相视，不能作一语”。此番开会的目的是讨论禁烟，而藩司当场自认吸烟，“首先犯禁，何以措此?”没办法，只好“改议他事，敷衍了局”。沈葆桢气得够呛，但那老孙“清德、名望、辈行俱高，又不便奏参”，因而在沈的江南任内，“终莫可奈何”。

沈葆桢“终莫可奈何”的事情，如今有办法了，如此番的《通知》之类，亦即所谓制度层面的管束。《通知》中规定，公务活动承办单位不得提供烟草制品，公务活动参加人员不得吸烟、敬烟、劝烟。要严格监督管理，严禁使用或变相使用公款支付烟草消费开支。其中的鲜明指向不言而喻：地方政府本应是控烟禁烟的推行者，有的却变成了烟草的购买者甚至推销者，影响极其恶劣。有的县不是在开“两会”的时候向与会者发烟作为福利，有的县不是以“红头文件”形式强制摊派卖烟吗？

领导干部在公共场所吞云吐雾，危害不止于公共环境和公众健康的层面，同时损害了党政机关的形象。那个周久耕，甚至因一盒“九五至尊”而露出马脚。保证政府机关的禁烟实效，在“唯上是从”无可避免的今天，唯有从“一把手”突破。不仅禁烟，凡解决我国之事，皆有此种意味。

（2014 年元旦）

冷静看待从“拟免”到“不免”

1 月 14 日下午，黑龙江省高速管路局正式对外发布称，2014 年春节全国收费公路小型客车的免费通行时间为 1 月 31 日的零时起，至 2 月 6 日的 24 时结束。这意味着除夕当天，黑龙江高速公路还将照常收费。此则消息被诙谐的人们称为：“业界良心”黑龙江缴械投降。至于何有此说，稍微关心时事的人们都清楚前因后果，简单地说，之前黑龙江方面传出的是除夕中午开始“拟免”的消息，现在斩钉截铁的是“不免”。

“业界良心”，乃消息传出之际，网友对黑龙江方面的慷慨奉送，所谓欣喜之情溢于言表。本人当年是从黑龙江走出来的，也很为家乡政府善解人意的“另辟蹊径”感到由衷的高兴。“风云突变”之后，也要失望小小，然唯其如此，更要冷静地看待并分析问题。

黑龙江方面把先前的“拟免”归结为“误读”，应当说没有这种可能。网友都是有文化的人或者有文化的人居多，尽管当初那消息并没有直截了当，但是“听锣听声，听话听音”。不过是几天前的新闻，即便几年前的，如今翻出来也很容易。重温一下会发现，免费消息确实非由权威部门发布，而是“一位黑龙江省有关部门了解情况的人士”如此表示：“如果全国不统一免（费）的话，我省拟从（除夕）中午开始免。”而又“据了解，在以前尚未有重大节假日免费通行政策时，黑龙江省收费公路近年来也都在除夕和正月初一放弃了收费”。惯例和表示结合在一起，足以听出话音。且消息传出、网友奔走相告之后，黑龙江有关部门均未出面否认，也应该表明确有其事，“无声就是默许”嘛。这话出自哪里我不知道，电影《有话好好说》里，“姜文”讲歪理，“李保田”问他谁说的，他说“俗话说”。这里权且东施效颦，拿来当一下“挡箭牌”。

总之，除夕免费不会是“误读”，现在看来是大家欢喜过头带来的“负效应”，乃至“好心办了坏事”。所谓“负效应”，是给人家不免的地方带来了压力。某个“东部地区”的省份就拍案了，一名交通部门的官员说：“黑龙江的做法是不讲政治。”先前“业界良心”的帽子未免太高，现在“不讲政治”的帽子未免又太重，谁也担“戴”不起，这一来，压力自然就腾挪到了黑龙江一方，那句“我们真的压力好大”，显然就是“拟免”到“不免”的关键因素。此情此景，还是前人话说得绝：“木秀于林，风必摧之；堆出于岸，流必湍之；行高于人，众必非之。”这个出处我知道，是三国时期的文学家李康说的。

国人历来重视除夕，尽管今天的“春节”跟从前的完全不是一个概念。汉朝的时候，人们把二十四节气中的立春称为春节；南北朝的时候，人们把整个春季称为春节。今天的“春节”名称，只是袁世凯时代的产物，大年初一从前叫元日。王安石《元日》诗所描绘的，跟距今二三十年前的光景也还差不多。所以位卑如我辈就不大能理解，在不断强调重视传统文化的背景下何以仍然漠视除夕。还不能理解的是，不就三天假嘛，拼成七天之后的第七天，究竟是初六还是初七又有什么关系呢，但第一天是除夕还是初一则“否泰如天地”。

挪一挪，很简单的事情，却还有个课题组在研究，却又研究出这么个“姥姥不亲、舅舅不爱”的结果。谁能理解？请你告诉我。

改革开放之初广东有条宝贵经验：只干不说、多干少说、干了再说。归结为一点，就是践行了小平同志的“不争论”。小平说：“不搞争论，是我的一个发明。一争论就复杂了，把时间都争掉了，什么也干不成。”广东经验与小平这话的价值如今被低估了，从黑龙江的“拟免”到“不免”所经历的周折来看，有重新祭出的必要。这问题还是点到即止吧。

（2014 年 1 月 15 日）

“交警脱衣骂人”中的糊涂账

7 月 18 日下午，四川德阳一名网友通过微博投诉一名年轻交警“好凶”，并同时上传了几张现场照片。该微博发出后，事件本身自然引发了主管部门的关注。7 月 21 日，德阳市公安局通过其官方微博发布了对网友投诉的调查处理情况，“经研究决定解除辅警江虎的劳动合同关系”。江虎，就是那名年轻交警的名字。但有意思的是，投诉微博刚刚发出时，就有不少网友却被江虎的长相和身材所吸引，直呼他“长得帅”“腹肌好”。而当事情尚未有结论之时，极端者甚至认为“帅就是正义”，摆出了一副无论如何自己也要站在江虎一方的架势。

爱美之心，人皆有之。况且古人说过：“犬见人衣貌不扬则吠之，稍整则亦稍戢，盖彼亦知外美耳。”狗都如此，更不要说人了。但是，倘若过度关注人的帅不帅、美不美，到了不分青红皂白的地步，就难说是明智的了。我们看到，那古人所以说那句话，实际上所要表达的是另外一个问题：“人之智宜辨于犬矣，乃亦敬富贵，忽贫贱，而不问其贤否，何以异于犬乎？”就是说，人的智慧肯定是高于狗的，但是看到有钱人就黏上去，也不问其品行如何，跟狗那种“见人衣貌不扬则吠之”的直观感受又有什么区别呢？在他看来，敬体貌之与敬富贵显然是异曲同工的，用敬体貌来切入，只是为了形象地说明要说的问题，所谓“起兴”。

翻出这段典籍记载，目的也是如此。在这一事件中，我觉得应该真正关注的是：辅警江虎在执勤时，是否真的如发微博人所说的“好凶”，是否“口口声声说老子脱了衣服给你打，不要工作了”，就要打架。因为也有知情人指出，江虎当时是在处理违章乱停乱放，是发帖网友先骂人而引起的纠纷，是发帖人和他的女友把正常的纠纷扭曲成“交警脱衣骂人”事件，形成网络暴力。有没有这些前提条件，也就是真相如何，非常重要。遗憾的是，我们到现在都糊里糊涂，无论哪方的说法就只有姑妄听之。而这应该也是“德阳公安”的官方微博内容，可惜他们尽皆定性的文字，“江虎脱下执勤制服，赤裸上身，语言和行为不文明，态度粗暴，严重损害公安机关形象，造成恶劣的社会影响”云云，完全缺乏对过程的客观描述，不知是否有“请大家先消消气”以期赶快息事宁人的成分。而不把事情的是非曲直弄清楚，就难免冤枉了江虎。

稍微关注一下现实就会发现，如今有一顶廉价的帽子在全国各地飞来飞去，那就是网友动辄根据外貌抛出的“最美”。比如前一段见到，某个新站在讲台上的大学英语女教师，因为长得像某个知名演员，被人拍了各种照片发布，同时被誉为“最美教师”。旋即，有人表示从此绝不翘课，有人说她的英语课上男生出勤率已经爆表，还有“过来人”哀叹“当年要是有这种女神级别的英语老师，四六级还是问题吗”。这就近乎无聊了。那名女教师长相确实比较清纯、甜美，但教学水平如何呢？始终没有知情人肯道一二。如果一定冠以“最美”的话，那就不应该仅仅表现在外貌上，更应该表现在行为和能力上。前后之间固然能够直接关联，但大家总不能一见倾情，两眼还一抹黑呢，就不吝溢美之辞吧？

这种喧宾夺主的关注可以列举很多，显见的舍本逐末，网友却乐此不疲，谁能从学理上解释一下这种社会现象？江虎发布微博称：

“在以后的工作中无论遇到何种情况，都会冷静处理，再也不秀身材了！”看，他自己也被网友的声音裹挟了，以为问题只出在了这里。一个可以洞察交警与车主文明素质的交锋案例，也许就这样被“长得帅”给滑稽地错过了。可惜。

（2014 年 7 月 22 日）

由蚊子的习性很容易想到贪官

明天又是广州全城统一灭蚊日。不看报道，还真不知道。所以有个“又”字，报道说上周五已是此日。不过，接下来还有一个不知道，就是不知道是否最近每个周五都该如此，时间段的上下限如何。相信当初，有关方面早有详细的说明。倘若要怪咱没去留意，虚心接受，但与此同时，有关方面对这类事情也要不厌其烦地广而告之，以各种媒介使之入心入脑，不要让大家通过偶然的途径了解到。

蚊子这东西非常讨厌，古今中外，没有不深受其害的人吧。辞书虽然告诉我们吸血的蚊子都是雌蚊子，“雄蚊吸食花果液汁”，但蚊子飞过来的时候，恐怕“安能辨我是雌雄?”寻常人等不具备这个本领，等到挨了咬，明白也晚了。并且，它那个嗡嗡声也极端讨人嫌。鲁迅先生有篇杂文叫《夏三虫》，非常风趣。他说如果在夏三虫——跳蚤、蚊子、苍蝇这三个令人厌恶的东西中硬要选一个最爱的，“而且非爱一个不可”，那么他就选跳蚤，因为“跳蚤的来吮血，虽然可恶，而一声不响地就是一口，何等直截爽快。蚊子便不然了，一针叮进皮肤，自然还可以算得有点彻底的，但当未叮之前，要哼哼地发一篇大议论，却使人觉得讨厌”。咬几口、响几声倒也罢了，关键在于它还是传播疾病的元凶。当下的统一行动，是为了预防登革热；登革热就是登革病毒经蚊媒传播引起的急性虫媒传染病。那么，全城统一灭蚊日委实是为了市民的身心健康着想，市民理应积极配合，不留死角。我们不能不佩服那东西实在神奇，纱窗、纱门乃至蚊帐装备得再是“重扃复壁，络板甃石”，它仍然能找到进入的门路。如果行动不统一，一旦留了死角，大多数人的努力效果岂不是要大打折扣？

蚊子是这样的一无是处，但也能给我们以某种启发。某年验血的时候我就在想，何时抽血的针头能借鉴蚊子吸血的原理就好了。你看它那么柔弱的东西，能一下子找准你的血管并在你毫无知觉的情况下扎进去；等你发觉痒了，它已经喝得差不多了。抽血的针头如能把这手学过来，针头没那么硬，估计好多人就不会那么紧张。当然了，我受的启发属于小儿科层面。《夏三虫》是另一个层面，就是在借题发挥，从“又不准像‘青年必读书’那样的缴白卷”来推断，鲁迅先生可能是针对他不满意的某一社会事件。联想最深层的，该是由蚊子的习性想到贪官。那样联想也是很有道理的。首先二者都是以吸血为生：蚊子吸的是生物人的血，贪官吸的是社会人的血。其次二者都危害极大：蚊子传播的疾病据说达 80 多种之多，地球上再没有哪种动物比它对人体有更大的危害，而贪官对人类社会肌体的戕害，更不用说了。也正是二者的“关联度”颇高之故吧，历来关于蚊子的诗赋都不乏精品。

比如《全唐诗》载有吴融的一首《平望蚊子二十六韵》。诗中提到“江南”“震泽”等字眼，可推知这个平望是指今天江苏吴江市的平望镇一带。别小看这个地方，其见诸历史记载始于西汉，正式建镇则在明朝洪武元年（1368 年）。平望的蚊子有什么稀奇，能写成洋洋 52 句诗？显然是要借物咏怀。“天下有蚊子，候夜噆人肤。平望有蚊子，白昼来相屠”云云；“利嘴入人肉，微形红且濡。振蓬亦不惧，至死贪膏腴”云云。这“吾闻蛇能螫，避之则无虞。吾闻虿有毒，见之可疾驱。唯是此蚊子，逢人皆病诸”云云；这是说蚊子还是说人，还不很清楚吗？范仲淹到泰州监盐场税，发现那里“地多蚊蚋”，说得更直接：“饱似樱桃重，饥如柳絮轻。但知从此去，不用问前程。”度其语意，不是分明在抨击泰州的吏治，抨击那些得捞就捞、贪得无厌的腐败分子？

回到现实。如果大家能做到，就在明晚加入全城统一灭蚊日吧。先尽可能地消灭作为生物的蚊子，虽然我们知道同样难乎其难。

（2014 年 8 月 21 日）

该是职位“反差”惹的祸

哈尔滨市新近的一则人事任免引来了不少人的吐槽。事情的起因大家早就清楚了，就是原本的畜牧兽医局局长秦德亮被任命为教育局局长。哈尔滨方面回应称，秦德亮的调任完全依法依程序，由投票决定，且两个局长之间也并不涉及行政级别的调整，“是同级调任，都是正局级”，很正常。这一点我相信从一开始就没人怀疑过，舆论汹汹的只是秦德亮职位的“跨界”，所谓“管畜生”的成了“管学生”的，这个说法最有代表性当然也最难听。

“跨界”为官，从来都不乏见，以前不会，以后也不会。试想一下，如果一个官员从基层干起直到中层甚至高层，一直都工作在同一领域，恐怕还要算是历练不够丰富呢。从秦德亮的简历中也可以看到，他自己先前已经跨了好多回界：老干局、镇党委、市长、农委。就是在这次与他同一批的干部任免名单中，仔细看看也有“跨界”的，像市政府办公厅主任转任市场监督管理局局长、工商行政管理局局长转任畜牧兽医局局长，不是“跨界”？何以偏偏秦德亮、偏偏秦德亮的这一次“跨界”引发议论？我想，该是职位“反差”惹的祸，前后两个职务的反差。畜牧兽医局局长与教育局局长，各自的职能人们都熟悉，熟悉到一望而知，那句难听的代表性语言已经道明了这一点。因此，秦德亮“跨界”被议论，实质上是公众由于这种“反差”而本能地受到了刺激。如果他被任命为市场监督管理局局长或工商行政管理局局长，则无论他的学历（高中）如何低了，都一定会照样波澜不惊。

与“反差”庶几近之的是“反讽”。有这么个实例，因为评论过，所以记得清楚。十几年前，陕西靖边县某乡镇书记调任县林业局局长很是热闹了一阵，所谓热闹就是公众表达义愤。乡镇书记是个“芝麻”小官，新职位同样入不得“品”，最多也就“绿豆”大，何以招来举国上下的口水？因为这个原书记在乡镇工作时毁林出了名，只是为了把土地出让给开发商，当地农民告他的状已经告了好几年。当时新华社报道此事时，用了“竟然”二字：“毁林书记”竟然当上了林业局局长！靖边地处造林防沙的前线地区，而以毁林闻名的人去担任县林业局局长，不是反讽的意味太强了吗？其实，前些年很有那么一些基层干部，为了片面追求“政绩”留下恶名，但是并不妨碍他们凭借那些“政绩”异地为官。他们行为的性质与“毁林书记”并无二致，却大多能够轻松地“拍屁股走人”，换一个地方或换一个官职继续制造“政绩”。他们的调任不仅没有引起轰动，老百姓甚至有些见怪不怪了。那么，假如“毁林书记”换个官当，官职“反讽”得没有这么厉害，不是强烈地刺痛百姓，情感上接受不了，溅起的最多只是涟漪而已，断不至于举国皆知。

在秦德亮任命程序上的确没什么可挑剔的，然如前所述，公众的议论焦点也不在于此。引起议论应当是件好事，提醒有关方面，在“根据党管干部原则，既然选择了就表示对他信任”的同时，还是应该注意到职位之间的这种“反差”，尤其是非常强烈的“反差”。当然了，秦德亮可能最适合这个新岗位，不能因噎废食。但是如我们所见，如果漠视这种“反差”，就难免诱发公众情绪的宣泄，难免“等闲平地起波澜”。对其他地方而言，此例当作“殷鉴”总是有益的，果如此，则此番议论也就议得其所了。

（2014 年 8 月 27 日）

豹猫还是家猫，得弄清楚

前几天在网上看到一组“雅鲁藏布大峡谷猎杀白鹤豹猫”的图片。其中一张是一个青年男子，喜滋滋地抱着一条好像已没有了生命的猫科动物，说明文字指该动物为豹猫。11 月 26 日，广西宾阳县向新华社记者通报了官方的初步调查结果：当事人为宾阳县人黄某，被杀的实为他自己家的家猫，重 7—8 斤。因该猫经常在家偷吃，黄某将其宰杀；又因花纹特别，在宰杀前黄某怀抱它拍照留念。不过，有网友旋即指出这是指鹿为马。

网友的看法有点儿道理吧，说这是家猫，看着确实不太像。在下以前养过不少猫，不敢说像唐朝爱猫的张搏那样“众色备有”，先后的十几只也还是花纹不重样。但是我首先得承认，从来没有养过甚至也没有见过花纹“如此特别”的猫。张搏那里应该有吧，时人说他是猫精，给养的猫还“皆自制佳名”呢。每天他从衙门下班回来，“至中门，数十头拽尾延脰盘接”，小狗一样迎接主人；老张则“入以绛纱为帷，聚其内以为戏”，专门跟猫玩儿。可惜的是，那个时候没有照片，否则我们正可借机检验一下老张的“众色备有”是否吹牛，也可以给宰杀“家猫”的人一个佐证。其次，资料上说豹猫的体型略大于家猫，但照片上这只好像不寻常，抱“猫”者本身就是参照标尺，把那大“猫”立起来的话，估计比他矮不了多少。还有一张“家猫”被捆在摩托车后座上的照片可为旁证，看它横着耷拉在那里，个头居然跟摩托车差不多。我甚至有点儿狐疑：豹子吧？

当然，我们不能因为个头大小来判断家猫与否，在古人笔下，好多习见的动物都大得不得了。《解愠编》里有个生意人回家后说起江湖风景：“过了黄牛硖，蚊虫大如鸭；过了铁牛河，蚊虫大如鹅。”老婆揶揄他，那么大个儿的东西，怎么不带些回来煮了吃呢？如果说这是个笑话，还有一些就是郑重其事了。陶宗仪《南村辍耕录》说，元朝忽必烈的时候，“燕市有一蝴蝶，其大异常”。大到什么程度？王和卿即席所赋《醉中天》的小令结尾是这么说的：“轻轻的飞动，卖花人搧过桥东。”瞧，那蝴蝶就这么一路过，还不是疾驰，产生的风力也能把桥上一个卖花的从桥头吹到桥尾。按照明人《徐氏笔精》的说法，那只巨大的蝴蝶飞过时，以《窦娥冤》闻名的关汉卿也看到了，因为“和卿赋云云，汉卿遂罢咏”，本来想写而没写，大约是“眼前有景道不得，崔颢题诗在上头”的缘故了。《岭南异物志》里也提到大蝴蝶，又大到什么程度？《元曲纪事》转引了那种表述：“人于海中，见有物如帆过海，将到舟，竞以物击，破碎坠下，乃蝴蝶也。去其翅足，称肉得八十斤，啖之极肥。”蝴蝶都可以这么大，“家猫”站起来不逊于人，也该不足为奇吧。但倘说图片上的那只“家猫”只有七八斤重，恐有侮辱公众智力之嫌。

豹猫还是家猫，还真得弄清楚，因为涉及宰杀行为的性质，报道说了，豹猫属于广西重点保护野生动物。11 月 27 日，广西壮族自治区森林公安局在宾阳县召开记者答疑会，宣称针对此次猎杀豹猫和白鹤事件，他们一直在调查取证之中。这等于对宾阳县的“初步调查”予以证否。究竟是豹猫还是家猫，当然不能凭一张照片判定，但弄清楚也没有多难。况且，这还是个必须弄清楚的问题，如果不幸被宰杀的的确是豹猫的话，黄某就是偷猎者了，就要追究他的行为了。

（2014 年 12 月 1 日）

女区长不必吃那个“水泥橘”

1 月 10 日晚，湖北省武汉市电视问政举行第五场，关注的是医院、商场、学校周边秩序管理，开发区和新城区基本生态控制线保护实施问题。其中一个片段引起了不小的轰动：蔡甸区区长彭巧娣现场被主持人用“水泥橘”将了一军，问她能不能吃。“水泥橘”，也许会流行开来的新名词，是被水泥污染了的橘子。这个橘子正来自蔡甸区一个被水泥搅拌站所产生的水泥灰污染了的园区，外皮不是我们寻常所见的橘黄色，穿的是一层“水泥衣”。众目睽睽之下，主持人还要求给个特写，女区长唯有剥皮、吃掉之一途。虽然她嘴里说着“还是比较甜的，味道还行”，但以小人之心度之，其内心应当是异常苦涩的。

女区长不必吃那个“水泥橘”。尽管她吃的时候还略带微笑，却什么也证明不了。首先她不能证明“水泥橘”无害，所以这一吃就完全不同于禽流感时官员带头吃鸡。后者是因为公众有一种恐慌心理，而事实上吃煮熟的鸡肉并没有任何问题，禽流感病毒在被加热几秒钟后就会死亡。这个时候由官员带头来吃，有助于平息人们的不必要担忧。所以每当这时，我们不仅看到国内的官员每每带头吃鸡，国外的官员也是如此。而武汉这个“水泥橘”摆明了“有病”，现场播放的短片已经暗示了这一点。整个橘园都穿上了“水泥衣”，上面的水泥斑洗不掉也弄不掉，靠近水泥搅拌站的果树甚至连果都不结了。

女区长吃掉了“水泥橘”，也不能证明她勇敢，只能说骑虎难下，现场的形势容不得她不吃。并且，她显然也不愿意吃，她不是对主持人说了嘛：“你有要求我就满足一下。”由此想起了《广阳杂记》里的一个类似故事。武将王辅臣在他人营中做客，喝完酒要吃饭了，发现饭碗里有只死苍蝇。他担心厨子因此被打杀，就轻描淡写地说没什么：“我等身亲矢石人也，得食足矣，安暇择哉。倥偬之际，死蝇我亦尝食之矣。”哪知旁边一个总兵愚蠢得很，没明白辅臣的好意，反而玩起激将法：“公能食此蝇，吾与公赌，输吾坐下马。”辅臣一言既出，“遂勉强吞之”。这时，吴三桂的侄子吴应期在旁边说话了：“人与兄赌食死蝇，兄便食之；若与兄赌食粪，兄亦将食粪耶?”

因为什么也证明不了，女区长就根本不必去吃，她可以直截了当地拒绝主持人的将军，就事论事。所以，面对“自己种下的苦果”，她更应当直面“百姓连‘养命’的资本都没有了”这个最现实、最直接的问题，这才是本次问政的根本。至于吃不吃，充其量只是满足看客的需要罢了。在我看来，这个时候倒需要些“拍脑袋决策、拍胸脯保证”，因为问题来得猝不及防，容不得回去和同僚们研究，女区长应当机立断，至少马上对在村口作祟的水泥搅拌站如何处理给出个初步意见。

武汉的电视问政自开播以来在全国颇有名气，被多个电视台所效仿。这档直播节目的用意很明显，旨在让政府官员意识到自己是被监督的对象，应该对百姓负责，其所产生的积极意义不言而喻。但问政的目的终究是要解决现实中存在的问题，不是咄咄逼人地拿官员来出丑。在“水泥橘”稍前的一期节目中，武昌区委书记王立当场被要求背诵社会主义核心价值观，因为一度卡壳也很为舆论取笑了一番。这些东西，于问政而言属于花边、噱头，很容易喧宾夺主，一旦如此——这两例已经证明的确如此，就偏离或曰背离了问政的本意。这一点，不知节目制作方意识到了没有。如果有人说治疗沉疴须下猛药，那我就还是闭嘴不要吭声了。

（2015 年 1 月 12 日）

“杨氏魔咒”？怪哉此论

1 月 4 日，中央纪委监察部网站公布，江苏省委常委、南京市委书记杨卫泽涉嫌严重违纪违法，正在接受组织调查之后，不少媒体发现新大陆一般，开始津津乐道于所谓“杨氏魔咒”。什么意思呢？杨卫泽的官方简历显示，其仕途大致分布在四个地方——江苏省交通厅、苏州市、无锡市、南京市，而那几个地方均有杨卫泽的同事被法办。所以，“杨氏魔咒”就是：杨卫泽每到一处为官，必有同事落马。

空口无凭，人家举例来说明了：杨卫泽在江苏省交通厅多年的同事、继他之后任厅长一职的章俊元，因受贿罪、行贿罪2004年被判处有期徒刑20年。杨卫泽在苏州当市委书记时，姜人杰当苏州市副市长，因为受贿2011年被执行了死刑。杨卫泽在无锡当市委书记时，毛小平当无锡市市长，后来接任书记，2012年被宣布开除党籍。杨卫泽在南京当市委书记时，季建业当南京市市长，2013年接受组织调查；烟台市中级人民法院官方微博已经发布消息，再过两天，1月16日，季建业受贿案将在烟台中院公开开庭审理。

人家“摆事实，讲道理”了，看来看去也并无玩笑的成分，仍然不免要感叹一声：怪哉此论！

其实，如果一定要这样表述杨卫泽与落马同事之间关系的话，倒也用不着魔咒魔咒的那么文绉绉，不如径直说他是“扫帚星”或者“灾星”好了，这才符合我们传统文化的相关内涵。《春秋》记载，我们的祖先在公元前613年“秋七月”，就发现了“有星孛入于北斗”。这本来是世界上关于哈雷彗星的最早记录，可惜祖先们把这颗拖着长尾巴天体的出现视为灾祸的预告，贬之为“扫帚星”“灾星”，结果把命名权拱手留给了17世纪的英国物理学家爱德蒙·哈雷。留意传统典籍或戏曲的人，不难见到“扫帚星”或“灾星”被广泛指代带来灾难或厄运的人和事。比如昆曲《十五贯》第七场中，娄阿鼠要假扮成算命先生的况钟测一下他的吉凶祸福，就测他“贱名”中的那个“鼠”字。况钟有备而来，自然直指要害，一开口就把娄阿鼠吓得够呛：“鼠乃十二生肖之首，所以是造祸之端，依字理而断，一定是偷了人家的东西，造成这桩祸事来。”接着，况钟更在“子鼠”上大做文章，娄阿鼠终于不打自招，怯怯地问：“先生！你看这灾星我可躲得过吗？”

古人的“三观”就是如此，所以才笃信“灾星”的存在，今人给它换上一身“魔咒”的外衣，难道是要全盘继承不成？就算有调侃的成分，一句“怪哉”恐怕也言轻了，简直是荒谬至极！以被执行了死刑的姜人杰而言，其在任期间，集城建、交通、房地产开发等13个领域的公共权力于一身，形成了一个以他为核心的利益集团。

检察院的公诉意见书中有这样一段话："无论是单笔受贿数额的 8250 万还是受贿总额的 1.0867 亿，都可堪称建国以来受贿这一职务犯罪之最。"前人之"天作孽，犹可违；自作孽，不可活"，用在这里才恰如其分，与"杨氏魔咒"可有半毛钱的关联？没有。我们从中看到的只是反腐，还有反腐力度的加大。没有反腐力度的加大，南京或许不会成为全国第一个书记、市长齐齐落马的省会城市。

还是总结公权力如何过度集中、有效监督如何缺位吧。尽管我们在腐败官员身上已经总结了无数遍，但是因为他们的出现，仍然概莫能外地昭示了这两点，那么就无妨继续总结下去。无论如何，也胜过所谓"杨氏魔咒"前来插科打诨！

（2015 年 1 月 13 日）

官员为什么要混迹书协？

最近这些天，政府官员兼职书法协会领导的现象不断引发大家的热议。要说直接起因的话，恐怕需溯至周一波先生去年底先在《人民日报》上"炮轰"，接着宣布辞去陕西省书法家协会主席职务。这一示范产生的效应，震动了陕西之外的其他省市。于是乎，有的如周一波般爽快，有的虽不情愿但不得已而为之，有的仍然在给自己寻找不该辞去的种种理由。

琴棋书画，古有"文人四友"之谓。四者齐备不用说了，掌握其中一种，也足以展示出个人的文化素养。所以，往乐观处说，今天的官员青睐书法有传统余绪发生作用的因素，理论上看是件好事。可惜的是，正如周一波文章所指出，一些官员"之所以往书画协会挤，尤其个别人作品低劣，却卖得很火，实际上是利用协会领导的幌子中饱私囊……这种腐败不过是被艺术的外衣遮掩着而已"。这就是让人乐观不起来的地方了。文人有四友之多，何以书协成了官员挤占的

“重灾区”？相对而言，可能这个的“技术含量”最弱。举例来说，去年有一段县委书记拉二胡跑调的视频很火爆，那不过是在当地“新年音乐会”上的演出，不知给谁翻了出来，看舆论把人家讥讽的，不让人钻进地缝不罢休的态势。

笔者丝毫没有冒犯书法标准的意思，只是想说，音乐跑不跑调，不懂音乐的也听得出来，而书法这东西你觉得不好却可能是因为你不会看。“米蔡苏黄”里的苏轼、黄庭坚都是书法大家吧？但东坡说山谷的字“如树梢挂蛇”，山谷说东坡的字“似石压蛤蟆”。这两个好朋友之间当然是开玩笑了，但也说明品评书法，一定之规之外还有视角的因素。像南朝刘宋的开国皇帝刘裕，字写得根本不行，手下人就这么出主意：“但纵笔为大字，一字径尺，无嫌，大既足有所包，且其势亦美。”刘裕于是“一纸不过六七字便满”，也能藏拙。

今天的官员混迹书协，再往乐观处说，或有羡煞古代官员龙飞凤舞的情愫吧。这样的话，委实不必。因为彼时的书写工具即毛笔，书法是科举时的一项基本功。清朝咸丰年间一度走了极端，“殿廷考试，专尚楷法，不复问策论之优劣，以致空疏浅陋，竟列清班”。甚至有一科考生照抄了前一科鼎甲（前三名）的策论，“仍列鼎甲”。阅卷的人如何把关的呢？没把策论关，专门“评骘楷法”，把的是书法关。怎么把的书法关？“苛求之点画之间”，比如，“有一字古体帖体，依《说文》篆隶而不合时式者，即工楷亦置下等”，这还是科举考试吗？是书法大赛了。这样考取的准官员，将来自然会展现一笔好字，和治理能力又有何种关联呢？

南宋陈宓说过一句话，叫作“居官必如颜真卿”。颜真卿以书法享誉后世，今天还有“颜筋柳骨”之谓。但陈宓的话，当时亦决无鼓励官员潜心习字的意思，他是要大家关注颜真卿作为官员的尽职称职。颜真卿当监察御史，五原有冤狱久拖不决，由于他的“立辩之”，百姓把随后的一场雨呼为“御史雨”。颜真卿当平原太守，预感到安禄山的叛乱，暗地里“修城浚池，料丁壮，储廪实”，后来“河朔尽陷”，独平原得保。玄宗高兴得很，此前的种种消息让他丢尽了颜面，哀叹“河北二十四郡，岂无一忠臣乎！”

早在1998年7月2日，中共中央办公厅、国务院办公厅就联合发布了《关于党政机关领导干部不兼任社会团体领导职务的通知》，“领导干部”和“社会团体领导职务”，所指都非常明确，大家自可以对照条文。诚然，这里有“因特殊情况确需兼任”的如何，但按正常理解，符合特殊情况的一定是个别最多是少数，不会像现在这样一窝蜂，“对书画市场和艺术发展规律无疑是一种践踏”（周一波语）。这个《通知》如今不知作废了没有，如果没有，在依法治国新大幕已经徐徐拉开的今天，被戳中要害的官员就不能当成耳旁风。

（2015年1月20日）

不要把大气污染归咎于日常生活

从1月20日起，重庆市环保局会同市政、公安、工商、规划、食药监等市级部门，和主城各区政府一起，开展集中整治该市烟熏腊肉、露天焚烧和柴火鸡餐饮专项工作。为什么呢？因为被整治对象“产生大量烟尘和粉尘，严重污染大气环境，对广大市民健康造成危害”。空口无凭，该市环保局“近期对都市功能核心区和都市功能拓展区PM2.5来源解析显示，生活污染在PM2.5中占比由10%上升为16%”。

前几天见过类似新闻，相信很多人和我一样，以为是“戏说”，也便一笑了之。现在看起来是以为错了，人家是严肃认真的，先前是严肃认真地说，现在更要严肃认真地做。不过，以我极其有限的知识，也知道重庆百姓烟熏腊肉，不是改革开放富裕起来之后才时兴的吃法，而是世世代代如此，按他们的说法已经有两千年了，张鲁称汉宁王，兵败南下走巴中，汉中人就用腊肉招待过他。有了这样的背景，我明知道下面这样说话属于抬杠，还是忍不住要说：为什么去今不远的光景，都没有听说烟熏腊肉给大气造成了严重污染呢？当然了，那个时候没有动用 PM2.5 标准来检测，检测的话结果可能也是一样。但那个时候天空毕竟是蓝的，河水毕竟是清的，不用谁来用精确的数字宣布，却一眼就可以看得到。哪里像现在，哪个地方一旦出现了蓝天白云，微信圈里就欣喜若狂，纷纷炫耀给其他地方的“朋友”？

这种把大气污染的“干将”归咎于“日常生活”的做法，并非“只此一家”，而是“另有分店”，搞不好，还有成为趋势的可能。在此之前，类似的事情已经掀起过一定的舆论风波。2013 年 10 月，北京市政府外事办主任赵会民在回答记者关于北京空气质量问题时就表示：“城市大了之后，中国人习惯的烹饪，对 PM2.5 的贡献也不小，希望市民配合做好清洁空气的工作。”北京也有专家建言：“在重污染日，可适当倡导绿色餐饮，建议市民少用炒、煎的方式做饭，减少油烟排放。”再早，2003 年 10 月，媒体报道某教授居然认为“自行车比汽车污染更大”，虽然他旋即声明“从未说过自行车过多是道路拥堵的根本原因”，是媒体的曲解，但没有否认前一点，并且还有重申的意味：我国的城市道路行驶速度一般在每小时 20 公里左右，道路利用率只有发达国家的 30%。当汽车以每小时 20 公里左右的速度行驶时，其消耗的功能最多，排放的尾气最多，占道面积最多。机动车已经成为城市污染最主要的来源。而道路行驶速度缓慢的根本原因，就是摩托车、自行车占道挤道。还别说，逻辑上倒真没有问题。赵主任当然也不是信口而出，估计他当时是看了中科院“大气灰霾溯源”项目的报告，那项结论所锁定的几个主要污染“凶手”就是：燃煤、汽车、农业、沙尘、做饭、装修。可惜，饶是其发言建立在“科学实验观测和研究”的基础上，赵主任还是遭到了网友的调侃：“这是要全民吃凉拌黄瓜来配合？”

我们当然要承认烟熏是污染源的一部分，但不承认它是起决定作用的那部分，充其量可视为压垮大气质量的最后一根稻草。“做饭污染”出来时，北京市环保局负责人的说法佐证了这一点：烹饪油烟对 PM2.5 肯定是有贡献的，只是占比相对较小。传统的食品加工乃至饮食习惯，属于“陋习”的当然要改，但不分青红皂白地归咎，在我看来几乎等于说了白说，以重庆市民而言，就此会放弃传统的腊肉制作方法？所以，无论解决什么问题，还是要抓住主要矛盾或矛盾的主要方面，如果把精力过于集中在次要矛盾或矛盾的次要方面，在治理大气污染上就不免使人生出一种担心，担心发力方向给弄错了。

（2015 年 1 月 22 日）

第二部分

让公众记住年度“两会”

每次各级“两会”都将收获成果是题中之义，而究竟收获了什么，不妨开列个明细，让公众一目了然，也可以让公众进行评判。这些年全国“两会”之后，网友每每评“十大雷人提案”一类，如果算是“负能量”的话，我们也可以主动评选一些“正能量”的内容。

感于苏志佳主席的两句话

“言论环境要宽松，纪律作风要严谨。”广州市政协主席苏志佳的这两句话，我以为非常值得推崇。因为自家有过全国的、本省的“两会”亲身采访经历，结合各路记者提供的新素材，尤其感慨系之。

先说“纪律作风要严谨”。现在的各级“两会”都把“缺席”与否作为衡量纪律作风的一个标尺，规定到了多少次就要如何，代表免不了他，委员则要他请辞之类。这是必要的，却也是最基本的。因为人虽然来了，还有“身在曹营心在汉”的一面。像苏主席说的，开会不是你一个人的事情，肩负着使命，大家都看着呢。那么，你就不能像寻常开会一样还是一张报纸几兄弟分着看吧？你就不能一直埋头鼓捣自己的平板电脑吧？你更不能拿着“爱疯”没完没了地看小说吧？我承认包括“两会”在内的会风像政治领域、经济领域一样需要大刀阔斧地改革，但是，就算马上改革，你得认真倾听才能直指弊端啊！况且，你这么一直“埋头苦干”，又焉知台上在讲些什么，有价值的信息不会错过吗？在全国政协小组会议上，我见到过若干大牌明星人物竟可以自始至终埋头给人家在各种簿子上签名，自己不发言，也不听人家的发言。

再说“言论环境要宽松”。这也是必要的，政协就是不同意见碰出火花的地方。但言论宽松却不等于可以雷语迭爆。不错，各地当下动辄蹦出一些“雷人”，放出一两句雷语，当然，下场无一例外地是给全国人民提供了一个痛打落水狗的机会，但是，他们或者出于一直霸气的惯性，或者是面对突发事件手足无措。“两会”原本是应该庄严的会场，连我们这些门外人都知道，每年全国“两会”一个是3月3日开，一个是3月5日开，各省在这之前开，各地市的往往又在省的之前开。日期是既定的，你必须有备而来，不能临时抱佛脚。因此，那些诸如建立“外来人口间接过滤机制”的话，有充足的时间经过大脑。如果你在我们视为庄严的会场上弄出一份有抄袭人家论文嫌疑的提案，那就更逾越出环境宽松的边界了，逾越得性质都已经变了。倘若抄袭坐实，未知是否“破了天荒”，其实无论是否，自己都应该主动引咎离去。带了这个头，用宽慰国人的话说也算“坏事变成了好事”。

我想很多人和我一样，非常期待每年集中了那么多人才、花了那么多钱开的各级“两会”，能够产生出关系到国家和地方发展大计的富有真知灼见的成果，事实上有一点遗憾，不知是各路记者传递得不够，还是真就那么多。感觉上，各级“两会”的报道仍然是“花絮”居多，建设性意见极少，大家都在“直指”或“痛陈”，结果只能是不了了之。委员代表“抢麦”啦，机关幼儿园的天价补贴啦，没必要再说了，头两年觉得新鲜，翻来覆去就觉得乏味。至于当选代表进了会场还两眼一抹黑，更让人哑然失笑。“新人”诚然什么都要从头学起，但单纯地依赖短暂培训不行，更要靠自己恶补。我有个馊主意，不知是否可在各级政协一试：可不可以建立“提案倒逼机制”？就是说，用提案的质量来检验委员的“成色”。给你两年的时间，如果连一份有价值的提案也拿不出手，那就哪来回哪。否则，当上了，开会又从来没迟到、缺席过，就能心安理得地一混五年不行。

（2012 年 1 月 11 日）

该省钱的地方实在太多

全国人大代表、上海广播电视台主持人叶惠贤日前抨击春节晚会主题、形式雷同，花了很多钱群众却没有得到高享受的晚会怪象。叶代表算了一笔账，全国光“上星”的春晚就有 40 多台，成本要 5 个亿。而如果40万元可以办一所希望小学，则这5个亿可以建1250所希望小学；如果3000元可以资助一名贫困学生，则5个亿可以资助16.7万名。

叶代表算的这笔账，赢得了网友的热捧。《南方日报》联合腾讯新闻就“取消春晚办学校”的话题推出网络投票显示，持“绝对支持，晚会毫无意义”态度的网友，占压倒性多数。这个结果是可以预期的，毫不出人意料。叶代表算的仅仅是四十几台春晚的账，就这么不得了，倘若把荧屏上目不暇接的关于各种纪念日、各种运动会之类的“日常”晚会都算进去，想来会是个天文数字。千万别小看了运动会，不算不知道，一算也吓一跳。去年将近岁末的时候国家体育总局网站显示，2011年咱们的国家级赛事就超过了900项，国际级比赛超过了300项。省级及以下的都姑且忽略，一天平均也有3项了。开幕闭幕，一头一尾，哪个赛事不以晚会的形式热闹两回？

晚会的确该瘦身、该省省了。然而，跳出晚会，不难发现咱们国度里该省钱的地方实在太多。本次全国“两会”代表、委员的不少言论，稍加分析，就会发现在这个问题上“殊途同归”的一面。比如刘锡荣代表建议制定编制法以制止“官满为患”，叶青代表根据测算数据说中国全年的公务用酒量相当于每年喝掉一个“西湖”，就很有逻辑关联。官太多，在我们是一个不争的事实。我们多少人养一个官，发达国家多少人养一个官，我们的是人家的多少倍，这个账早就有人算过，结论就是：官太多。官太多，成本就高，供养成本、教育成本、监管成本和违法违纪查处成本等等。被喝掉的那个“西湖”中，不是也正有官太多的“功劳”吗？

如何省钱？怎样迈出具可操作性的一步？何清华委员在政协大会发言直指“奢靡之风不可长”时一针见血：要根治目前中国社会的“奢侈病”，关键在于政府。只有政府以身作则，带头采取措施，才能遏制奢靡浪费行为的蔓延。叶青代表更把根源指向多少年来奉行的直接报销权制度，认为这种“单位报销制”——单位的公务接待餐饮费用报销、公务出差产生的餐饮和住宿费用报销均由所在单位的领导审签，然后再到核算部门报销——的弊端，无法管制单位“一把手”的胡乱报销、虚报冒领，应当实行“企业报销制”——行政单位在饭店、酒店企业用餐、住宿后，饭店、酒店企业凭相关消费记录、税票到公务接待管理机构申请报销。把两位的建言叠加在一起，从哪儿下手、怎么下手，一目了然。即便有需要完善的地方，至少有了“抓手”。

我们的 GDP 总量虽然位居世界第二，但谁都知道，一人均就高兴不起来了，所以远远没到可以奢靡的时候。今天为了“面子”奢靡，还要当心明天被骂作败家子儿。隋朝时有个西域客来中原领略火树银花，他对“以缯帛缠树”甚感不解，说：“中国亦有贫者，衣不盖形，何如以此物与之?”后人哀之，更要鉴之。“后人哀之而不鉴之，亦使后人复哀后人也”，我们跳得出唐人总结的这个“周期律”吧。

（2012 年 3 月 12 日）

赞赏“不谈成绩只谈问题”

最高人民检察院检察长曹建明在全国“两会”上强调人大代表对司法工作的监督作用时说：“我代表最高检做个表态，最高检察院也好，各级检察机关也好，都非常重视人大代表和政协委员的意见。”他透露，各人大代表团小组讨论“两高”报告的发言，他们都“原汁原味地记录”；俟“两会”过后，最高检将专门召开汇报会，“成绩不谈，肯定不谈，只谈问题，只谈批评，然后汇总进行分类系统梳理”。

不谈成绩只谈问题，这个态度非常值得赞赏。所以这么认为，是因为现实中耳闻目睹的情形恰恰相反，往往都是只谈成绩不谈问题或少谈问题，即使谈问题也是轻描淡写地带过，不涉及实质性的东西。这或许是个全方位的存在。在前两年的全国“两会”上，来自广东的钟南山代表痛陈代表发言的状况时说："发言10分钟，前面8分钟都是歌功颂德，对报告歌功颂德，对自己歌功颂德，完了之后剩下的没有时间了，最重要的没有了。"其实，我们既然毫不讳言当下的社会转型期也是矛盾多发期、凸显期，这就意味着我们的成绩虽然巨大，成就虽然辉煌，但问题也如影随形。而多发、凸显出来的各种矛盾正是需要由各个具体的职能部门来"承载化解"的，虽然我们总能听到太多语焉不详的"有关部门"，但是一旦"追根溯源"，哪个试图逃脱干系的"甩手掌柜"也逃不掉。而职能部门只谈成绩不谈问题，无异于在主动回避乃至推卸自己的责任。

《吕氏春秋·自知》里有个寓言："范氏之亡也，百姓有得钟者，欲负而走，则钟大不可负；以锤毁之，钟况然有声。恐人闻之而夺己也，遽掩其耳。恶人闻之，可也；恶己自闻之，悖矣！"没错，这就是那个著名的"掩耳盗铃"典故的出处。单纯地看故事，我们会觉得可笑，天底下哪里有这么蠢的人？现实中怎么可能发生这样的事？倘若一个领域、一个单位，但开尊口，都是大谈自己的成绩而漠视自己的问题，性质正与那个"遽掩其耳"的"得钟者"一般无二。

不谈成绩只谈问题，不是说没有成绩，更不等于要否定成绩，成绩可以留到年终总结时去谈，但不可时时沉醉其中。苟如此，用钱锺书先生的话说，就患上了"山鸡对镜病"。《管锥编》援引晋张华《博物志》言山鸡"自爱其毛，终日映水，目眩则溺水"之后，把这种现象归结为"自爱症"的一种，原因在于"山鸡顾影而不知为己，单情欲双，故鸣舞以媚惑之"；再引五代高僧延寿《宗镜录》谈"一切法空无根本"，正"如恶狗临井，自吠其影；水中无狗，而有其相，而生恶心，投井而死"，归结为"自仇症"的一种。赘言后半截，概钱先生觉得"与山鸡事相待而成"，他风趣地说，自爱症可名"山鸡对镜病"，自仇症则不妨名"恶狗临井病"。需要声明的是，不谈成绩只谈问题，自然与"自仇"无涉，观者切勿多心。一定要征引，"相待而成"的因素之外，与大家分享一下钱氏幽默罢了。

应当承认，不谈成绩只谈问题，在我们的社会还没有形成风气。

唯其如此，希望最高检能够带好这个头，这是很需要勇气的。然而，借助批评的声音内省，弥补认识到的缺陷，实为保证社会的健康有序运行之所必须。

（2012 年 3 月 14 日）

且待周星驰委员的作为

今年各地各级“两会”的新闻，包括开了的和还没开的、正面的和负面的，时不时吸引一下公众的眼球。正面的，大抵都是会期缩短、报告缩短，厉行节约，不摆鲜花、不发文件包、不搞文艺演出一类，大同小异；负面的则各具“千秋”，先有榆林那里县政协主席呼呼大睡、人大代表围麻将桌办公，再有深圳市宝安、罗湖两区人大代表团入住豪华酒店……本人的视野有限，无论正负哪方，挂一漏万几乎都是可以肯定的。

昨天，十一届广东省政协委员名单一公布，“周星驰”的名字马上引起了关注，也引起了热议。周星驰所在界别为“香港特区人士”，是该界别 93 位省政协委员之一。这个消息自然无关正负，只是不少网民质疑“明星委员”可能因为事业太忙而疏于履职。网民的担心并非多余，以广东省政协而言，前几年就曾有过一下子 28 名委员“请辞”的新闻，其中两名世界冠军就是“明星委员”。周星驰当选所以引起热议，不难理解。他在电影中以“无厘头”而著称，《九品芝麻官》《苏乞儿》《整蛊专家》《逃学威龙》……不拘戏中人物的身份，一概让你笑翻，连赫赫有名的江南才子唐伯虎也不能“幸免”，斯文扫地得无以复加。而政协殿堂众所周知是庄严所在之地，“无厘头”与之相比，反差大了一点儿。但“无厘头”只是周星驰塑造的银幕形象，焉可等同于现实中的他？又焉知其参政议政的能力定然逊人一筹？况且，政协委员的遴选有自己的一套程序，周星驰作为香港知名影人，至少应该是符合那套程序原则的。

就“明星委员”当选，广东省政协方面回应称：“我们会为政协委员建立履职档案，定期向委员及其所在单位反馈，作为委员履职成效的评价指标。”这样来看，当年的那些“请辞”，未尝不是给人家下台阶的一种委婉说法，直接讲免去，残酷了些。而没有“保险箱”罩着，当得好和当得不好不是一个样，庶几才可以避免尸位素餐。那么，周星驰委员在参政议政层面的能力如何、作为如何，我们还需拭目以待，到明年这个时候再下结论不迟，那个结论就不是主观臆想了。

如今一个可喜的现象是，公众对各地各级“两会”的监督，正在呈现出全方位的态势，而且这种监督卓有成效。深圳的那个实例就很说明问题：得知南方都市报记者在关注之后，当天晚间罗湖代表团便退订豪华酒店而改住其他地方。此例首先让我们看到积习、痼疾的改变难以立竿见影，其次让我们看到监督在任何时候、任何领域都不可或缺。好多地方“两会”都在信誓旦旦说自己的大会报告将是史上最短，然而形式上短小了的废话与长篇大论的废话，五十步笑百步而已。因此可能的话，笔者将揪住若干声称“最短”的报告，一窥究竟。

公众日益关注“两会”，但“两会”开得成色如何，关键在于组织者本身需认清自己的职能和肩负的使命，不能让“花边”的东西、舍本逐末的东西淆乱公众的视线。就媒体而言，更多的视角要集中在“两会”的功能层面，也就是不单要关注“两会”代表、委员的作为，更要关注“两会”本身的作为，虽然后一个作为主要取决于前一个。

（2013 年 1 月 15 日）

工作忙绝非委员代表缺席的理由

周星驰当选广东省政协委员之后，我有一篇且待其作为的文字。殊不料在政协大会开幕的第一天，他就来了个请假。报道说了，人是肯定要来的，“并将努力调整时间参加后天的会议”。新华社有篇评论说周的缺席像是一记耳光，扇了“自作多情热脸贴腚者”。还不至于那么严重吧，但这新人的第一次如此这般，的确让人失望。失望至极的，难免像“耳光兄”那样上纲上线。须知周星驰当选是上了央视新闻的，众目睽睽，斯之谓也。

周星驰缺席大会开幕，自有他的理由。代他来报到的秘书解释了：“他现在很忙，新电影马上要上映，他忙着做宣传。”考虑到毕竟周星驰当选——至少公布吧——是没几天的事情，而人家的安排可能早就预定了，这一次姑且可以谅解。问题是，以他忙的这种程度，即便来了，又能怎么样，仍然只有“且待”。记得前两年刘翔缺席了全国“两会”，不得已在舆论的压力下露了个面，匆匆地又走了，暂时地堵了一下众口而已。所以光是人来了还不行，用我家乡的刻薄话说，不能像根电线杆子戳在那儿。并且，这么严肃的场合你不能灵机一动，小组哼哼哈哈地发个言就了事，你得有备而来，还得备得精心。周星驰近日在接受南方日报记者采访时表示，自己作为电影人，将在粤港电影合作以及中国电影向海外推广等方面提出提案。提案的“庐山真面目”，自然还是得“且待”，但这已是另一个话题，此番还是单说出席或缺席。

十几年前我在省政协机关工作的时候，政协委员有各界精英之谓。现在不知是不是还这么说，如果是的话，则精英在理论上应该没有不忙的。但工作之忙与参加“两会”却未必一定构成时间上的冲突。因为“两会”的召开日期在“明处”，基本上已经“固化”了，你有“避让”的充足心理准备。像我们这些非委员、代表的人也都知道，年度全国“两会”在每年的3月初召开；全省的必在此之前，又视阴历的春节在阳历间的游移而定，倘春节游移在2月中旬左右，则必在春节前开，否则或许在春节后。稍微留意，就可以发现这个规律。因此，任何委员、代表倘若以时间上的冲突为托词缺席年度“两会”，都是说不通的，除非他根本没有“避让”意识，或者相权之后，觉得参加“两会”不如自己的工作重要，就像周星驰当选的消息刚刚公布时有人用他的电影台词调侃，“国家有任务交给你了”，现在网友又马上疑问：“有比国家大事更重要的事情?”这一问很有道理。

有人建议周星驰请假不如请辞，那倒也不必。请辞，应该发生在是否接受成为政协委员之际，觉得自己忙不过来，就算了。明年的年度“两会”如果周星驰又是因为工作忙而缺席，哪怕只有一两天，也是不能容忍的。另一方面，对政协委员的遴选，尤其是心仪的演艺界焦点人物以及体育界的现任优秀运动员，是否要更慎重一些？一个是他们在专业领域里太忙，可能暂时顾不上其他事情，再一个是他们的一举一动太容易喧宾夺主，同样的一件事，对他们，人们会拿着放大镜扫来扫去。香港女星彭丹今年当选为甘肃省政协委员，那里被关注的视角不产生偏差才怪。政协委员的遴选机制也可以改革吧，至少不要每一次委员的增补，都生出一些严重游离于“两会”使命本身之外的话题。

（2013年1月23日）

鞭刑何劳引进？恢复就是

在省人代会分组讨论中，全国人大代表、广州市公安局政治部人事处处长陈伟才建议引进新加坡的“鞭刑”，对男犯使用。在他看来，中国的刑法虽然严厉，对严重的暴力犯罪采取死刑，但不足以让犯罪嫌疑人形成长期的威慑力，相较之下，鞭刑能起到长期震慑的效果。新加坡那里，“藤条先泡几天，拿出来打”，有的挨两鞭子就晕了。报道说，“听罢此言，全场爆笑”。不可能不笑，且不云不怕死而怕鞭打的逻辑不通问题，单是陈先生的绘声绘色，足以让人感觉到意气用事的成分。

陈伟才代表所以如此建议，出发点是通过“严刑峻法”来为广州市的治安服务，“目前全市刑事案件高发的态势跟全国形势吻合，比较处于高位”。不过，真的要采用鞭刑的话，何劳引进人家的？把自己用过的恢复了就是。《尚书·舜典》载：“鞭作官刑。”前人传曰，此乃“以鞭为治官事之刑”；再疏曰：“此有鞭刑，则用鞭久矣。”可不嘛，那说的还是夏朝建立之前的事情呢，至少公元前也两千多年了。什么罪过不用判刑而抽鞭子？陈代表没说那么具体，从前则有实例。《左传·庄公八年》，齐襄公打猎，见一只猪“人立而啼”，吓坏了，“坠于车”，脚扭了，鞋也丢了。不知那双鞋是什么宝贝品牌，一个叫费的侍从没找到，他就下令“鞭之，见血”。《左传·庄公三十二年》，庄公求雨，“讲于梁氏，女公子观之”，有个叫荦的养马佬“自墙外与之戏”，庄公的儿子子般“怒，使鞭之”。抽哪儿呢？新加坡是屁股，咱们一开始是脊背。老费说到自己挨抽时，便“袒而示之背”为佐证。千把年之后，唐太宗李世民偶然看到一幅《明堂针灸图》，发现“人之五脏皆近于背，针灸失所，则其害致死”，乃诏“罪人无得鞭背”，要抽就抽别的地方，新加坡之鞭臀，或正此遗风也说不定。

鞭刑在咱们这里什么时候退出了历史舞台，要交给专家去考证了。隋朝开皇元年（581 年）曾经下令废除鞭刑，但当楚州行参军李君才上言“帝宠高颎过甚”之时，杨坚大怒，“命杖之，而殿内无杖，遂以马鞭笞杀之”。所以清朝沈家本说：“隋文除鞭刑而复以马鞭笞杀人，是其除重刑但慕虚名耳，非真能行仁政也。”口是心非罢了。到了元朝英宗至治三年（1323 年），“禁鞫狱以私怨鞭背”，表明那个时候的鞭刑已经属于刑讯而非刑法了。何以有鞭刑之设？沈家本的见解可作一说：“总由居上之人情性粗暴，以挞人为足，以示己之威，而亦不致遽致人于死。”当然，这番见解在陈代表这里便不大适用，至少陈代表要“示”的是所谓法治之“威”。

刑罚也是在进步的。封建五刑（笞、杖、徒、流、死）取代奴隶制五刑（墨、劓、剕、宫、辟）就是一种进步。那种野蛮的、不人道的、故意损伤受刑人肌体的刑罚，焉可在今天借尸还魂？新加坡为什么仍然保留鞭刑，我不清楚，当然由他们的国情使然，以学贯中西的辜鸿铭来类比，相当于他脑后的那条辫子吧。去年底的消息说，广州荔湾区的大坦沙岛在今后数年内将耗资约280亿元复制一个“小新加坡”，值得期许，但不等于对新加坡的一切都奉若圭臬。鞭刑在他们那里诚然奏效，在我们这里却未必能服水土。我们那么津津乐道香港廉政公署的效率和成绩，不就没法进行复制吗？

陈伟才代表表示，他将在今年的全国“两会”上提出这一呼吁。这是他的权利。然在下啰唆这么多，旨在提醒他慎重行事，人大代表、政协委员或也需要从谏如流。

（2013年1月30日）

更需关注“两会”的“里子”

今年各地的“两会”，从报道上看都是新风扑面：不摆花，不挂横幅，不铺红地毯；气球啊，拱门啊，警车开道啊什么的，一概取消；再有就是报告缩短、会期缩短，等等。一言以蔽之：简或俭。不难发现，这两个字本身实际上也有一定的逻辑关联，“简”就可能“俭”。新风的大背景众所周知，去年12月4日，中共中央政治局一致通过了关于改进工作作风、密切联系群众的“八项规定”，很多内容正在其涵盖之列。而各地“两会”召开之时，正是“八项规定”

满月之际，因此可以说，这是各地闻“风”而动的一种尝试。

这样的新风，无论从国家和社会，哪个方面来看，都应该是受到褒扬的，并不满足的人们，嘴上嘟囔的也只是“早该如此”“本该如此”一类了。问题在于，新风会不会是“阵风”，套用气象术语来说，属于“特殊的空气流动现象”。在社会层面，这个“特殊”就是那个“大背景”的存在。严格地说，厉行勤俭节约反对铺张浪费等都不是新话题。比方毛主席在世的时候就说过贪污和浪费是极大的犯罪，等同看待二者，对浪费的深恶痛绝溢于言表。在制度层面，至少在1984年，国务院就强调过节俭，提倡四菜一汤，从那时起不知又“强调”“重申”过几回。前些年国际金融危机，“两会”再提节俭，以之作为应对手段之一。然而人们都看到了，“阵风”过后，一切故态复萌。因此，“阵风”即便刮得迅猛，能产生强大的正面效果，充其量也只是暂时的。

我们当然不能以过去的经验来对现在简单地断言什么、嘲笑什么、指摘什么，但是显而易见，任何行之有效的做法常态化，都必须通过制度的保障。对“两会”而言要求还要更高一层，那就是“面上”改变后还要得看“里子”。一切“面子”上的事情都只是形式，“里子”才是本质。因此，我赞成广东省人大代表朱列玉的见解，“节俭办两会”有两层含义：一个是节省开支，另一个是程序设置。“两会”是应该节俭并且可以节俭的，从制度角度而言，就要解决精确性的问题，总额度是多少，每一个代表、委员的办会费用是多少。另外，会期多长才合适，议程精简到什么地步，才能既保证代表、委员充分履行职权又高效务实，应该有一个整体规划。我之所以赞同朱代表的观点，在于通览相关新闻，可以发现各地的新风普遍带有随意性、随机性，而单纯地缩短会议时间、报告篇幅也根本不该算什么新风。我国宪法规定，人民通过各级人民代表大会行使自己的权利，这是根本的政治制度。“两会”是行使这种权利的一种组织形式，它要讨论和解决的，是涉及国计民生的大问题、真问题。因而会期要不要减，减到什么程度，都不可灵机一动。此外，就报告的篇幅来说，就算缩短了，还得看它的内容究竟是什么，空话套话的存在，并不以篇幅的长短为转移。

所以，在关注了“面上”之后，我们还要关注“里子”，或者说更需要关注“里子”。也就是我们不能把精力集中在对“两会”形式所做的减法之上，而应当更多地去关注“两会”的内容，在那里多做加法。我们该深刻理解“八项规定”的核心和本质，它要摒弃的是形式主义、官僚主义的花架子，体现着新一届领导班子从严治党的决心，以及“实干兴邦”的态度和魄力。简，不是目的，而是手段，人民群众最盼望、最欢迎、最拥护的是脚踏实地、真抓实干，无论开什么会，都得抱着解决问题的目的。单纯地做简或俭的文章，还不到迫不及待地表功的时候，苟如此，则有舍本逐末之嫌。北京大学法学院王锡锌教授说，民众应该能够对人大代表的履职状况进行考评。这一点，就有太多的工作可做。

公众越来越关注年度“两会”。关注度越高，表明期许值越高。那么，对“两会”来说，简或俭是必须的，但只是前提，唯此又是远远不够的。

（2013 年 2 月 6 日）

莫言冯小刚的郑重其事更值得推崇

十二届全国政协一次会议开幕以来，莫言、冯小刚等委员数次面对记者采访始终一言不发成为新闻，一时间令公众摸不清他们葫芦里卖着什么药。

莫言不说话，大家很着急。不过，3 月 5 日，列席旁听完十二届全国人大一次会议开幕会后，莫言正准备回到住地休息，发现了来自浙江省杭州市的 22 名小记者，便弯下腰接受了他们的采访。在回答“怎样才能写好作文”等问题之后，莫言还特意叮嘱小记者们：“现在社会上有一些不良图书，大家不要去看。”小记者们趁势请他来写一些，莫言笑了：“我很愿意给小朋友写书，但是还要思考，不是想写就能写出来的。”从那篇报道来看，来来往往数个回合，虽然说不上有多妙趣横生，但“亲切”“自然”等字眼用在这里还是熨帖的。这则消息至少也告诉我们，莫言并非金口难开。

莫言之先前不言，容易理解。一个原因如他自己所说，“今年是第一次上会，目前提案还未准备充分”；再一个原因我们都不难想到，那就是以他现在所处的地位，无论说一句什么都会成为新闻，都可能成为热炒的焦点。所以，莫言是“慎言”。只有在稚气未脱的孩子记者面前，他可以不设防。现在，莫言对成人记者也说话了：“我会在建立国家荣誉制度等问题上进行呼吁。”他说今年考虑了几个提案和建议，但都在完善中。这又足以表明，莫言“不是不说”，实乃“时候未到”，是大家太着急了些。这一点也可以理解，毕竟莫言获得的诺贝尔奖是“中国籍”的首次，较先前“×籍华人”获得的那些，令国人喷薄而发的自豪感更十足一些。所以，人们迫切需要知道与民族英雄庶几近之的莫言，在参政议政的最高殿堂上究竟关心些什么。

3 月 6 日，冯小刚委员在小组讨论上同样也说话了：“大家既可以拍《泰囧》，同时也可以拍‘文化大革命’这种题材。”他认为，“如果不让现在年轻人了解‘文化大革命’，了解红卫兵的暴动带来的灾难，再发生暴乱的时候，大家还是会呼的一下起来，觉得拿砖头砸玻璃是件过瘾的事”。冯小刚建议电影审查更该具有战略眼光。当下抗日电视剧的扎堆，备受舆论诟病，在本次全国“两会”上亦有委员发出批评声音。“去横店一看，四五十个剧组都在打鬼子”“死在横店的鬼子可以绕地球好几十圈了”，今天《南方周末》的“特稿”标题更逗：《“横店抗日根据地”是如何开辟的》。为什么大家那么热衷打鬼子，而且越打越离谱？什么双手撕开鬼子、什么用手榴弹炸下飞机都无中生有地鼓捣出来了。因为是抵御外寇，无论用怎样的方式方法，总不会有错，而别的尤其是现实题材总会有些风险。冯小刚委员的建议与抗日剧扎堆的关联度，就在这里。

莫言委员的提案暂不得其详，冯小刚委员的这个发言我觉得极有见地且极有现实针对性，如果不是他本次要提交的提案，则完全可以顺势形成提案。相对于那些不过博取一时眼球而不假思索的大话、空话、套话，莫言、冯小刚等委员的郑重其事更值得推崇。我这样说，全在于去今整整十年前，笔者曾亲临十届全国政协一次会议现场采访，亲耳聆听到也亲眼见识过不少似乎不经过大脑思考的委员发言和提案！

冯小刚委员在发言结束前，特意解释自己不带任何情绪，绝没有“炮轰”，更没有“发飙”的意思，只是心平气和地谈出自己的希望。其所指向，职司报道的各路记者应当有所触动。“两会”是讨论国是并探求问题解决之道之所在，哗众取宠属于背道而驰。而冯小刚的解释，也可视为他和莫言等人先前所以不言的侧面佐证吧。

（2013 年 3 月 7 日）

应当使公众记住年度“两会”

年度全省“两会”落幕了。“两会”上的话题历来多多，不同的公众自然有不同的关注点；而随着公众对“两会”的期望值日益增加，关于“两会”本身的话题也不在少数。在笔者而言，倘结合二者，再从今年“两会”中各选取一个话题的话，政协方面是即席发言时的“抢麦”，人大方面则是一名来自深圳的外来工人大代表说，打工人群该怎么称呼他觉得无所谓。

政协会议上的“抢麦”，据说是广东政协的首创，就是每次大会发言时都安排一个自由发言时间段，由委员即席举手申请。此举的积极意义不言而喻，但从这两年发展的“态势”来看，渐渐给人以喧宾夺主之感。就是说，发言的内容没有给公众留下什么深刻印象，占据满目满耳的只是争取发言的方式。比如今年，举牌的、举画的、举横幅的，打“老人”招牌的、摇 iPad 的、挥舞围巾的，不一而足，形式上很热闹，但与本该庄严的氛围不大合拍。

年度政协会议是委员展示参政议政能力的“主战场”，委员的能力诚然应该通过高质量的提案或者高质量的发言来证明，而这个高质量，显然不在于声音有多“高”。我胡乱估计，许多即席发言就是发言者提案的亮相而已。如果这个估计不错，则这样的即席发言就显得没有必要；并且，通过这样的方式引起媒体的关注，对那些具有真知灼见却没有抢到话筒或不屑于抢话筒的委员，相对地就不那么公平。所以，明年省政协继续实行即席发言的话，很有改革的必要，至少要使嘉年华式的抢麦“形式”，风头不能大大盖过抢到之后发布的“内容”。

外来工代表对打工人群该怎么称呼觉得无所谓，源自另一名代表发现政府工作报告对外来工称谓细小变化的发现：“2013 年的政府工作报告，所有务工人员改为异地务工人员，在今年的报告中变为进城务工人员。”那代表认为，变更名称主要是为推进新型城镇化，把异地务工人员全部改成进城务工人员，把相关的问题和城镇化进行合并。外来工代表无所谓的态度，笔者是深表认同的。

也许是受孔夫子“名不正则言不顺”的影响太深之故吧，我们对称呼这种非常表面的东西往往十分在意。前几年计较的是“农民工”，觉得不该那么叫，有歧视色彩。然而，如果农民工群体不能改变现有的生存状况，换个所谓“好听”的叫法又有什么用呢？换成什么才没有歧视色彩呢？如何称呼确实无所谓，充其量是次要的，重要的是社会需要检讨应该为他们做些什么，已经做了什么，还有哪些欠缺。具体而言，对农民工，要打破种种“门户壁垒”，让他们早日享受到平等的“国民待遇”，共享改革发展的成果。退一步说，即便如何称呼这个问题有所谓的话，也不宜在这种场合讨论。今年“两会”的会期缩短了，代表们意见不一，有的认为还可以再短，有的认为太短而有些问题难以说透。衡量长短的标准，应该视讨论的具体问题的成色而言，不要在无意义的细枝末节上缠绕当作为根本出发点。

每次“两会”都将收获成果是题中之义，而究竟收获了什么，不妨开列个明细，让公众一目了然，也可以让公众进行评判。这些年全国“两会”之后，网友每每评“十大雷人提案”一类，如果算是“负能量”的话，我们也可以主动评选一些“正能量”的内容，使公众能借此记住这次“两会”。

（2014年1月21日）

你需要什么样的代表委员？

各地、各级“两会”召开之际，代表、委员的议论话题自然应是媒体报道的题中之义。但每逢“两会”，我们也会看到许多“插曲”，不是“乐音”，而是“跑调”的杂音。2月中下旬之际，广州市“两会”召开时，大洋网汇集了一组代表、委员开会时的此类镜头，他们要么在“认真”阅读手机信息，刷屏，要么闭目养神。显而易见，这是些不该出现但确实存在的场景。

客观地看，这种情形大家其实早已见怪不怪，在各种会议上都属常见“景观”。别说与“坐而论道”庶几近之的“两会”了，前几年，某个刚刚出事的煤矿开安全会议——那还人命关天呢，下面也照样有人畅游“黑甜乡”。没办法，这恐怕是干部队伍中积习难改的一个普遍“共性”，不知道从什么时候开始形成的，也不知什么时候能够得到终止，大有成为不治之症之势。这几年，各地间或传出某地领导对睡觉干部拍案一怒的新闻，厉声呵斥之余，若干被逮了“现行”的干部或被通报批评或背个处分，极端的还会被罢官。然而拍案归拍案，这种状况在那些拍了的地方似乎也不会得到好转。那么，在其他场合养成的习惯自然而然挪来“两会”，多少有些顺理成章。

开会不能集中精神，与会者的素质是一个方面，会风自然是另一个方面，俗话说“一个巴掌拍不响”嘛。开会是我们都很熟悉的一件事，怎么开的，无须笔者絮叨，多数人都有切身感受。简言之，多了些长篇大论、照本宣科，少了些“直奔主题”。多的那些，用古人的话说叫作“语太繁而无领要”。2 月 19 日下午，正是在广州市“两会”上，南沙组人大代表审议市文广新局 2014 年部门预算，尽管代表们早已文字在手，局长路志强还是念了 30 分钟，结果一位代表忍不住打断了他。会议如果这样开的话，尽管与会者没到打呼噜、流口水的程度，心不在焉、昏昏欲睡则是必然的。而开到这种程度的会，在我们又有多少呢？某个名牌大学的校长甚至在开学术会议的时候在电脑上玩扑克，被摄影记者逮了个正着，某种程度上似可说明那个领域也并无二致。但改变会风，完全可以从“两会”做起，“两会”应该也能够做出示范。

前几天在微信上看到一组照片，好多国家开议会时的情景，共同特点是都在发生肢体冲突，挥舞拳头的、举鞋欲拍的、揪住衣领的，如此等等。最后一张是我们国度的，画面上有七八人之多，无不东倒西歪，不知是否已经见到了周公。本人并非向往开会动粗，但是不必交手，至少应该有观点交锋吧。而所谓观点交锋，显然大别于发言前的“抢麦”，不是看谁“抢”的招式新鲜、花哨，而是看谁“抢”到之后能奉献真知灼见。真知灼见的得来，当然不会像我们“局外人”一样，浏览了一下报刊，瞄了两眼街面就能办到的。我始终认为，代表、委员的发言尤其不能图个口快，不能单纯地暴露问题，而应该探寻解决问题的治本之道。我们的社会早就超越了暴露问题的阶段，不要对那些翻过来倒过去、大家早已耳熟能详的东西，还往往摆出一副刚刚认识的架势。而以我的有限观察，大量代表、委员的所谓发言，仍然停留在这一阶段。2014 年全国“两会”召开在即，人民网强国论坛搞了一个“大家都来吐吐槽”的栏目很有意思，向社会征集“你最受不了、最不爱听的那些话，都有啥？”然后是，“一年一次，你需要什么样的代表委员？”这个栏目，省市区县的媒体都可以搞，也应该搞，套句流行语说就是对代表、委员进行“倒逼”。

如今的各级“两会”已经日益成为公众关注的焦点，越来越多的人对“两会”充满期待。而公众对“两会”的关注，一方面是关注会议的“成色”，也就是究竟取得了哪些成效；另一方面是代表、委员的履职情况。这后一个问题，“局外人”当然不能也不可“窥一斑而知全豹”，但透过记者从会场传递出的信息，却可以窥到一个侧面。笔者参加过多次省级“两会”，甚至全国“两会”也曾采访过一遭，耳闻目睹，许多代表、委员的开会态度显然还不能满足公众的期待。一言以蔽之：不够称职。

（2014 年 2 月 20 日）

打击“盲驾”已经刻不容缓

日前，有全国人大代表建议对机动车驾驶员“玩手机或其他手持终端的行为”入刑。在该代表看来，这种行为造成的“盲驾”比醉驾和毒驾更具危险性，危害程度也更大，如果将此类行为入刑，相信会降低驾驶风险。有媒体旋即就《人大代表建议开车“低头”入刑，你怎么看》进行了网络调查，笔者落笔之际，已有 62.61% 的受访者持赞成态度，也就是应该入刑。

我们当然不能根据这个百分比来定论什么，但这至少是一种民意表达，表达对司机开车“低头”的愤慨。所以如此，无疑在于这种行为很容易酿成交通事故。前几天央视几个频道同时播出了一组“车载监控画面”汇总，看了真是触目惊心。其中记录下的一段视频是：一辆以 70 公里时速行驶的江苏客车，在不到 7 分钟时间里，司机先后 4 次掏出手机，总共低头看了 39 次，其间还将手机横过来双手握着，并用手指操作屏幕。结果，一名骑车老人在十字路口的斑马线上横穿马路时，司机发现后已刹车不及，老人当场被撞身亡。在“目睹”了种种血的教训之后，央视记者进行了一个“低头”何以导致惨祸的实验：由新手、老司机以不同的时速驾驶，得出几组数字。具体多少已记不太准，好在有《新闻晨报》刊载的上海公安警务车辆驾驶培训学校教官的测试，可以聊补不足。在上海的测试中，司机拿起手机低头进行滑屏解锁、浏览、再放回，所需时间约为5秒，而如果时速50公里，5秒钟内行驶距离约为65米；如果时速80公里，能驶过约110米；如果时速120公里，则超过了160米！这时我们再看那些“车载监控画面”，肇事司机先是从容、惬意地查看手机，忽然间惊慌失措、手忙脚乱，而终于不能避免惨剧发生，就十分容易理解了：哪怕是几秒钟的分心，面对突发情况也反应不及。

即便没有惨祸发生，开车“低头”也是令人十分厌恶的事情。上海交警就指出了，越来越多的司机会在等红灯的时候看手机，红灯跳转成绿灯后，前面的司机往往要等到后面的按喇叭后才能察觉，不仅降低了通过率，而且加剧了司机路怒的可能。在广州也是这样，绿灯亮了而前车不动，驾车的人恐怕都有这种经历；并且，如果道路并未拥堵而前车却开得奇慢，超越它时会发现，基本上是司机在打手机。

说到这里，还想抨击一下影视中的“歪头驾车”。我不知大家注意到没有，在中外的许多影视中都有司机（往往是主要角色）歪着头与坐在副驾驶位置上的人喋喋不休的镜头，有的可以一歪几秒甚至十几秒，根本不看前面的道路，这无疑也属于典型的“盲驾”，犹如影视中的“吞云吐雾”，起了很坏的示范作用。中国疾病预防控制中心控烟办前两年的一项调查显示，超过三分之一的青少年是在看了电影后学会抽烟的，不吸烟的青少年如果其偶像吸烟，则他们对吸烟行为认同的可能性会提高16倍。如今，“影视控烟”已经被意识到了，虽然“三令五申”而收效甚微，但毕竟有了相关规定。而“驾车歪头”这种坏行为却显然还没有被意识到，还没有人评头品足，还在被当成一种自然而然。

对于开车“低头”，《道路交通安全法实施条例》是有规定的：驾驶机动车不得有“拨打接听手持电话、观看电视等妨碍安全驾驶的行为”（第六十二条）。公安部《机动车驾驶证申领和使用规定》中也规定了对违反上述规定的驾驶人如何罚款、记分。但现在查处之，一个最大的问题是取证较难。继续下去，入刑与否的意义也就不大。不过，应该总能找得到办法吧。最重要的是，解决这个问题已经迫在眉睫，到了刻不容缓的地步！

（2014 年 11 月 6 日）

“两会”旁听者的角色当定位为观察员

广州市第十四届人民代表大会第五次会议拟于 2015 年 2 月上旬召开。像往年一样，会议继续设旁听席，这次是 91 个。以我的有限视野，这次的旁听人数应该是创了历年之最。谁可以去旁听呢？没有门槛上的限制，也就不存在所谓资格问题。但凡关心广州经济社会发展和民主法制建设的本市公民及外省、市驻穗办事处工作人员，都可以在规定时间内，按所在辖区或分管部门，分别向广州市委各相关部门以及各区、县级市人大常委会等单位（系统）提出申请，办理报名手续。

旁听制度，如今已是全国各地各级“两会”所采用的一种比较普遍的做法。事实上，早在 1989 年 4 月，七届全国人大二次会议通过的《全国人民代表大会议事规则》第十八条便明确规定：“全国人民代表大会会议公开举行……大会全体会议设旁听席。旁听办法另行规定。”2005 年通过的《全国政协全体会议工作规则》也进一步明确，允许政协全体会议邀请有关人士列席和旁听。《议事规则》关于旁听办法的“另行规定”后来出台了没有，不得其详，好像没有。如果的确没有，在下在此就想建言一番，也就是谈谈旁听“两会”人员的角色如何定位的问题。在我看来，旁听者既不要单纯地去看看热闹，为了满足好奇心而一听了之；也不要越俎代庖，把自己当成

“编外”代表、委员。

通观各地的相关报道，基本上集中于后一点，渲染旁听者如何踊跃提出自己的意见和建议，好像唯有如此才不辱旁听的使命一般。连续十几年旁听了全国“两会”、以高调慈善闻名的陈光标先生走得更远甚至离谱，表现为这两年的旁听他也同样高调，要么为宣传环保穿绿西装戴绿帽子，要么弄首《立法治雾霾》的歌曲献唱，把“两会”视为个人表演的一个机会和舞台，而殊不觉自己带给“两会”会场的只是花边和噱头。好在这样的极端案例还不多，但即使这一个，也在某种程度上冲淡了“两会”的严肃氛围。

“两会”旁听者的角色当定位为观察员。为此，旁听者要“甘于寂寞”。观察什么呢？观察我国民主政治的展开程序，观察代表、委员的履职状况。如果旁听者自家披挂上阵，就混淆了自己的角色，偏离了旁听的本意。而所以出现这种状况，以我的认知主要不外两个原因：首先，表明代表、委员与公众之间的沟通还相当不畅。以人大代表而言，他们参加“两会”，理论上就是集纳了民间意见和建议而来，本身代表着广大选民的利益，代表着选民在召开“两会”期间向政府有关部门提出意见和要求。任何选民要表达自己的意见和建议，完全可以通过各级人大代表。而旁听者现在自己表达，不是明白地意味着这一部分人的诉求先前被忽略了吗？其次，表明选民对代表使命的认识还相当不够，以为诉求的表达必须依靠自身才能实现。然而，旁听者既然没有门槛限制，他们的意见或建议是否具有代表性呢？意见或建议会不会极其个人，视野会不会极其有限呢？那么，这两个因素的存在，既昭示着人大代表、政协委员自身还有极大的作为空间，同时昭示着选民对人大代表、政协委员的使命还有极大的认知空间。

因此，旁听者诚然应当发出声音，但这种声音应当是针对“两会”本身的声音。一年一度的各级“两会”，是中国特色民主政治的集中展示，透视中国政治生活的一扇窗户。毋庸讳言，这种民主政治的建立还只有短短的几十年，从历史角度看还是一个年轻的制度，还需要不断发展完善。作为“两会”的旁听者，他们的作用正应当是对这种民主政治的实践进行现场考量，进行监督。所以，旁听者把自己的角色定位好，还要格外珍惜得到的权利和机会，进而努力为公民有序的政治参与，为中国特色的民主政治显示出更加强大的生命力，做出自己的应有贡献。

（2014 年 12 月 17 日）

“有话好好说”何以竟成难题

鉴于“屌丝”“装逼”“逼格”等词语在网上甚为流行，正在召开的上海市政协十二届三次会议上，又有政协委员呼吁减少网络语言污染，加强对汉语的保护。所谓“又有”，因为这早就不是新鲜话题了。前两年，电影导演冯小刚先是在自己的实名微博中痛斥了“屌丝”的粗鄙，接着在全国政协会议上重申了观点。然而，这丝毫不妨碍“屌丝”“二逼”等被姑娘小伙儿继续齐齐挂在嘴边，吐出来已是那么的自然而然。

张艺谋有部电影叫作《有话好好说》，姜文、李保田主演，喜剧，比他后来的《三枪》《满城尽带黄金甲》不知好上多少倍。这里无意进行影评，而只是想借用他取得不错的片名，在当下，“有话好好说”正有成为难题的趋势，那些明明有好端端的汉语词语可以准确表达的意思，偏偏另起炉灶。“胖子”成“胖纸”，“同学”成“童鞋”，故意大舌头吧？“喜大普奔”“不明觉厉”，像杨子荣上威虎山之前要掌握的土匪黑话吧？“屌丝”“装逼”“逼格”，这些原本登不上大雅之堂的东西，堂而皇之地招摇过市起来了吧？当年，冯导演斥“屌丝”为粗鄙的微博刚一发出，“结果，哗一下万人跟我急了”，对此他“特别失望，非常失望”。冯导演失望什么呢？因为他认为粗鄙，人家不觉得，相反可能还觉得有趣，所以才会成为潮流、时尚。

的确粗鄙。代沟所致吗？看起来是，年纪稍大一点儿的都不会这么用。莫言先生以前也说过，这个“屌”字都不好意思写，写作碰到了就打个叉号空过去。不过，应该不是代沟所致，拾起的是我们传统文化中的糟粕，那是个百分之百的脏字。读过几出元杂剧，马致远《半夜雷轰荐福碑》、武汉臣《李素兰风月玉壶春》等，从中可以发现“屌”不离口的，大抵或衙役或老鸨。王实甫《西厢记》里的丫鬟红娘，也是这路，嘴里“鸟”个不停。据张燕瑾先生考证，此“鸟”正读为 diao（上声），指男性生殖器，宋元时音义并同于“屌”。拿这个考证再去验之于《水浒传》，问题就更有意思了。草莽出身的鲁智深、武松、李逵、孙二娘，以及泼皮牛二、潘金莲，开口闭口皆“鸟”，而官方出身的林冲、花荣，以及大户人家的扈三娘就从不那么说话。这就表明，当下对“屌”的使用，颇有“自觉站队”的功能区分，所谓自甘粗鄙！

有话偏不好好说，还可以列举不少，比如动不动的“国民××”，什么“国民老公”“国民女婿”“国民岳父”之类，其实，除了那些极其有限的追星族，大多数国民谁知道那些被戴了“国民”帽子的人是何方神圣啊！又比如人成“神”也变得异常容易起来，不知谁那么信口一诌，“男神”“女神”顷刻间便满了大街。归结到一起，用“逐臭”来蔽之的话，可能有些夸大，有些严重，但说这是“逐俗”，逐低俗，则保准没错。可叹的是，不少媒体包括传统严肃的纸媒也不分青红皂白地把那些货色拿来，还以为自己很“接地气”呢。

上海政协委员提出“加强对汉语的保护”，未必言过其实。“少成若天性，习惯如自然”，等到这一代人的这种思维模式定型了，再让他“有话好好说”，恐怕他都丧失这种本能了。一旦如此，汉语的前途还不堪忧吗？语言学家郝铭鉴指出，当下大量的流行词语“粗鄙化”“向下滑”的倾向非常突出，这跟整个社会的心理状态有关，是一个社会问题。我认同他的观点。但究竟是社会哪些问题？我们不是有那么多智库嘛，该出出主意了。否则，我们还真的无法解释“有话好好说”何以竟成难题，也真的无法预期“粗鄙化”的底线究竟在哪里。难道就这么年复一年地议论一下而已？

（2015 年 1 月 27 日）

从制度层面杜绝雅贿雅贪

在本次全省“两会”上，吴艳华委员《建议对官员的书画工作室进行专项整治》的提案引人注目。提案指出，“一些官员，特别是即将退休的官员都有书画‘雅好’，给人有文化的印象”，但问题是书画“雅好”的花费不菲。提案披露，建一个工作室需要场地、古色古香的家具，还有高级纸张笔墨、工作台等，没有几十万元根本做不起来，而这些官员的书画工作室并非个人出资，是由民营企业家提供免费场地以及全套设施等。提案为此建议，在职官员及已退休官员应向纪委监察部门汇报是否拥有或变相拥有书画工作室，详细汇报使用场地来源、设施购置资金来源等。

这个提案来得非常及时。在国人的传统观念中，书画一类从来都是文人骚客之间的雅事。然而有些不幸的是，这些年来书画的评价标准发生了混乱，与艺术毫不相干的东西掺杂了进来，使雅事渐渐地沾染了龌龊。于是，衡量一幅书画作品的水准，作者的功力似乎退居其次，全由官阶的高低来主导。正如中纪委书记王岐山年初在中纪委五次全会上的毫不客气：“有的领导干部楷书没写好，直接奔行草，还敢裱了送人。”陕西省书法家协会主席周一波去年岁末在《人民日报》的撰文痛批，让我们看到诸如此类的事情并非个别而已成为普遍。尤其严重的是，雅事不仅趋于流俗，还与官员腐败关联在了一起。怎样雅贿、怎样雅贪，都已经被落马的腐败分子们纷纷“对号入座”，让我们开了不该开的眼界。令我印象一直颇深的是，厦门海关原副关长接培勇因为嗜好书法喜欢历史而被赖昌星抓住破绽，包括一套绝版《毛泽东评点二十四史》在内的雅贿，令接培勇就此与之同流合污。

官员书画室的性质是否一定不堪，还有待时间的检验，但伟人早就精辟地指出：“世上决没有无缘无故的爱，也没有无缘无故的恨。”这样来看，假如是人家给你弄的书画室，自己一分钱不用出，就符合“投我以桃，报之以李”的逻辑前提了，就存在貌似附庸风雅的背后隐藏利益输送的可能了。“投我以木瓜，报之以琼琚；匪报也，永以为好也。”这样脍炙人口的句子众所周知出自《诗经·卫风》中的《木瓜》。关于其主旨，历史上从孔夫子开始就各有各的阐释，贾谊呀，朱熹呀，都产生了有代表性的观点。当代钱锺书先生的见解最有意思，认为此诗“颇足征人情世故”。哪些人情世故呢？“馈遗常责报偿，且每望其溢量逾值，送礼大可生利”；并且，“不特人事交际为然，祭赛鬼神，心同此理”。并举前人的观点加以佐证：“希冀念炽，悬意遥祈，当其舍时，纯作取想，如持物予人，左予而右索，予一而索十。”见之于免费书画室，我们就难免生出些许“小人之心”：左手送出去，目的是右手再捞回来；送出去一分，目的是捞回来十分。在下这里是小心猜测，有的委员则直截了当：官员书画室其实就是变相接受行贿，甚至直接洗钱，利用这些吸金。

周一波在发表了那篇《让书画家协会少一些“官气”》的雄文之后没几天，就宣布辞去了陕西省书法家协会主席职务，可谓身体力行的典范。现在，吴艳华委员的提案旨在为杜绝干部接受“雅贿”建立制度保障机制。在她给出的三点建议中，向纪委申报只是其一，还有“对他人提供工作室场地或设施，或者其所出版的画册由他人提供资金，以及一些书画是他人赠送的，应该全面清退”，以及“把是否拥有或变相拥有书画工作室列为干部财产申报项目，进行动态管理”。清理书协中的“官气”，由陕西开了先河；从治本的层面上发力，广东能不能执全国之牛耳呢？我们拭目以待。

（2015 年 2 月 12 日）

第三部分

之乎者也矣焉哉

托马斯·莫尔在他著名的《乌托邦》里写道，“如果任何做学问的人辜负了寄托在他们身上的期望，就被调回去做工”；与之相应，“一个工人业余钻研学问，孜孜不倦，成绩显著，因而他可以摆脱自己的手艺，被指定做学问”。我们的永乐皇帝则有这么道诏书：“天下学官考绩不称者，许净身入宫训女官辈。”人家的，显然更人性化一些。

不要给学文言文立什么规矩

云南师范大学教授彭国钧老先生建议给学习文言文立个规矩，“定个明确的目标”，什么目标呢？像英语四六级考试那样，来个文言文四六级考试。此语既出，不用说，一定会招来反对声浪一片。果然，最直接的理由是彭先生学校一名大四女生的观点：这对就业并无益处。凡事固然不能像这个女生这么功利，但彭先生的建议也确有可商榷之处。

“之乎者也矣焉哉，七字摆开好秀才。”这是从前的一种正常现象，至少在五四新文化运动以前吧。彭先生所以有此建议，出发点在于担心文言文“成为博物馆里的东西”。这应该不必要。文言文最终退缩到博物馆里去，几乎是一种必然，只是时间长短的问题而已。文言文的前世无论多么灿烂辉煌，今生日暮途穷也是正常的，甚至是不可抗拒的规律，主观方面的所谓振兴无济于事。有人研究，书面语里大量出现之、乎、者、也这一类的虚字，是春秋后期的事情，构成我国散文史上第一次也是最重要的一次大变革。这种“新型”的书面语在当时被称为“雅言”，有一点像今天的“普通话”，用雅言写的文章后来统称为“文言文”。而同样是文言文，貌似没什么两样，实际上区别很大。东汉班固写的《汉书》，到唐朝时读起来就困难了，因此有颜师古为之作注。

文言文式微的根本或在于，它作为书面语与日常生活的口语从一开始就像《红灯记》里的李玉和说鸠山，大家属于“两股道上跑的车——走的不是一条路”，新文化运动主张废之，瞄准的正是它的这一软肋。人明明是这么说话的，落实到文字上却是那样，能不别扭？其实，古人对文言文也未必就那么认同，宋太祖就很瞧不起虚字。邵伯温《邵氏闻见录》载，有一天太祖在京城视察，指着“明德之门”

的门额问赵普："安用之字？"赵普说，语助。太祖大笑曰："之乎者也，助得甚事。"野史嘛，当然就有不同的版本。在文莹的《湘山野录》里，宋太祖去的地方变成了朱雀门，说："何不只书'朱雀门'，须著'之'字安用？"我们可以推断，宋太祖的话肯定是说了的，在哪里说、怎样说而已。至于皇帝老儿说话时是不是还有弦外之音，要待有研究的人们告知了。

彭先生觉得如文言文这些好的东西不应该丢弃，在我看来，文言文并没有被丢弃，不过淡出大众的视野罢了。中华书局每年整理出版、重印的大量古籍，如果没有一个相当大的市场需求来支撑是不可想象的。彭先生把文言文成为"古董"的时间定为100年甚至50年后，实在过于悲观。从前讲革命"自有后来人"，在继承文化传统上也是一样。昨天我还在一篇文章中谈到把《老鼠爱大米》之类的网络歌曲以《诗经》的口吻道出，显见的正是作者的文言功力。在我看来，学习文言文和学习外语很有神似之处，而且，它既可以作为研究的工具，也可以作为修养的一种，如果常常要用或者有兴趣，自然会去学，也能学得好；如果不常用或者干脆不用，还要弄成四六级考试，就是强按牛头喝水了。

（2008年10月16日）

对经典删或不删，都不是问题

从2007年起在东城区开始试点的北京市第一本国学地方教材——《〈弟子规〉新解》，已经通过了该市中小学地方教材审定委员会的初审。报道尤其强调"对原文没有删节"，今年3月终审确定后，有望于9月新学年到来之际在全市小学推广。比对前一阵子沸沸扬扬的山东要求不可不加选择地向中小学生全文推荐如《弟子规》《三字经》等，北京传来的消息颇有一点儿反其道而行之的意味。

其实，针对山东的删，大家也不必跳出来一味指责，须知这也是我们的一项文化传统，他们继承了就是。我们今天读到的《诗经》，就是孔夫子删削的产物。《史记·孔子世家》说了，“古者诗三千余篇，及至孔子，去其重，取可施于礼义”；剩下的三百零五篇，“孔子皆弦歌之，以求合韶武雅颂之音”。饶是这样，老夫子还认为“郑声淫”（朱熹说这三个字意谓“郑诗多是淫佚之辞”）呢，也许他还有进一步“净化”的打算。当然，幸而他老人家手下留情，否则，《郑风》里的“风雨如晦，鸡鸣不已。既见君子，云胡不喜”，以及脍炙人口的“手如柔荑，肤如凝脂，领如蝤蛴，齿如瓠犀。螓首蛾眉，巧笑倩兮，美目盼兮”等等，也许要和我们缘悭一面。

孔子删《诗》之外，历史上比较著名的删节，还有金圣叹的“腰斩”《水浒》以及不知该归功于谁的“洁本”《金瓶梅》。金圣叹把百回本《水浒》删掉了后三十回，梁山好汉排完座次他就通通不要了。金圣叹为什么要这么干？研究成果令人眼花缭乱，不去理它。晚清中兴名臣之一胡林翼的见解，虽与之无关，但显然属于先期表达了今日山东方面的担忧：“一部《水浒》，教坏天下强有力而思不逞之民；一部《红楼梦》，教坏天下之堂官掌印司官、督抚司道首府及一切红人，专意揣摩迎合，吃醋捣鬼。当痛除此习，独行其志。”山东方面不就是担忧，倘不删节将导致“一些带有糟粕性的内容流入学校，扭曲了学生的价值观念，腐蚀了中小学生的心灵”吗？梁启超说他对金圣叹有三大遗憾，其中之一是遗憾“《红楼梦》《茶花女》二书，出现太迟，未能得圣叹之批评”，否则，过一下老金的手会怎样？任公很有兴趣知道，但鲁迅先生显然没有兴趣，他在《谈金圣叹》一文中说，金圣叹“单是截去《水浒》的后小半，梦想有一个‘嵇叔夜’来杀尽宋江们，也就昏庸得可以”。今日舆论对山东做法的口诛笔伐，未知有否上升到“昏庸”的高度，没大留意。

有二十多年教龄的湖北黄冈市高中语文教师周洁认为，对孩子价值观的影响关键不在于所读的文本本身，而是外界的引导，她说她教了二十多年书，没见过学生因为学了《孔雀东南飞》就自杀殉情，也没见过学生学孔乙己去图书馆偷书的。那么，读了《弟子规》的学生，未必就会像小绵羊一样，“父母呼，应勿缓；父母命，行勿懒”吧。孔子下手之前的《诗》是什么样子，我们已经不得而知；但是，被金圣叹腰斩了的《水浒》，我们还能见到它的本来面目；在“洁本”之外，《金瓶梅》也早就正式出版了“足本”。对传承到今天的经典，删还是不删，都是件无所谓的事情，关键是删些什么，由谁来删，删了之后能不能承受得住历史的检验。

（2011 年 1 月 11 日）

公民赖宁仍然值得我们纪念

新近一则消息说，自 20 世纪 90 年代便落户在山西太原东仓巷的“英雄少年”赖宁的雕像，今年 5 月无声无息地消失了。东仓巷部分热心的居民积极寻找乃至网上发帖，当地媒体也加入了“寻人”队伍，终于在较为偏僻的杨家峪街道东沟村找到了。有关人员解释，把雕像移走是因为“道路狭窄，车辆经过时，经常出现与雕像磕碰现象，同时雕像所在地特别脏特别乱，周围全是灰尘和垃圾”，也就是说当地要整治环境；而“联系了很多公园和学校，但都被对方拒绝了，找不到愿意接收的场所”，也就是说雕像成了烫手山芋。

前一个算直接后一个算间接原因吧，但这消息让人读来很不是滋味。离开人世的时候，赖宁诚然只有 14 岁，但他毕竟已是逝者，“逝者为大”，不是我们老祖宗的训条之一吗？对赖宁的事迹诚然坊间质疑颇多，一些学校也早已将赖宁的画像从墙上摘下，关于赖宁精神是否过时、要不要引导未成年人见义勇为等等话题也早就激烈地争论过，但即便赖宁的“英雄”光环褪去了，作为公民的赖宁仍然值得我们尊重。某种程度上可以认为，赖宁是他所成长的阶段扭曲价值观的牺牲品，那个时候大力鼓励未成年人见义勇为。最早采访赖宁事件的作家孙云晓统计过，在赖宁之前，从新中国成立到1985年，全国树立的省级以上的少年英雄36个，其中90%左右都是上山救火、下水救人、与坏人搏斗、抢救公共财产等牺牲的。正是在这样的背景下，才有少年公民赖宁倒在山林大火现场的悲剧发生。后来，关于赖宁形象产生的那种令人反感的完美和拔高，岂止在赖宁身上才见到？毫无疑问，任何当事的榜样本身都没有任何责任，有责任的，是扭曲价值观的吹鼓手！

况且，我们不要漠视了赖宁身上的另一种价值。在赖宁身后，1991年，有了《中华人民共和国未成年人保护法》的出台；2006年，有了教育部、公安部、司法部等制定的《中小学幼儿园安全管理办法》颁布实施，明确规定"学校不得组织学生参加抢险等应当由专业人员或者成人从事的活动"。即便赖宁的作为与这两部法律、法规之间没有直接的逻辑关联，难道我们不承认其所起到的助推作用吗？从号召"向赖宁学习"，到禁止组织学生参加抢险，这一变化反映了国人对待"英雄少年"的观念在进步，而推动这一进步的，不是赖宁以自己14岁生命为代价的吗？仅凭这一点，赖宁就值得我们纪念。如果没有赖宁，我们的少年英雄簿子上，不知还要增添几许过早凋谢的花朵！

不好理解的是，赖宁是四川石棉人，救火殉难也发生在石棉，却为什么在山西太原立了一尊雕像？"很多公园和学校"拒绝了，当地政府呢？当初是谁把"赖宁"迎来的？就算"英雄少年"不再值得宣传，但是，纪念一个不该夭折的生命不是同样具有警示意义吗？赖宁倘若活到今天，不过只有37岁，以他全县第一名考入重点中学的成绩来推断，早就该大学毕业事业有成了。因为生命的戛然而止，一切都只能成为推断。这种人生悲剧超越了赖宁的家庭，理应成为全社会认真吸取的深刻教训。

在一场本不该到场的火灾中，赖宁出现了；在一个本该安息之所，"赖宁"又消失了。召之即来，挥之即去，足见我们对待"英雄"但求一时效应的功利性一面。这一点，不知但在埋头树立典型的人们究竟认识到了没有。

（2011年8月15日）

“绿领巾”这只小麻雀折射出大问题

西安市未央区第一实验小学的学生戴有两种颜色的领巾，一种是大家都熟悉的红领巾，另一种是形制一模一样颜色却是绿色的领巾。此消息一经报道，旋即引来了舆论的挞伐。当然，像很多声名狼藉的事情一样，“初衷是好的”。他们的老师说了，此举并非有意区分好学生和差学生，“绿领巾的含义，就是告诉他加油努力，下次争取戴上红领巾”。然而，社会不知怎么了，“狗咬吕洞宾”，对人家这番好意硬是不能理解。

但报道既然说，那些调皮、学习不好的学生就得戴绿领巾，并且老师要求上学、放学都不能解开，不然就在班上点名批评，则表明绿领巾确是含有一定“羞辱”成分的，而不像他们“绿色充满了活力”的解释那样动听。即便我们认定他们真的不是主观上“有意”，客观上却也“无意”中制造出了“羞辱”的效果，否则，断不至于家长和学生在精神上承受了很大压力。传统文化中有绿头巾，功能和这个绿领巾差不多，当然是逐渐演变而来，不是一下子规定好的。古人都戴头巾，汉朝时绿头巾乃“贱者所服”，表明身份低下。唐朝的李封为延陵令，“吏人有罪，不加杖罚，但令裹碧头巾以辱之”，这就直接表明是羞辱了。戴多少天呢？“随所犯轻重”而定，“日满乃释”，到时候才能摘下来。他这一招很奏效，戴这种头巾的人，“州乡以为大耻，皆相劝励无敢犯”。所以李封在任期间虽然“不捶一人”，但“赋税常先诸县”，政绩斐然，且被时人誉为“奇政”。后来，绿头巾的羞辱成分更进一步，明朝郎瑛《七修类稿》明确指出：“吴人称人妻有淫行者为绿头巾。”这就是今天所说的绿帽子。

西安这条绿领巾问题的实质，并不止于“羞辱”与否，概因为早在2004年，甘肃省定西市临洮县第二实验小学就已经这么做了

——能达到少先队条件的戴红领巾，学习不好、综合素质不高等不符合条件的学生戴绿领巾。当时他们是“师法”上海、北京、武汉等地的做法，今天未央区第一实验小学与之完全如出一辙，也是从上述地方得来的“经验”。而殊不知临洮的事情发生后，共青团中央少工部即指出，这种行为严重地违反了《中国少年先锋队队章》相关章程——红领巾是红旗的一角，是革命先烈的鲜血染成。团中央随即在全国范围内紧急清查“变色红领巾”（甚至还有一种粉领巾），以期杜绝这种情况再次发生。未央区第一实验小学覆辙重蹈，要么是对此充耳不闻，要么是根本就懵然无知，我觉得后者的可能性更大一些。现在，陕西省少工委好像在复述当初团中央的表示，认为这种做法违反了《中国少年先锋队队章》的规定，他们将在全省范围内开展对少先队标志使用情况的清查，杜绝此类事件发生。落笔至此不禁想来个自问自答：团中央的那次彻查杜绝了吗？没有；陕西省少工委这次呢？不敢指望。

由绿领巾一事想到我们国家的很多事件，尤其是那些以生命和鲜血为代价的恶性事件，往往时不时地就会重演一遍。为什么？事件再是惨痛，当时的整顿声音再是震耳欲聋，手段再是严厉，未几也会被后来者遗忘得干干净净，或者，后来者根本不理会前面发生过什么。在这种状况下，谈论所谓吸取教训不是太奢侈了吗？“绿领巾”这只小麻雀，折射出的正是这样的大问题。

（2011 年 10 月 18 日）

对“中华小孝子培养工程”有些许不屑

“中华小孝子培养工程”？没错，这个“工程”10 月 30 日已经在北京开始启动了。这是由中国伦理学会慈孝文化专业委员会开展的活动，计划利用五年左右在全国培养百万 4—6 岁的中华小孝子。为什么是这个年龄段的儿童？因为“对100名家长和教育工作者所做的调查中”，91%（也就是91个）的受访者认为，4—6岁是培养孩子孝心的最佳时期。深圳一个公务员新近辱骂和殴打年近六旬的老父老母，为不孝推波助澜了一家伙，更要有劳这百万小朋友快点儿“吃螃蟹”了。

从行文的语气中，大家定能察觉我不大看好这个“工程”，确实。当然，我还是愿意我们这个提倡孝道好几千年——具体有多久不清楚——的民族继续大量地涌现出孝子的。我们历史上曾经盛产孝子，到元朝的时候，光是历代著名的就集纳出24个，“去粗取精”是一定的，至于是否“去伪存真”，那是学界人士研究的范畴。“孝”，早成了中华传统文化的核心内容之一。汉朝的皇帝们除了开国的刘邦，还都在谥号前加个“孝”字，我们平时说汉文帝、汉武帝，不是标准称呼，翻开《汉书》看看，标准的该叫孝文帝、孝武帝等等，以孝治国，开宗明义，甚至连他们选拔人才也叫“举孝廉”。中组部近期准备下发一个关于干部“德”的考核的文件，针对“德”制定了全面考核标准，孝道正包含其中。

那么，本人为什么又对“中华小孝子培养工程”表现出些许不屑呢？几个因素。

一个是思维模式的问题。这些年我们哪个领域不大给力，或者文化传承上出了点儿什么问题，本能的想法和做法都是进中小学的课堂，“从娃娃抓起”。足球啊，京剧啊，中医啊，“从娃娃抓起”的源头已不可考，可考的是“繁体字进校园”出自全国“两会”的委员提案。什么都要“从娃娃抓起”，不知是成人已然“朽木不可雕也”，烂泥扶不上墙，还是凡事都把自己置身事外、一推了之的本能。总之，这种“成人有病，孩子吃药”的“公式”，暴露出的其实是一副“甩手掌柜”的德性。

再一个是如何培养的问题。报道说，“中华小孝子培养工程”吸收了孔子、孟子、曾子等圣贤有关孝行教育的思想精华，同时结合国内外青少年专家和成功培养孩子成才的优秀家长的先进理念和经验，针对4—6岁孩子的特点，从养礼仪、育孝行、养感恩、拓智慧入手，把孝心培养教育融入生活。积经验来看，别的能不能落实属于云里雾里的事情，只有“圣贤思想”可以立马编辑成册，由儿童们扯破喉咙高声诵读。应该还得捎上《三字经》《名贤集》什么的吧，“香九龄，能温席，孝于亲，所当执”，以及“资父事君，曰严与敬，孝当竭力，忠则尽命”。苟如是，则这一“工程”与别的轰轰烈烈的教育活动啊，大讨论啊，结果都不会有什么两样，因为“讲道理”从来都是我们中国人的强项。

还有一个是评价标准的问题。孔圣人弟子三千，贤人七十二，再精选的话则有十哲。从百万小孝子中届时评比出“十佳”，是非常可能的。然而，什么叫“小孝子”？弄一操场水盆子，当着围观的大量人等公开给母亲洗脚，是否就是小孝子的一种？此外，前人的既有“示范”肯定也是行不通的。鲁迅先生当年“请人讲完了”二十四孝的故事之后，发现“‘孝’有如此之难，对于先前痴心妄想，想做孝子的计划，完全绝望了”。当代“小孝子”用什么来界定，从一开始就不能“犹抱琵琶半遮面”。

最后我想说，我们一些人嘴上嚷着要切实给中小学生减负，实际上口是心非，因为从没有停止过给他们强加那些当时便可证明属于不着四六的东西。

（2011年10月31日）

校车硬件是末，责任意识是本

佛山市市长助理、市教育局局长李亚娟日前透露，明年，佛山公办学校的校车成本政府要出大头，各镇街对此要有充分准备，财政预算要预留这一块。不过，占佛山市校车总数3/4的民办学校校车暂时不在财政预算的补贴范围内。在他们看来，民办学校不是没钱，只是舍不得投入，能省则省。佛山有佛山的市情，笔者并不十分了解，这里权借这个由头，抒发一点感慨，并就校车引起的“现象”试图窥见中国事故的若干“本质”。

甘肃正宁的校车发生重大伤亡事故之后，校车“硬件建设”成了国人瞩目的焦点。车辆本身的安全隐患问题，的确是一个因素。有网友把美国的相关照片翻了出来：悍马与校车相撞，悍马成为废铁，校车却安然无恙。不过我觉得，校车的“硬件建设”只是问题的一个方面。有位伟人说过这么一句话，决定战争胜败的不是一两件新式武器，而是人。把这里的“战争”置换成其他相应的词语，笔者依然认同这个说法。正宁的那辆校车如果不是超载得如此令人瞠目结舌(核载9人实载64人)，如果不是超速，如果不是逆向行驶，悲剧也未必会发生。说到底，学校相关人等拨弄的只是自己的利益算盘，根本没有把学生生命安全摆在第一位的责任意识。而这种状况非独出事了的正宁那家幼儿园为然，从媒体不断披露的消息不难发现，校车违规是一个普遍现象。在这样的“理念”支配之下，即便开着坦克车接送学生也未必是安全的。

跳出校车恶性事故的直接当事人、当事学校来看，由极端恶性的事故揭开某个行业、某个领域已经混乱到了何种程度的帷幕，是我们国度一个极其不堪的现状。无论问题有多么严重，在恶性事故发生之前，职能部门往往一概装聋作哑，得过且过。出事了，舆论关注了，上级重视了，不得不忙乎起来了，先来个大排查，一刀切去，没病的也得跟着吃药；然后，措施、规章什么的鼓捣了一大堆，仿佛从此“玉宇澄清”。事实告诉我们，倘若谁对这么一个既成的套路产生了良好的感觉，那谁可能就上当了，因为那感觉实际上往往是错觉。当下一个恶性事故不幸到来之时，我们也会很不幸地发现，先前的一切说了白说，纸面上的东西都是“纸糊”的东西，一捅就破，而落实不了总是能找些堂而皇之的理由。然后又是新一轮的排查，新的措施、规章什么的登台亮相，周而复始。前人有“推一步走一步”的说法，我把当下这种状况叫作“踹一脚挪一步”。在这样的工作“动机”导引之下，指望通过恶性事故来“纠偏”，无异于缘木求鱼。

因此，保证学生上学、放学的接送安全，校车硬件如何乃至上路享有何种“特权”之类诚然是重要的，但单纯着眼于此，就有一点舍本逐末。说回佛山，民办学校既曰“民办”，其校车由公共财政出钱肯定显得“名不正言不顺”。但如《南方日报》所披露，佛山校车最大的问题就出在民办学校，诸如校车经费投入不足、维护保养不到位，且有些学校整改不坚决，能拖就拖等，对此就不可以放任。另一方面，加强校车“硬件建设”的根本目的是为了确保学生上学、放学途中的安全，而在这个问题上，公办和民办学校里的孩子没有任何区别。那么，这就更需要政府这只“看得见的手”发挥作用，至少不要让民办学校的校车有戴上“绿领巾”之嫌。

（2011 年 12 月 3 日）

“道德行为银行”需鉴前车之辙

顺德均安中心小学创新了德育教学，他们将“道德行为银行”应用于学校的德育管理过程，旨在“彻底颠覆传统上以说教为主的旧的德育教育和德育评价模式”。

既曰“道德行为银行”，则从名目上也可以看出，活动借鉴了商业银行的操作模式，这个是“虚拟”，那个是“实体”而已。人们在实体银行中存入的是“真金白银”，学生在虚拟“道德行为银行”中存入的是因为遵守良好行为规范兑换成的一定分值，学生的行为习惯越良好，所得的“行为分”便越多，即行为财富越多；实体银行的存储可以升值（姑且不考虑 CPI 超越银行利率因素），有一个“投入—效益”原则，虚拟“道德行为银行”则使学生可以根据自己的喜好到学校指定的各功能场室进行“消费”。比如他们最近的一次消费活动项目是这样的：兑换学习用品需行为币 5 个，兑换红领巾、看电影，各需行为币 3 个，看图书、打乒乓球、打篮球，各需行为币 2 个。而大别于实体银行的是，“道德行为银行”还有“适当的扣分”；并且，这种教育理念提倡对学生的文明行为进行量化“储蓄”，而非提倡扣分“贷款”。

如何加强对青少年的德育教育，是全社会普遍关心的话题，但具体怎么做，应当说到现在为止还没有摸索到一条行之有效的路径。有的干脆就是躲在屋子里闭门造车，或者按照传统什么的思维定式先画个大饼，行哗众取宠之能事。前两个月，中国伦理学会启动的“中华小孝子培养工程”就属此类，那“工程”说要用五年左右时间在全国培养 100 万名 4—6 岁的“中华小孝子”。消息传出，以我的有限视野观察，舆论对此基本上没有几句好听的话。研读一下他们的培养方式等等就不难发现，这种“中国特色”味道十足的“工程”，纯粹是在信口开河。像任何“工程”一样，到了规定时段，没有完不成的指标，没有不突出的成效，只是要解决的问题依然还是那个问题。“道德行为银行”旨在激励学生实现自我提升，实现由他律向自律的转变，出发点毋庸置疑。然而，关于“道德银行”也是早已非议颇多，概因先前已有不少地方的学校甚至高等院校采用了这种做法，内涵、针对对象大同小异就是。效果呢，如今基本上或“破产关门”，或“有疾而终”。何以至此？方方面面的探讨很多，此不赘述。顺德均安中心小学的“道德行为银行”现在“逆势而上”，想是他们已经做好了充分的物质和心理准备？所谓物质准备，该是在“制度设计”上记取了那些倾覆了的前车的教训；所谓心理准备，该是我们知道颠覆传统的什么并没有那么简单，而“彻底颠覆”传统的德育教育和评价模式更难上加难。

某种程度上说，记取教训比埋头“发明”更重要。不久前为舆论瞩目的西安市未央区第一实验小学“绿领巾”事件，就完完全全是重蹈覆辙的结果。只要稍微比对比对 2004 年时甘肃省定西市临洮县第二实验小学的同样做法，可知西安那家小学对此事懵然无知的程度到了何种地步。而今天从上到下说的话，几乎就是那件事曝光之时的翻版，好像两件事就是一件事。报道说，均安中心小学的课题“通过开展‘道德行为银行’活动养成学生良好行为习惯的校本研究”经审核，已经成功申报为广东省教育科研课题。显而易见，均安中心小学只有在“后人哀之而又（易杜牧文一字）鉴之”的基础上，才能够让这个新开张的“银行”走得更远。

（2011 年 12 月 24 日）

“序长不序爵”不妨视为对传统的回归

前两天，一则关于南京大学 110 周年校庆的消息引起了很大反响。概因为校方表示：“我校 110 周年校庆校友接待的一个重要原则是：序长不序爵。‘长’指的是年龄、入校时间早晚，‘爵’指的是官位。”也就是说，届时他们接待来参加校庆的嘉宾，只按年龄大小排先后，不以官位论高低。当下我们的各级学校，明里暗里大抵都将“升官发财”作为事业“成功”的重要标尺，有这样的社会背景在前，南京大学的这一表态当然就有了石破天惊的意味。

对“序长不序爵”不乏大加赞赏者，认为彰显了什么什么精神，挑战了大学行政化之类。在我看来这倒未必，给一次特定的活动戴这么高的帽子着实早了一点儿，不妨视之为一种对传统的回归。从前我们在某些仪式性的场合有这种做法，叫作“序齿”，如乡饮酒礼即“齿尊先饮”；元杂剧在表现满饮几杯之时，动辄也有“哥哥先请”之声。《西游记》开篇，石猴打赌钻进了先前没猴敢钻的水帘洞，得以“受拜称王”，此后众猴都“拱伏无违，一个个序齿排班，朝上礼拜”。石猴就此将“石”字隐了，遂称美猴王，至于后来的齐天大圣、孙悟空等名号，前一个是自己跟天庭较量出来的，后一个是皈依佛门后祖师给取的。别的不说，众猴“一个个序齿排班”，等于它们也知道按照长幼排序，前提当然是受到了人间做法的影响。大学校庆属于这样一种仪式性场合，因而一时间的“序长不序爵”什么都挑战不了，值得推崇就是。

在真正官本位的社会，处处都是要“序爵”的，于特定仪式性场合之外序齿与否，复杂得很，得凭当事人的胸襟。范成大《骖鸾录》里有一段记载他自家乡苏州出发，赴广南西路桂林就知静江府任的沿途经历。其中到衢州的时候，见“自婺至衢皆砖街，无复泥涂之忧”，觉得很惊奇，一打听，知道那是“两州各有一富人作姻家，欲便往来，共甃此路”，属于主观上为己，客观上利民。接着，一干从外地赶来的以及本地的朋友聚会，在如何落座问题上大家谦逊起来。范成大与郑公明因为“同召试，同除正字校书郎”，出身相当，但是现在范的官职大过郑，而郑比范大了十几岁，他们在国史馆共事的时候，那里的规矩是“例序齿”，因此问题比较棘手。范“复用故事逊公明”，要坐他的下首，郑公明当然力辞，他也有理论依据，叫作：“各已出馆，正当叙官。”该看谁的级别高了。一旁的汪圣锡“时修国史馆中”，来了个举例说明：我以前跟凌季文也是当同样的官，“季文年长，上坐”；后来“以端明殿学士守平江”，升上去了，有次聚会，凌季文也在，“仆亦用故事避之，季文不辞”。因此，朋友相聚不用讲究官阶，还是应该年长的上座，郑公明这才坐下。

所以，从某一次或某几次的“序长不序爵”中，未必窥得出社会的什么动向。现在，有人不是还怀疑南大的这种做法难以施行吗？的确，当任何场合以官位排序都已那么自然而然之时，“序长不序爵”就颇有蚍蜉撼树的意味。但正因为校庆属于一个特定的仪式性场合，因而又有实现的可能。好在他们的校庆时间在5月20日，没几个月就到了，届时他们究竟“序”什么，我们不妨拭目以待。我觉得，现在他们放出风来，正有让带“爵”者有充分的时间做好心理准备也说不定。如果南大真的做到了“序长不序爵”，哪怕只有这么一回，其积极层面的“回归”意义也不言而喻。

（2012年2月6日）

玉皇大帝和如来佛哪个大？

玉皇大帝和如来佛哪个大？这个近似“关公战秦琼”类的无厘头问题，出现在复旦大学首届“望道计划”自主招生面试（苏浙沪地区）中。从报道中看，应该属于考官的灵机一动。一名来自江苏的考生介绍他的家乡在连云港时提到了花果山，教授考官便问他有没有看过《西游记》，得知看过，乃有此发问。

望道计划，是上海复旦大学推出的在数、理、化、生几个基础学科培养拔尖学生的试验计划，其目标在于“培养优秀学生成长为相关基础学科领域的领军人物，并逐步跻身国际一流科学家队伍”。这个计划显然是用他们的老校长陈望道先生命名的了。为此，复旦大学把目标的实现分为五个阶段、搭建六个平台，以期“集全校之力为拔尖学生的培养创造一切条件”。靠制订宏大计划来达到某个从文字上不可能达不到的目标，是我们的一个特色。我们在什么地方差了点儿，或者心神往之什么，都先订他个准确的时间表，以 5 年、10 年或 20 年等整数年为单位，届时如何如何。在教育界之外，尤其关系到地方发展的各种规划，即便是同一个地方、同一个城市的，往往也令人目不暇接，谁上来“掌舵”都要有一套自己的，至于与已有的冲不冲突、矛不矛盾是另外一回事。计划嘛，不是诺言，能否实现似乎无人“计较”，依赖“瞻前而不顾后”的计划制订者自己回溯，更无异于与虎谋皮。即便诺言，不兑现的也比比皆是。去年底《南方农村报》走访了一下本省各地“十大民心工程”落实情况，恰如捅了马蜂窝。

“望道计划”将来如何，需拭目以待，现在还不必说三道四，但他们选拔考试时的佛道“首领”孰大问题有些意思，值得一议。乍一看，比较玉皇大帝和如来佛祖的“大小”，很容易联想起早几年公务员考试题中那道著名的“为什么南极没有熊”，让人啼笑皆非。但细思之，问题还是有些味道，有些“嚼头”。我首先赞赏那名考生的回答：“他们一个是道教，一个是佛教，不具可比性。”其次赞赏复旦“把面试作为面谈来看”的出发点，一名文科考官说，不是每个问题非要有一个标准答案，就《西游记》这道问题，考官认为学生如果看过《西游记》其实有多种回答，比如他可以说玉皇大帝不能降服孙悟空，要请如来佛来降服，说明玉皇大帝的武力不如如来佛祖，但如来佛祖和玉皇大帝又不是上下级关系等。不过，我要是考生的话可能还会发问：“您是问他们两个谁的年龄大还是谁的权力大?”当然，考官的这种“面谈”出发点也须是“计划”中的一个组成部分，“蓄意谋之”，而不是东一榔头西一棒子，这显然对考官自身提出了更高的要求。

玉皇大帝和如来佛祖哪个大一类的问题，无疑能够发散考生的思维。所以，那个回答得不错的考生不用在事后嘀咕“不大明白教授为啥要问我这个问题”。也正是因此，复旦需把考官掌握的“学生可以说这个问题不成问题，甚至可以反问专家”原则事先广而告之，苟如是，考场上思维肆意纵横，该是何等喜人的场面？可惜，现在别说考生，连我们这些在社会上摸爬滚打了多年的人，也应了廖冰兄先生的名作《破埕》：即便束缚解开，也还是那副“塑”成的蜷缩模样。何况解开没解开，我们自己在许多时候也拿捏不准。

（2012 年 2 月 14 日）

愿“枪手”获刑能够震慑来者

3 名在广东读书的大学生，因为在香港举行的托福考试中替考，日前被香港法院判处入狱 10 个月。这个消息在“替考界”该有晴空霹雳的意味。概因为替考对我们而言司空见惯，很多媒体包括中央电视台都做过专题，那已然不是个别人的个别行为，而形成了相关的“产业链”。内地替考的一抓一把，怎么处理的？基本上泥牛入海无消息。但因为替考而把人真给抓起来的，似乎没有，视野有限，不敢定论。这3名替考者在被捕后承认，他们并不知道被代替者的身份，只是通过中介获得假护照参加考试，可见他们只是那条“产业链”上的一环。

众所周知，替考人有个文绉绉的称谓，叫作“枪手”。李宝嘉的《官场现形记》里，不学无术的太守公在“足足盘算一夜”之后“忽然悟到”：“凡是考试都可以请枪手。”说来这个称谓的起源应该与广东有关。宋代的兵分为三种，禁军（负责保卫天子、京师）、厢军（驻扎各州的）之外，是乡兵。《宋史·兵志》云：“乡兵者，选自户籍，或土民应募，在所团结训练，以为防守之兵也。”由此不难推断其寓兵于农的性质，就是平时耕作，战时入伍。不大好理解的是，不同地方的乡兵，称谓不尽相同。比如广南西路（相当于今天的广西、海南）的乡兵叫“土丁”，陕西的叫“义勇”，而广南东路（相当于今天的广东）的就叫“枪手”，虽曰“枪”，但与乡兵所持的武器显然无关。

“枪手”与替考关联起来，自然也与乡兵制度密切相关了。乡兵的“服役”年限，一般是从20岁开始，到60岁才“取家人或他户代之”，既是“终身制”又是“世袭制”。但在那个“人生七十古来稀”的年代，乡兵“虽老疾不得停籍”，队伍便难免有凑数的成分，战斗力也势必要打折扣。所以宋真宗咸平四年（1001年）放宽了政策，规定“自今委无家业代替者，放令自便”，于是“虽非亲属而愿代者听”。谁当“枪手”无所谓，只要双方你情我愿，保证乡兵队伍的完整就行了。因为其中“代替”的性质，显然不知从何时起，便给言说“替考”者——应当是广东人的率先吧——借鉴了过来。那么，倘若当初广东的乡兵叫“土丁”，今天的替考者就叫“土丁”也说不定。

日前被判入狱的这3人，是利用贴有自己相片的假护照当“枪手”，但在核对身份时被监考者发现。早期科举时代虽然照相术还没有发明，然而也有防备“枪手”的办法，叫作“面貌册”，比今天的糙得多就是。因为册子上没有图像，只是寥寥几笔描述一下考生的特征，黑面白脸、眉长须短一类的。因为过于简略，加上理解不同，闹出笑话也就必然。比方清朝有一年科举，常熟考生沈廷辉的面貌册上写着“微须”，有胡子，不多。然而，偏偏监考的胡希吕读死书，他从《论语》“微管仲，吾其披发左衽矣”中认定，“微”的意思就是“没有”。沈廷辉知道后赶快托人去改，没改成，再赶紧“往剃头铺将须剃去”。当然，也有敢跟胡希吕较真的，那考生笑问：“若然孔子微服而过宋，脱得赤膊精光，成何体制也。”

为了区区2000元人民币的酬劳，3名花样年华的大学生付出的代价实在惨重。但正如香港法官所认为的，这3人在明知犯法的情况下仍然参与，行为可耻。“行为可耻”这几个字，值得我们咀嚼。跳出替考，大抵也为我们不少人丢去九霄云外了。有了这3人的教训，估计对“奔波”到香港的“枪手”——不是在内地的——会产生极大的威慑。当然，如果像马克思说的有百分之百乃至百分之三百的利润，事情肯定又当别论。

（2012年2月29日）

经典故事不是为了提供标准答案

上海一名小朋友在学完《孔融让梨》课文之后答题，对“如果你是孔融，你会怎么做?”小朋友写下了“我不会让梨”五个字。结果，老师给打了个红叉：错。小朋友的家长对此不解，在他看来这道题没有固定答案，“凭什么说真话就错了呢?”乃在“一怒之下”把答卷晒上微博，请网友们评理。而网友在表达观点之外，相关恶搞也接踵而至。对此，在下也不揣浅陋，说上几句。

直观地看，这是对传统经典的“解读”问题以及对其“效能”的寄望问题。

我们不难推断，把《孔融让梨》这个经典故事列为课文的目的，落脚点就是为了使学生——肯定是“小”的学生——明白那个“让”字，因而懂得“让”，生活中去践行“让”，现在你却“不让”，不是白学了吗？在很多人的思维里，所谓经典无非是一把标尺，量过去，合尺寸的就“对”，不合的就“错”。不过，经典本身未必有这样的出发点。“香九龄，能温席，孝于亲，所当执。融四岁，能让梨，弟于长，宜先知。”《三字经》里收入这两个故事，是为了强调“首孝悌，次见闻”，后世如果当成标准答案，就跟科举的遭遇差不多了。科举到后来之所以备受诟病，在于对四书五经的诠释，概以朱熹的见解为标准；再弄出“破题、承题、起讲”等八个固定套路，一个好端端的选拔人才制度，便异化成了钳制人的思维乃至思想的工具。那名小朋友实际怎么想的、是不是逆反心理我们不知道，总之他可以“不让”，套句时髦的话说，他有这个权利。你可以深入了解一下他何以“不让”，先武断地判他错了，便显得相当粗暴。也可以说，这是对经典没有产生预期功效的一种本能反应，究其根本，正是把经典的“尺度”功能绝对化了。

深层地看，“不让”则“叉”，关联我们的教育理念。

我们的教育理念，似乎像工厂流水线一样，但求制造出“标准化产品”，为此不可能容许儿童的“天马行空”。曾经读到一篇文章，说美国内华达州一名3岁的小女孩告诉妈妈，她认识“OPEN”中的“O”，然而母亲在表扬了女儿之后，旋即把教她认识字母的那家幼儿园告上了法庭，理由是幼儿园剥夺了女儿的想象力。因为在认识“O”之前，女儿能把它说成是苹果、太阳、足球、鸟蛋一类圆形的东西，而现在失去了这种能力。结果，幼儿园败诉。在我们这里，此案例近乎天方夜谭，家长怕要感激幼儿园不及。实际上，我们的前人也未必这样塑造儿童。比如《世说新语》里有一则故事，“有人从长安来，元帝问洛下消息，潸然流涕”，这个时候晋明帝还只有几岁，坐在爸爸的膝上，问他哭什么，元帝司马睿“具以东渡意告之”——匈奴攻占晋都（西晋）洛阳之后又拿下长安，司马睿不得不东逃建康重建晋朝（东晋）。有人从长安来，司马睿自然触“人”生情，但他就此给儿子提了个问题，你觉得长安和太阳哪个远呢？小家伙答，太阳远，因为“不闻人从日边来”。第二天，元帝“集群臣宴会，告以此意”，再问一遍，不料这回小家伙说太阳近，因为“举目见日，不见长安”。这个故事被收入《夙惠》，足见编者对小家伙能自圆其说的“出尔反尔”，持完全肯定的态度。

在现行的教育模式下，给“不让梨”答案“打叉”的老师也不见得有什么过错，他只是“教条教案”的忠实执行者。“不让”则“叉”，本质上是教育理念在实践中的一次具体投射。

（2012 年 4 月 18 日）

由湖北中学生“焚书”而胡乱想去

4 月 5 日晚上发生在湖北京山一中的学生撕毁并焚烧书本的群体事件，新近有了处理结果：县政府做书面检查，分管副县长被诫勉谈话，县教育局局长被提请免职，校长被撤销党内职务、行政撤职，等等。如此，谅能平息京山一中的众怒吧。

回溯该校焚书事件，起因似乎很简单。那天晚上，学校通知高三年级学生缴纳 700 元辅导资料费，部分学生拒绝缴纳，并对收费产生质疑。未几，有学生聚集，并向教学楼下“丢了好多书，跟下雪一样，把整个地面都盖住了”；然后，“有同学到草坪上点燃了书……”但我们都知道，任何酿成了“群体事件”的事情，一定是矛盾累积到相当程度，“量变引起质变”的结果。在京山一中这里，我们从报道中正能看到，“几乎每个月都有各种名目的收费……只是告诉学生应该订哪些书，交多少钱，什么时间交钱，每次缴费后在花名册上签上名字，连个收据都不给”；关键是，“学校要求订的部分资料对学习没有多少帮助，有些文科生的资料却要求理科生也订，而且部分资料印刷质量很差”。够了，把当时的报道抄到这儿足够了，对学生们之所以焚书，还用说别的吗？

提到“焚书”，历史上虽然不少权力在握者都干过，但最容易让人想到的还是秦始皇。“枉把六经灰火底，桥边犹有未烧书”，该算臭名昭著。当然也有人不这么看，当代就有“劝君少骂秦始皇，焚书事业要商量”的宏论，始皇也真的一时间成了法家代表人物。始皇焚书，旨在禁止以古非今，以私学诽谤朝政。京山一中的学生则纯粹是泄愤，因为“学校已经不是一次两次这样不明不白地要求学生们交钱了”。不由得想到，一所小小的中学收个资料费做到公开透明尚且如此艰难，遑论其他？始皇焚书，却也不是一把火烧个干净，“所不去者，医药卜筮种树之书”；且“该”烧的也不是全烧，《朱子语类》即云“秦焚书也只是叫天下焚之，他朝廷依旧留得”。京山一中学生烧的，估计也只是那些由学校越俎代庖而来的资料书。这该是二者的异曲同工之处了。

明朝李贽有一部著作，书名径叫《焚书》。何取此名？卓吾先生夫子自道：“答知己书问，所言颇切近世学者膏肓，既中其痼疾，则必欲杀我矣，故欲焚之，言当焚而弃之，不可留也。”把人家的肋骨戳得太痛，想来会招致报复。同朝的广东大儒陈献章也有一种焚书观：“自炎汉迄今，文字记录著述之繁，积数百千年于天下，至于汗牛充栋，犹未已也。许文正（衡）语人曰：‘也须焚书一遭！’”这是说没用的书太多，都应该烧掉。由此又乱想开了。郑也夫先生前几年有篇文章认为，我们的图书出版物至少有一半是垃圾。几年过去后不知郑先生又怎么看，如果他的感觉不变，那我要说他真是太乐观了，触目皆是不为过吧。在低碳、环保日益被言说的今天，我们真要采取什么行动的话就不要学古人一焚了之的思维了，应当把潜在的垃圾出版物扼杀在摇篮中，不要再人为大量地制造，只盯着自己那点儿 GDP 行事。

说回京山一中焚书，事件的本质提醒有关方面，任何矛盾都不该激化到走到“绝路”的份上，酿成了恶劣影响，才想到去解决。不知从何时起，有句叫作“摆平就是水平”的话被不少人津津乐道，打个不恰当的比喻，这种一时间的息事宁人正为日后升级埋下了伏笔，实际上与掩耳盗铃相去不远，更进一步，连眼睛也捂上了就是。

（2012 年 5 月 17 日）

玩游戏的校长不妨引咎辞职

7 月 22 日，在南京大学举行的第八届“海峡两岸暨港澳地区大学校长论坛”上，与会的浙江大学校长专心致志地用笔记本电脑玩游戏的画面被人清晰地捕捉到，并现场通过微博传了出来。虽然本人落笔之际，浙江大学方面和校长本人暂未对事件做出回应，但这样一张“不雅照”，显然不是悄无声息就可以“过关”的，相信未几就会有铺天盖地的指摘之声，上纲上线到中国教育体制如何，大约也免不了。

但我们还是需要平心静气地看问题，就事论事。经历过各种论坛的人都知道，不少论坛别看架势堂皇得很，往往是“银样镴枪头”。去年年初，经国务院同意，财政部、外交部曾联合发出《关于严格控制在华举办国际会议的通知》，要求各地区各部门凡不符合规定、无实质内容的国际会议一律不得举办或承办，明确“不得为提高会议规格随意使用‘峰会’‘国际论坛’等称谓”。这《通知》出台的逻辑前提正是：“国际论坛”也不乏“挂‘洋’头，卖狗肉”的货色。国内的论坛就更不用说了。对一些举办单位来说，举办本身才是目的。举办了，挣了钱，或者虽然赔了本但赚了吆喝，就够了，没有谁计较实际效用如何。严重点说，论坛有成为一害——靡费纳税人血汗——的趋势。在这样的背景下，校长玩游戏的行为似乎可以理解，以“身在曹营心在汉”来寓意抗拒嘛。

然一旦具体情况具体分析，校长的行为就又变得殊为不可理解了。首先，毕竟对论坛还不能一竿子全都打倒，我们得承认有些论坛还是有价值的。其次，这是“海峡两岸暨港澳地区大学校长论坛”，意味着身为大学校长的他，不是陪会，也不是像升斗小民一样被拉来填充会场以制造良好的拍摄视觉“效果”。第三，这个论坛的主题是“如何共同弘扬中华文化”，有一点虚，但不能排除某个校长的发言论题避虚就实。倘你都不知人家论了什么，又何谈弘扬还共同？第四，从这张抓拍的照片本身来看，所有在画面上的人包括场边的记者在内无不凝神注目，多少可以表明正在发言的香港城市大学前校长张信刚，观点应该是有些精彩的，如此才能吸引了大家。我们先前见识过不少令领导对开会睡觉拍案一怒的照片，下面东倒西歪沉浸在“黑甜乡”中的，往往不是一个两个而是一批。在这里，校长先生的童心大发就颇显得另类，其对游戏的专注与其此时此刻的应有行为不仅不符，而且严重不符。

校长乃至浙江大学如何渡过这次公关危机？我出个馊主意，校长拿出勇气来，引咎辞职，或是一个最佳选择。《党政领导干部选拔任用工作条例》虽然早有“引咎辞职”一款，但我们似乎还从未见识实例。当然了，在震惊全国的恶性事故之后，也有不少号称“引咎辞职”的，不过定睛看去，其实没有“主动的”，都是赖着不走给轰下去的，所以那么一说，大约是给他们的厚颜留点儿面子。参照《条例》的第四条规定，“引咎辞职”并不适用于大学校长，然校长先生却不妨来个示范，这种“旁敲侧击”若能震动官场，也算是“失之东隅，收之桑榆”了。

（2012年7月23日）

取名不必求怪求僻

今年高校开学，一些新生的名字煞是引人注目。江西科技师范大学理工学院有个“操日本”；华中科技大学文华学院“康熙”“王子”住同一寝室；南京审计学院有个女生叫“是朕”，有个男生叫“雍正”。新近又添了个“王㇀一”，从报道中没看出是哪个大学的，但用她自己的话说，还没有遇到过认识她名字的人，“这两个字太怪了，人们连读错的机会都没有，根本就读不出来”。可以想见，㇀一姑娘的自得之情如何溢于言表。

这样的名字，可称怪名、僻名。本来嘛，取什么名字是人家家庭的私事，没必要议论，况且在我们的文化传统里，取名无禁区。按清人梁章钜的概括，古人如“头、眼、耳、鼻、牙、手、足、掌、腹、脐、脾之类”都可入名，所以《庄子》里有叫“祝肾”的，《列子》里有叫“魏黑卵”的，《北梦琐言》里有叫“孙卵齐”的，甚至于“以畜类命名，尤古人所不忌”。南齐张敬儿因“母梦犬子有角舐之，已而有娠”，便叫“狗儿”，弟弟据此叫“猪儿”，宋明帝“以其（狗儿）名鄙，改焉”，否则，《南齐书》里面的就不是《张敬儿传》而是《张狗儿传》了。再据另一位清朝学者王士禛的征引，所谓“自周以降，随事而名之，至有黑臀、黑肱之鄙，羊肩、狐毛之异，负刍之贱，御寇之强，乃至狂狡，不寿、不臣都可以入名”。

取名诚然无禁区，但取名的目的是什么？自古及今，一个重要功能恐怕都是作为一个符号，在公共领域区别此与彼。日本电影《情书》里，同班同学中有一男一女两个“藤井树”，老师点名时齐声应承，引来大家哄笑。又因为“区别”不开，两人在同学的日子里便每为大家所揶揄。因此，名字这个符号又不是一个简单的符号，“区别”之外，如王㇀一有个“当编剧的爸爸和作为画家的妈妈”，还要使名字尽可能地含有文化要素。古人也是这样，父母把名字取好了不能乱改，却可以“别立名号”，这些名号“必另有取义”。苏轼贬到黄州之后始自称东坡居士，大家普遍认为因其“居州之东坡”，但洪迈认为是苏轼“专慕白乐天而然”，概“苏公在黄，正与白公忠州相似”，白诗中有“持钱买花树，城东坡上栽”“东坡春向暮，树木今何如”，苏轼深受影响，他也有“定似乐天老居士，世缘终浅道根深”一类的句子。相形之下，刘声木《苌楚斋三笔》云：“慈溪郑寒村性晚得痹疾，改其名为风。乌程张鉴效之，因取同声之字，更其名为蹇。”他认为这种取名“皆未免好奇太过，后人不必则效也”。

当然，硬要求怪求僻也是人家的权利，只要不担心现实中遭遇尴尬。我在中山大学读书的时候系里有位教授，乃我国著名古文字学家商承祚先生之子，教授名字中即有个“馥覃”字——敲不出，什么字库里都没有——难倒了不少人，据说为父的就此很得意。不过，有一次我看学校电视台对教授做专访，学生记者们功课做得不足，又没有秉承夫子“不耻下问”的遗风，想当然地把那个僻字“一分为二”，名之以“××香覃教授”，三字名变成了四字名，好像教授是复姓一般，闹出很大的笑话。最新消息说，“操日本”不堪网络之扰而退学复读，该校一名涂姓老师表示该生没有按规定时间来校报到，尚不清楚原因，但他的名字该是主因吧。王⺀一姑娘的麻烦，势必伴随着她走向社会而愈发凸显。取名求怪求僻，在生活中呈现出形同恶作剧的另一面也是正常的。

在取名之外，古人还有一种“诗文不必寻僻”的理念，所谓“诗不可用僻事，亦如医家不可用僻药”。在脍炙人口的唐诗宋词中，很难找到生僻字眼，且古人的诸多名篇，也“不过将眼面前数千字搬来搬去”。名字的蕴含深意与否，丝毫不取决于用字的生僻与否。说句难听的话，那些求怪求僻的名字，看上去“别致”，实际上俗得很。

（2012 年 9 月 12 日）

由一组“内牛满面”照片胡乱想去

10月22日，宁波市一所小学举行了一场孝德教育主题报告会。此举本来没有什么稀奇，尤其是如今方方面面都在强调“孝”，有的地方任用干部都要由其父母、岳父母（公婆）、配偶等写出孝道方面的证明材料，于此有问题的实行“一票否决”。前人说得好，“百善孝为先”嘛，如今那么多领域的事情都要从娃娃抓起，孝德这么重要的问题自然不该例外。

然宁波这所小学报告会的稀奇之处，不在于该校4—6年级学生和家长以及所在区的各校、街道等单位代表1500余人参加了活动，规模如何巨大，而在于他们发布的那组照片，台下的家长师生相拥而泣，哭成一团，场面煞是动人。用时下流行的“元芳体”说话，叫作：“大人，此中必有蹊跷。”因此我也很感兴趣，台上究竟说了些什么，能把大家感动到这个程度。不知怎么，忽然想到了前些天“被逐出师门”的经梧太极拳第一代传人闫芳，更早些时候我们通过电视画面都见过，她的“太极推手”能“隔空”击倒壮汉。闫女士“挥一挥衣袖”，并没碰到壮汉，他们却能一下子弹出几米开外，有的还上蹿下跳地大叫，触了电或中了邪一样。我知道这个联想很不对，但性质毫无区别的是：我们想弄清楚这究竟是怎么回事。闫女士那里只能“打”她的徒弟，旁观的记者想试试都不行，理由却是为你着想：没练过，你受不了。在小学这里，听一听总不会听坏了耳朵，效果真的这样好的话，何妨在全国范围内推广开来？

家长师生“内牛满面”，印证了这次孝德报告会的成功。眼泪在很多时候，的确都功效非凡。裴松之注《三国志》引《世语》曰：曹操尝出征，曹丕曹植兄弟“并送路侧”。曹植有备而来，“称述功德，发言有章，左右属目，王亦悦焉”。曹丕有点儿傻眼，吴质则悄悄对他耳语："王当行，流涕可也。"挤几滴眼泪。结果，此时无声胜有声，曹丕的"泣而拜"，令"王及左右咸歔欷"之余，"皆以植辞多华，而诚心不及也"，还衬得曹植华而不实。唐朝的太子李治一定熟知该典，太宗将伐高丽，出征的日期定下来后，他干脆"悲啼累日"。南宋洪迈的《容斋随笔》，据说是毛泽东生前最后要读的一本书，那里面有一则谈到杨愿"最善佞"，佞到什么程度？有一次秦桧吃饭的时候"喷嚏失笑"，杨愿"于仓卒间亦阳喷饭而笑"。尽管"左右侍者哂焉"，但秦桧很高兴，"察其奉己，愈喜"。后来秦桧又觉得他讨厌要一脚踢开，杨愿这回流眼泪了，"涕泪交颐"，叨咕得也非常好听："愿起贱微，致身此地，已不啻足，但受太师生成恩，过于父母，一旦别去，何时复望车尘马足邪？是所以悲也。"《宋史·杨愿传》说"又三年，（愿乃）起知宣州"，可见这一表白很奏效。因此李若谷罢参政时，有人也劝他："胡不效杨原仲之泣？"然李若谷笑曰："便打杀我，亦撰眼泪不出。"

李若谷显然认为，有种眼泪不是自然流出来，而是"撰"出来的。倘以这个标尺去衡量宁波那所小学师生的眼泪，未免属诛心之论；且儿童的情感流露，断不至于像许多成人那样充满莫测的玄机。然夫子曰"听其言而观其行"，那所小学的孝德践行如何，还需拭目以待，先不必为场面的感动而感动。古人笃信孝行感天，历代的正史、会要里，"孝行"都有一个专门的章节，元朝更树立了二十四个样板，禹舜、汉文帝、曾参、董永、王祥、郭巨、老莱子、黄庭坚等，时间纵横几千年，且拆除了人物身份等级的樊篱。可惜时至今日，我们再提孝道，还是要从最基本的东西做起，就像讲到文明素质，还在拿"中国式过马路"举例一样。这说明什么呢？说明再动听的言辞，也不如脚踏实地地迈出每一步。

（2012 年 10 月 23 日）

为“大材小用”另找一种原因

加拿大一项在全球32个国家进行的调查结果显示，有将近一半的加拿大人感觉自己大材小用，亦即自己的职位低于工作能力或者工作经历。不过，这个数字不算什么，觉得“英雄无用武之地”比例最高的，还是我们中国，高达84%，排名第二、第三位的是土耳其以及希腊，分别有78%和69%；觉得自己大材小用比例比较低的三个国家分别是：卢森堡23%、丹麦25%和比利时28%。与之相反，感到自己小材大用比例最高的三个国家分别是意大利、日本和智利，最低的分别是匈牙利、捷克和希腊，具体百分比就不去罗列了。

这一系列数字无疑很能引人“驻眼”。细看去，饶是中国之声“全球华语广播网”的那则报道吝啬得很，也还是道出了调查的“成色”：网上问卷，每个国家的受访人数不少于400人，等等。本人没有学过统计学，不知道对13亿人口而言，400人乃至4000人的调查能否说明什么问题。国内有个百分比我印象很深，调查什么事情记不清了，结论是97%的人如何如何。实则那调查对象只有100人，97人认同他那个选项。比例倒是没错，但那种百分比近似笑话。因此，对高达84%的人以为自己被大材小用这样的数字，姑妄听之可也，但看到各种评论一拥而上，若有其事地寻找起“社会病”来，便也禁不住凑凑热闹，在居多的抨击“用人环境”的声音之外，别添一种“原因”。要声明的是，与那些言之凿凿的论者不同，自家纯粹是想当然。

人而不能尽其才，估计是一种比较正常的现象，除了加拿大调查告诉我们的意大利、日本、智利。“蜀中无大将，廖化作先锋”，精明如诸葛亮，隆中对说起来一套一套，在发现人才上面不仅无功而且有过，他把身边的人，如刘封、彭羕、廖立、李严、魏延、杨仪等栋梁之才，或放逐，或杀掉。唐朝历仕高宗、武后、中宗三朝，两度出任宰相的魏元忠说过："士有不用，未有无士之时。"因此，大材小用肯定有社会方面的因素，以当下而言，官员事实上的"能上不能下"，注定会有大量南郭先生"占着茅坑不拉屎"，或者乱拉一气，丝毫不讲卫生。但84%的高百分比，其中也应当有被调查者自大的因素，用宋人洪迈的话说，叫作"人苦不自知，可发千载一笑"。好多报道不是都说，毛泽东生前读的最后一本书是《容斋随笔》吗？那本书就是洪迈写的，他说的话该有点分量吧。

"人苦不自知"，历史上可以找到好多模板。洪迈那句话针对的是范晔，范晔是谁？《后汉书》的作者，那么有真学问的人也不免落入俗套。唐朝有个叫殷安的，跟人家谈论古今圣贤，好家伙，伏羲、神农、周公、孔子之外，居然就到他了。宋朝有个叫沈晦的，认为自古及今天下秀才只有三个，"孔大头（即孔夫子）一个，王安石、苏轼合一个"，然后再加上他。如此等等，算是极端的案例，"平常的"不胜枚举。而在当时，不知为何方蟊贼的殷安、沈晦，无论从事什么，都难免认为自己大材小用。记得前些年上演电影《人生》时，高加林的一句"我连联合国都想去"逗笑全场。以高加林的学历和能力，诚然"不该"一辈子脸朝土地背朝天，但真的去联合国，恐怕该算小材大用了，按加拿大的调查，属于生错了国度。

84%的结论一出，相信那些眼高手低的人会因此找到心理平衡的"理论依据"。这种"精神胜利法"尤该为官场人士所掌握，"古今将相在何方？荒冢一堆草没了"，但以立德、立功、立言而不朽、而为后世所铭记的人该有多少？官场内外，事情都要这般看开，大材小用一类的"牢骚太盛"，毛主席早就警告要小心肠子断了。脚踏实地，才能专注于自己的事业，有多大本领取得多大成绩，为社会做出多大贡献。

（2012年12月17日）

《西游记》里妖怪的多少问题

今年复旦大学自主招生考试又出现了怪题。一名秦姓同学被教授考官发问，《西游记》里一共有多少个妖怪？所以说“又”，在于去年他们问过“玉皇大帝和如来佛哪个大”，消息传出，也是轰动一时，那考题就是考官得知考生看过《西游记》时提出的。至于秦同学事后打趣道，估计是同一个发问者。

这种问题自然并非复旦考试题目中的主流，从考生们回忆出来的其他题目可以看出，多数还是具有发散考生思维的水准的。诸如：假如海平面上升会把上海和杭州的某些地方淹没，如果你是领导人你会怎么做？直线是从经验总结而来，还是人类定义的？复旦有一个数学系的教授不同意你的观点，怎么办？3 月 5 日是学雷锋日，有一部电影当天上映，票房非常惨淡，这个问题你怎么看，你觉得雷锋精神是什么？等等。如报道所言，“奇葩题”并不算多，但正是不知旨在考查考生什么素质的兼且微不足道的那几个，如《西游记》里一共有多少个妖怪，几乎占满了公众的眼球，严重稀释了复旦自主招生考试的严肃性。那么，可不可以用“一粒老鼠屎”之类的刻薄话来形容此种“神问”呢？

《西游记》乃我国古典文学四大名著之一，考生自然应当有所了解，但未必要精细或曰严苛到此种程度。倘若那教授是《西游记》研究专家或《西游记》迷，则也应当问一些关联“社会学”的问题，而不该纠缠于多少个妖怪这种属于“技术”层面的、毫无实质意义的、徒为社会增添谈资的所谓细节内容。什么是《西游记》的社会学问题？比如明朝李贽（一说托名卓吾，实则叶昼）的评点即极其耐人寻味。大圣战莲花洞二魔，屡败屡战，战一回变换一个名字，卓吾在此批道：“行者孙，孙行者，者行孙，名色虽多，真体则一，不要吃他名色混了看不清楚，噫！今之名色混者岂止一人而已哉。”再今之，看看全国各地乐此不疲的改名潮，大抵皆“改之以名而不以实”，可知卓吾深读成果之超越时空了。第八十七回，天竺国凤仙郡郡侯上官氏张榜求雨，大圣揭榜：“若说千金为谢，半点甘雨全无。但论积功累德，老孙送你一场大雨。”一番波折，终于“风云际会，甘雨滂沱”，卓吾就此批道：“太守一念恶则不下雨，太守一念善则雨，百姓死活全在太守手里。寄语天下太守，也要知他百姓死活方寸才好。”阐释得这么清楚，实在毋庸在下赘言了。清朝张书绅亦有一问：“或谓孙行者大闹天宫，普天神将尚且不能擒拿。西天路上区区小妖，反又不能取胜，似此荒唐，何乃自相矛盾？”诸如此类，不胜枚举，限于篇幅不能俱引就是。此外，今人自以为“发现”孙悟空打死的妖怪都是没后台的一类，实则亦拾前人牙慧罢了。

也许，那教授问这个问题的确别有深意。比方看到“人为什么鼻孔朝下”这个题目，本能上也会觉得无聊，但考生是这样回答的：鼻孔朝上的话下雨会灌到鼻子里，人的鼻子没有封闭水的器官，一开始可能有鼻孔朝上的，但自然选择淘汰了这个物种。不知别人感受如何，我是为之拍案叫绝。然《西游记》里妖怪的多少问题，既难倒了在场多少会有些紧张的考生，也难倒了场外平心静气的我们，成为公众关注的话题之后，就需要那教授站出来为考生也为公众释疑一下，自己为什么要有此一问？倘若他自己也懵懵懂懂，问题只是顺嘴溜出来而已，则此问不仅要真的归为无聊，而且有对考生极不负责任的嫌疑了。

（2013 年 3 月 11 日）

石排“25 年免费教育”终结的若干教训

东莞市石排镇曾经以打造“中国镇”、以从幼儿园到大学再到博士 25 年免费教育而轰动一时，令全国瞩目。现在情况有变。不知所云的“中国镇”大概早就罢手了；3 月 6 日，石排镇第十六届人大第三次会议审议通过了《石排镇优化教育补助政策方案（草案）》，对先前的免费教育政策进行了“优化”，将教育政策由原来的普惠型优化为注重奖教奖学，帮困助学。当然，“优化”是个好听的说法，此举实际上意味着这个网友命名的“最牛教育强镇”，其曾经许诺的 25 年免费教育政策的正式终结。

25 年免费教育是从 2010 年 8 月 25 日起正式启动的，此举之问世颇有石破天惊的意味，赚足了国人的眼球。因为不要说在全国，就是在东莞，石排的经济地位也算不上名列前茅，但是他们敢于投入、敢拿第一。此前，2008 年，他们即启动了普通高中阶段的免费教育；2009 年，启动了幼儿园阶段免费教育；2010 年 8 月 25 日发布的《石排镇本镇户籍人口从幼儿园到大学免费教育实施办法》，正式启动的是大学免费教育。按照这个《实施办法》，幼儿园每年每生补贴 3000 元，普通高中 3000 元，全日制大专生 4000 元，本科生 6000 元，硕士生 8000 元，博士生 10000 元，从而实现了从幼儿园到大学免费教育“一条龙”。他们认为，此举将大大减轻广大家庭的教育负担，也是对村民分红机制的一种转换。单就如此之大的手笔而言，还不令那些比他们更加富庶的地方相形见绌吗？人们甚至期待石排就此成为中国教育的标杆。

看得出，“一条龙”并非横空出世，而是循序渐进的。然而，何以短短两年半的时间就风云突变，变成了只奖励优秀教师和优秀学生？他们的解释是，石排镇委、镇政府自去年 10 月下旬开始，深入全镇 19 个村（社区）进行广泛调研，多次召开座谈会，“大部分代表认为，免费教育政策的出发点是好的，但立足于当前石排所处的发展阶段，镇委、镇政府应量力而行，才决定优化教育补助政策”。很好，这是听取民意的结果。但同样看得出的是，实行了两年半便被“优化”实则“改弦易辙”的政策，与“朝令夕改”仅仅“五十步笑百步”之别。当然，更换的主要领导没必要一味为了政策的连续性而迁就前任的激进举动，但至少也有这么几个教训值得吸取：

其一，即便是惠民的政策出台，匆忙草率亦失之于严肃，受损的定然是政府的声誉。《实施办法》的对象是石排户籍人口，则当其出台之时，自己的财政多少、补贴这一块要拿出多少，都是不难计算出来的。十年二十年后的事情会很难说，何以如此之短的时间内这个“力”就“量”不好了？其二，即便是出发点十分良好，也关联决策的民主化问题。政策如此短命，一个极大的可能就是决策时的“一言堂”。村民现在说：“有免费的蛋糕吃当然好，但是，这个蛋糕本来就是不应该存在的。”而在当初，石排的干部群众对此也未必没有异议，但它在方向正确的堂皇招牌下依然一意孤行了。其三，即便是政策的方向正确，因为急躁冒进而博取的彩头也只能是一时的，对自身信誉的伤害则是相当长久的。在任何时候、任何方面，决策都需要脚踏实地。

愿石排新的“优化”方案能够长寿一些。

（2013 年 3 月 14 日）

张院士会认同赤岗中学改名吗？

“广州市赤岗中学”即将改名为“广州市景中实验中学”，这类的新闻一般不会引起大家的关注。首先是该校的名气尚不足以受到关注（此中实话实说，并无任何贬低该校之意），其次改名——改校名、改地名等等——好久以来就成为我们国度的一个常态，此伏彼起，改得公众根本没脾气了。这两天的报道就说，“广州医学院”即将改名“广州医科大学”。不独广州，国内别的老牌“学院”，大抵都会有跃跃欲试的冲动。当然，严格地说，后面这种叫作升格，新校名不仅比原来的好听多了，而且还伴随着实惠，地位一上去，级别自然也水涨船高。

但凡改名，一定都有相应的“道理”。雍正时把湖北景陵县改为天门县是避讳，因为康熙的陵寝叫景陵。不过，这其中很有一点蛮不讲理，人家景陵县北宋时候就有了，你老子清朝才死，当儿子的怎么还“见之恻然”，还“严饬督抚不行奏避”呢？然而这不是讲道理的地方，且不去理他。明清之际评点《水浒》的金圣叹，其本名叫金采，字若采，江山易主后才改名金人瑞，字圣叹。“人瑞”好理解，老寿星；“圣叹”呢？他说，《论语》里有两个喟然叹曰，一个是颜渊叹夫子“仰之弥高，钻之弥坚，瞻之在前，忽焉在后”，再一个是弟子“各言其志”之后，夫子叹曰“吾与点也”。在老金看来，前一个是弟子以老师伟大而育人有方，不可逾越，为“叹圣”；后一个是夫子感叹诸弟子中独曾点的志向与自己一致，是“圣叹”。那么，老金取“圣叹”为字，应该说寄托了“变天”之后的一种精神追求。

“赤岗中学”改名“景中实验中学”又是为了什么呢？性质、级别都没变，还把校名标识出来的本来很强的方向感、地域感，从此变得朦胧、模糊起来？在广州生活过一段时间的人，都不会不知道赤岗，赤岗中学正在那一带。记得20世纪80年代中期，赤岗差不多是广州城郊的接合部，公交车开到那儿就要折回头了。景中者何？校方说，乃张景中，中国科学院院士。哦，张院士该是这个中学毕业的了，母校引以为傲，故有此纪念之举，这会是大家的本能联想，谁知却全然不是。张院士1936年12月诞生于河南省汝南县，而赤岗中学却仅仅问世于1989年，时间地点都对不上号。但在赤岗中学的网页上，还是可以发现张院士与赤岗中学的结合点：2012年6月5日，张景中院士亲临赤岗中学为全体师生做了“学数学需要思考”的讲座，并受聘为赤岗中学办学顾问，还为赤岗中学的校名及办学理念题了词：“为人的一生幸福奠基。”

如果这就是赤岗中学改名的理由，我们对这种形式的“攀龙附凤”要流露些许担忧了。此例一开，或为那些急于求成的学校提供了所谓“新开始”的“捷径”。张景中先生以中科院院士的身份莅临一所普通中学，在全国各高校尚且要通过出台制度来保证教授必须为本科生开课的大背景之下，实在难能可贵，也是这所中学的莫大荣幸。但校名是否就到了一定要通过彻底绑定院士来以期“名声会更好”的程度？一所学校的名声如何，究竟是取决于校名，还是取决于校风、教学质量？赤岗中学恐怕没有搞清楚问题的关键所在。而按我的理解，张院士既肯受聘为办学顾问、题写“原”校名，已经可以为学校发展增添十足的动力了。

赤岗中学这一改名，不知张院士本人知道与否。无论知道与否，张院士都会有个态度吧。愿闻其详。我相信，他应该是反对的。

（2013 年 3 月 21 日）

勿让“神题”继续喧宾夺主

继复旦大学自主招生考试中“神题”年复一年之后，本省华南理工大学又着实吸引了一下公众的眼球，还惊动了《人民日报》，他们今天的那篇《神题频现，创意还是故意》文章，虽然列举了正反双方各自的观点，但“神题”字眼的使用，以及报道本身不难悟出的“弦外之音”，还是可以领略记者的“反方”取向。当然，这也可能是持有此种取向的笔者，带有一厢情愿的感觉而产生的“误判”吧。

自主招生考试中出现“神题”的本意，应该是发散考生的思维，然正如子曰之“过犹不及”，如今却成了街头巷尾供大家议论纷纷的笑料。这样的笑料偶尔出现一下并不要紧，接二连三，地不分大江南北，且有蔓延之势，就值得引起校方的重视了。有些“神题”诚然可以“鼓励创新思维，考察应变能力”名之，但前提是这些问题不应该与“脑筋急转弯”并无二致，出题者尤其不能“灵机一动”，用想当然的指挥棒调动自己。因为一不留神，“神题”就有把考生当成猴子戏耍之嫌。比如复旦的“《西游记》里有多少个妖怪”，列举妖怪的名称不行，非要说出准确数量。不要说此题足以难倒在场的考生，即便《西游记》研究专家是否就敢拍胸脯回答出来，也未可知。关键是，不会有人在妖怪确切的数量问题上去进行专门的研究，以前没有，以后也未必会有，因为这种关注很无聊，那么这种题目究竟要考查考生的什么，也就不得而知。诸如此类，显见在自主招生面试题目的“创意”与“故意”之间，没有隔着泾渭分明的鸿沟一道，由此而滑向彼，只是一不留神、一不小心的事情。而一旦为公众认定“故意”，则任何主观辩解诸如不是故意为难考生一类都会显得苍白无力，概因考题之可笑与否，大家都领会得到，不像面对圣人那些微言大义的文字，你可以这样注解，他可以那样疏证。

“神题”的此起彼伏，极大地稀释了自主招生面试环节的严肃性，这一点毋庸置疑。我们从中看到的纯粹是为怪而怪，不仅根本考不出学生的智慧含量，更与学校自身的特色了不相涉。刻薄地说，新版“华约”“北约”等先行一步的自主招生院校，似乎还没有戏剧学校在内，而在考场的问答中，诚然可以也应该充满欢声笑语，但这种笑，不该是如同本山大叔小品所带来的那种。今年有个参加面试的同学说：“考官把题目念完，在场所有人都笑了，我也笑了。”这就是遇到了“神题”无疑，倘若他以“神回复”作答，那么接下来定然再会传出笑声，这种笑就属于观赏小品带来的笑，表演者是老师和学生，看客是我们这些场外的观众。不幸如此，再无独有偶，再有三有四，让大家对这种面试尊重起来，恐怕就比较困难。于是每年此时，但闻“锵锵锵锵”的锣响，等着看戏就是。

自主招生是中国高等教育招生改革扩大高校自主权的一项重要措施，其本意在于选拔那些由高考不容易被发现的有特殊才能的学生。此举推进已有几年了，但显然还处于探索阶段。因为没有经验，出现一些“神题”也是可以理解的，大约还不能称之为乱象。但我们现在关注的是，这种考试什么时候能够“成熟”起来、“完善”起来，勿让“神题”继续喧宾夺主。我想，治标的办法是：校方先将本年度的考试题目过一下目，遴选遴选，稍微地把一把关，将可能的“神题”消灭于萌芽状态。这项工作也许人家早就做了，但感觉上没有。

（2013 年 4 月 18 日）

校长下跪学生走的是武训路数

5 月初，湖南怀化一所中学的校长杨文军，在课间操之后突然跪倒在全校 700 多名学生面前，流泪规劝学生们要好好读书。在场的师生顿时惊呆了；消息传出，舆论惊呆了片刻便开始挞伐：矮化啊，苦肉计啊，黔驴技穷啊，都是“负面”的定论。但在教育专业出身的杨文军看来，自己是在学生中进行一次“有别于传统教育方式”的励志教育，以期最大程度地激发学生内心的感恩之心和学习激情。

下跪在我们的传统文化里是一种大礼，但又与屈服几乎同义，所以，男儿膝下有黄金，有骨气的不肯轻易为之。明朝叶权《贤博编》载，海瑞“由举人初署教谕，谒太守，止长揖”。有天与两个训导同见太守，那两个都跪下了，“公独中立”，以至太守笑曰：“左右低而中高，似一笔架。”人们还因此把海瑞叫作“海笔架”，流露出赞许之意。不过，海瑞当上淳安知县则不同了，“海笔架折却中峰矣”，也跟着跪了。海瑞有他的行为逻辑：“为人师表，当侍风节，今有官守，上下之分定也。”在海瑞看来那是领域不同，“为人师表”面对地方官员，不可以跪，然官场上的规矩不能不遵守。

杨文军面对学生下跪，显然不在海瑞的逻辑范围，他走的实际上是武训的路数，只不知有意还是偶合。众所周知，武训以持之以恒地乞讨兴学而闻名，电影《武训传》去年已正式解禁，而早在 1986 年，国务院办公厅即已做出为武训恢复名誉的决定，其人其事在现实中确有蓝本。《清史稿》载：“武训，山东堂邑人。乞者也，初无名，以其第曰武七。”成名之后，“有司旌其勤，名之曰训”。最初他乞讨，

“得钱必市甘旨奉母”；母亲去世了，“自恨不识字，誓积赀设义学”。在“得田二百三十亩有奇”之后，仍然照乞不误，就这样，“又数年，设义塾柳林庄，筑塾费钱四千余缗，尽出所积田以资塾”。近代教育家陶行知先生有短诗《武训颂》，基本上浓缩了武训的一生：“朝朝暮暮，快快乐乐。一生到老，四处奔波。为了苦孩，甘为骆驼。与人有益，牛马也做。公无靠背，朋友无多。未受教育，状元盖过。当众跪求，顽石转舵。不置家产，不娶老婆。为著一件大事来，兴学，兴学，兴学。”

武训乞讨兴学大抵凭借“两板斧”：一是唱，二是跪。此中单看他的“跪”。开学后，武训“常往来塾中，值师昼寝，默跪榻前，师觉惊起”，这是对老师；“遇学生游戏，亦如之：师生相戒勉。于学有不谨者，七闻之，泣且劝”。这样看，杨文军校长的做法不是如出一辙吗？而这种做法在武训之后、杨校长之前也曾有人实践过，著名画家韩羽先生《画眼心声》里有篇文章，回忆他高小学堂时专门讲“修身”课的校长王克敬，一次讲得激动了：“你们不好好地学，对得起谁呀，我替你们父兄难过啊！我求求你们，以后好好上学吧，我给你们跪下啦！”说着，一撩长衫跪了下来。然后他又转向台上的老师：“各位老师，我求你们好好地教，好好地管……”说着，又跪了下去。可惜，在那里，学生们“先是一愣，接着哄地笑了起来”，老师们则“惊慌失措地四散躲开了”，校长自此倒多了个外号：王疯子。

怀化这里则不然。前天《潇湘晨报》报道说：5 月 21 日，在那所中学，副校长沈宏木看着学生们认真地做着广播体操，脸上浮现出笑容。他认为，这大半月以来，学生们比以往学习认真了，也更懂事了，“一些以前见到老师都不做声的学生现在都主动跟老师打招呼了”。因此，不了解具体情况的人还是不要轻飘飘地指责什么，校长下跪虽然有对武训的生吞活剥之嫌，但如果人家觉得行之有效，就那样好了。

（2013 年 5 月 23 日）

南阳的“免费”之路应当走下去

高考分数线公布之后，为了让低分学子尽快走出情绪低谷，河南南阳市旅游局在媒体上刊登了大幅公益广告，承诺凡今年高考分数在200分以下的考生，在今年9月30日之前，凭准考证、高考成绩单或省招办发布的成绩短信，便可免费游览南阳9家景区。怎么看这都是件好事，然而舆论非议之声不少，伤口上撒盐、景区借机炒作，云云。这也不能过多责怪公众，实在是如今景区的各种“策划”让大家多心。以河南为例，济源黄河三峡景区就有过当场喊“妈”且对方答应两人均免门票的事。但一种尝试动辄获咎，怕是什么事也干不成了。

凡考试，难免几家欢乐几家愁，“春风得意马蹄疾”或“名字却在孙山外”，孰多孰少，取决于录取率。现在，各路高分考生已经开始在报章上大谈成功的体会了，有的得意地认为只因追女生而成绩突飞猛进；然低分考生也不该只有灰溜溜的份，这个时候他们也需要关注，甚至需要抚慰。笔者在高考考场曾经两次铩羽而归，能够感同身受。南阳市旅游局之举正可视为抚慰的一种，“游南阳，立大志，不气馁，学智慧”云云，语调铿锵。只是南阳此举可以做得更好，这则公益广告用语的其余部分就还有可挑剔之处。

比如，“‘五圣’说了：考不上大学，一样能成才”。人家没说过这话是可以肯定的，这是幽上一默。五圣者，智圣诸葛亮、医圣张仲景、科圣张衡、商圣范蠡、谋圣姜子牙是也，南阳因此号称“五圣故里”。然“五圣”本身，未知何时得名。除了医圣张仲景，另四位的名字虽然如雷贯耳，但前缀的“×圣”没大听说。当然，“古有十圣”——文、史、医、武、书、画、诗、茶、兵、酒——也不知是哪个时代的约定俗成，这个时代当然可以产生自己的。况且，宋朝有学者说了："古之人精通一事者，亦或谓之圣。"以这个标准来衡量诸葛亮等，"圣"名得其所哉。又当然，如此计较"五圣"属鸡蛋里挑骨头。

但这句"只要你高考分数足够低，就可免费游览南阳"，多少有些问题了。说实在的，虽然其旨在点明免费的前提条件，却有点儿伤人。概因"分数足够低"绝非美事，相反很有些难堪。不难想见，任何学子模样的人在景区门口出示那些凭证，都等于不打自招，撩拨了低分学子本已敏感的自尊心。因此9月30日之后，我就期待一个统计数字：有多少学子享受了免费待遇。无他，借此能对此种无端臆测证明或证否。

"他们都来自南阳，都不是科班毕业，都成才了，你怕什么?"励志的取向不言而喻，然逻辑上却有些不通。这里的科班，显系指正规的学校教育。而"五圣"的时代尚无所谓科班，他们自然也就不会毕业。年代距我们最近的张衡、张仲景、诸葛亮也才到东汉、三国，那个时候用人是察举制，闾中声名不错就有了向上的基础。范蠡、姜太公的时代更不同了，如钱穆先生所云："知识分子……穿草鞋戴草笠，亦得面谒国王。立谈之顷，攫取相印如虞卿。那时不仅国王礼士，一辈贵族公子亦闻风向慕，刻意下士。"所以"五圣"之时与此时，成才环境方面实在没什么可比性。今年有关方面还专门下通知，不准用人单位以985、211高校为门槛招聘呢，遑论连大学都没进过的？这一句恐怕也起不到抚慰作用。

此外，河南商报记者向南阳市旅游局核实，免费的200分标准实际应为300分，旅游景点不是9个而是11个。我又发现，"智圣诸葛亮"的"圣"字弄成了"胜"，一字之别，意思满拧。可能是这项政策出台仓促，导致了广告的粗糙吧，但南阳显然应该总结经验，照着这个路子走下去。我忽然想，其实他们何妨对所有持有准考证的考生敞开大门?

（2013年6月27日）

不要拿“实用”标尺胡乱丈量

也许是北京宣布高考英语降分带来的连锁反应吧，网友当下又把靶子瞄准了数学。截至报道该消息的记者发稿时为止，一项网上调查结果显示有超过七成的网友支持数学退出高考，彼时参与投票者已达15.68万人。理由多种多样，以这个最夺人眼球：数学难度太大，平时生活中，买菜什么的需要用到几何函数吗？这是一种极端的观点，负气的成分居多，可能是在借机发泄对教学方法、教育体制等的不满吧。不过，倘若按照这样的抬杠逻辑，买菜也用不着天文地理，只用人民币，那么就什么都不用学了，识数就行，大家都像原始人那样每天耕猎，填饱肚子便载歌载舞？

这类的观点本来不值一驳，所以还想说上两句，是因为其背后隐藏的逻辑带有普遍性：凡知识，“有用”则可为之，“无用”则可弃之。在太多领域，虽然没有明说，但是行其实也。我们的技校、中专、高校现在甚至中学都那么热衷于改名，提升自家所谓地位之外，还有两个原因：首先是改了之后，听或看上去觉得“有面子”，再就是让人觉得自己“有用”。某个知名论坛上曾有个红极一时的帖子，叫作“中国大学骗人专业一览”，归纳了一些“听上去很美”的专业，实际上都是在现实中颇有些灰头土脸、似乎“没用”的基础学科专业。比如数学系的“信息与计算科学”专业学什么，不知道的以为是计算机，来了方知正是彻头彻尾的数学。严格地说，这也不算是骗人，社会需要“有用”的学科，学校就只好“对接”，实乃不得已而为之。我们学人类学的在这方面就吃了大亏，想当年毕业的时候正实行“双向选择”：可以自己去找接收单位，找不着再计划分配。人家那些学哲学的、中文的，手里攥着的单位都挑花了眼，我们却像没头苍蝇一样到处乱撞，往往是一开口，人家就臆断你这玩意没用。

须知那时候咱还在“天之骄子”之列呢！所以后来听说我们系也学乖了，专业的名字都变得好听起来、“实用”起来，我们过来人知道换汤没换药，考生在选择填报志愿时估计会产生错觉。这叫什么跟什么呢？

职称外语备受诟病，最主要的观点也是“没用”。本人之不苟同，已通过数篇文字表达，核心观点是作为一种素质要求，掌握一门或数门外语为高级职称所必需，此不赘言，不苟同本人者大可反驳，在下洗耳恭听。拿“有用”还是“没用”来衡量知识，该是典型的实用主义。什么是实用主义？我把书架上的《中国大百科全书》搬出来，摘要抄了点儿词条释义：19 世纪末产生于美国的一个属于经验论哲学路线的派别，把知识当作适应环境的工具，把真理等同于“有用”，较为突出地反映了美国资产阶级急功近利的思维方式和生活方式。后面那句的后面半句，我以为很恰当地解释了当下甚至一直以来国人在许多问题上的“没用”观。而所谓“没用”，实际上是没有直接的“用”而已。众所周知，先贤庄子有一种“无用之用”的哲学，以“无用为大用”。听起来并不玄乎，举数学而言，郑州大学数学系教授原晋江说得好，不是直接用“加减乘除”才叫用数学，在生活中间接用到数学的地方也很多，比如归纳、统筹、统计分析等。也就是说，提高人的逻辑思维能力、判断能力、解决问题能力，某种程度上就是数学的“无用之用”。

《庄子》还说：“人皆知有用之用，而莫知无用之用也。”要让那些抬杠的网友明白这个道理估计很难，但我们的社会应该明白，也必须明白，进而不能用“有用”与“无用”这把简单粗暴的标尺，到处去胡乱丈量、胡乱取舍。

（2013 年 10 月 28 日）

对高校“艳照门”无须惊诧

厦门大学外文学院院长陷入了“艳照门”。虽然厦大及学院尚未做出回应，但外文学院的官网已经删除该院长的任职及相关信息，而有“艳照”佐证，加上那名与院长发生婚外情且怀孕的重庆高校女教师曾在厦大欲跃下高楼，事件本身的真实性已然八九不离十了，否则，官网也不会“此地无银三百两”。

官员的“艳照门”大家都见得多了，我不知道是否有人对高校的“艳照门”表示惊诧，以为这事发生在教书育人的教师身上如何如何。在下反正是平静的，而且也想奉劝那些惊诧了的，还是收拢起张大了的嘴巴，无须那样。高校的“艳照门”此番并非第一遭，倘若记不清哪里有过了，大可“百度一下”。并且，教师只是职业的一种，教师的职业道德亦即师德诚然是其从业所理应遵循的行为准则和必备的道德品质，但并不意味着无论什么人，罩上了“教师”这件外衣，情操就天然地高尚起来，就是人类灵魂的工程师了。众所周知，一段时间内各地中小学的“禽兽”教师此起彼伏，恶劣程度一浪高过一浪，至于今年 9 月，教育部、公安部、共青团中央、全国妇联等四部门要联合发布《做好预防少年儿童遭受性侵工作意见》，明确寄宿制学校要对所有女生宿舍实行“封闭式”管理，未经宿管人员许可，所有男性，包括老师和家长，一律不得进入女生宿舍。原本的那个不含任何“不得”的《中小学教师职业道德规范》，已经远远不能适应时代需要了。

高校教师，多少带有光环的意味。然具体到个人，实际上与其他领域的也没什么两样，情操高尚与否，知荣明耻与否，与职业并无逻辑干系。如今其准入门槛无非学历、学术水平一类，而即便加上“德”这一项也未必能考核出什么。考察提拔干部就一直强调“以德为先"，而"缺德"的从来不乏。这不奇怪，"德"也不是一成不变的。官员落马，每被翻出就任时的信誓旦旦乃至毒誓，当成笑柄。但对其当初的慷慨激昂，我们也不必诛心，说他们那时就是"两面人"，未必；该是"天知地知，你知我知"的考验一旦降临，"官德"才跑得无影无踪吧。我乱猜。"周公恐惧流言日，王莽谦恭未篡时。假使当时身便死，一生真伪有谁知?"白居易诗句揭示出的素朴"定理"今天仍然适用。任何"两面"的人在其人生历程中都或可找到节点，虽然没有楚河汉界那么分明，但是之前与之后不可等同视之。"德"就是这样，不仅不是哪个领域的人们天然具备，而且彼时有不等于此时还有，彼时缺不等于此时还缺，"周处除三害"，可以浪子回头嘛。

所以我们不难发现，但凡在"社会上"发生的事情，在"象牙塔"内同样可以找到摹本。"艳照门"之外，高校的腐败分子已经揪出了多少？最新的消息称，中国人民大学招生就业处处长蔡荣生持假护照欲逃往加拿大而被深圳海关截获，其交代因招生问题涉案数亿元。有记者今天上午从该校纪委副书记处证实了这一消息，只是关于涉案金额等需待校宣传部统一发布。这类的事情，需要惊诧吗？明朝的陆容说："作兴学校，本是善政，但今之所谓作兴，率不过报选生员，起造屋宇之类而已。"在他看来，"此皆末务，非知要者。其要在振作士气，敦厚士风，奖励士行"。陆容几百年前讲的话今天并不过时，只是他光说了教育，没让我们见识一下当时的教师如何。

（2013 年 11 月 27 日）

由季羡林先生抱怨考试而感

季羡林先生写于 1934 年 3 月 31 日的一则日记新近走红了。记了些什么如此跨越时空？骂考试。"没做什么有意义的事——妈的，这些混蛋教授，不但不知道自己泄气，还整天考，不是你考，就是我考，考他娘的什么东西?”季先生一向给人以温文尔雅之感，对考试原来也如此极端厌恶，与今日的学子可谓“心有灵犀”了。不过，我倒是建议从事这方面研究的人们深入进去，爬梳一下季先生当年动怒之因，与今天那些懒蛋学生的抱怨是否存在本质的不同。倘若同样是荷尔蒙过剩，自然无话可说；否则，别让季先生莫名其妙地充当他们今后高举的盾牌。

季先生这段日记是公开出版的，出自其《清华园日记》。报道说，出版时编辑曾提出“做适当删减”，季先生的意见则是一字不改。他说：“我七十年前不是圣人，今天不是圣人，将来也不会成为圣人。我不想到孔庙里去陪着吃冷猪肉。我把自己活脱脱地暴露于光天化日之下。”这就对了，这句话也道出了日记的应有面目，日记原本就应是作者最具体的生命痕迹的记录。不过，像我这个年纪的人，一路走来都见识过不少“伪日记”——全无私密度可言，且“记主”的出发点就是要日后待人“发现”其品德之高尚；甚者由他人根据需要而就地编纂——当然这些都是后来阅读“披露”或“真相”一类才了解的，当时忙不及为之感动，热泪盈眶进而邯郸学步者亦不乏。

春秋战国时，周舍想在赵简子的手下谋事，立其门“三日三夜”。简子问他：“夫子将何以令我?”周舍曰：“愿为谔谔之臣，墨笔操牍，随君之后，司君之过而书之，日有记也，月有效也，岁有得也。”按照《辞源》的说法，这就是“日记”一词的最早出处。那么，原初状态的日记确是由别人来写，功能则与“伪日记”正相反，是专挑“记主”的毛病。赵简子即赵鞅是赵国基业的开创者，政治、军事、改革的才能均可跻身杰出之列，因此他录用了周舍。周舍死后三年，赵简子对这一诤友仍然不能忘怀，某天“与大夫饮，酒酣”，简子哭了，大家不知怎么回事，纷纷自我检讨：“臣有死罪而不自知也。”赵简子说了句享誉后世的名言：“众人之唯唯，不如周舍之谔谔。”翻译过来意思是，你们这帮拍马屁的家伙，哪里比得上动不动跟我争辩的周舍!

有价值的日记是个人的"编年史",它按照年月日记载亲身的经历和见闻,可靠性往往在一般史料之上。近代许多重要的官员、学者、文人,都留下了内容十分丰富的日记,如《曾国藩日记》《越缦堂日记》《湘绮楼日记》《翁同龢日记》《郑孝胥日记》等等均已标点出版,为晚清社会文化史研究提供了绝好素材。蒋介石日记解密之后,杨天石先生出版了皇皇三大册解读,"完整"的蒋介石渐渐呈现在世人眼前。当代,冯亦代先生的《悔余日录》,通过详尽记录他成为右派后的日常生活,从一个特殊角度展示了被打入另册的知识分子群体的历史窘状和精神脉络;邵燕祥先生的《人生败笔》一直闻名而无缘得见,后来觅到其《找灵魂》,虽非日记而形同日记,这些从20世纪40年代到70年代发表或未获发表的文学习作,汇成了一份知识分子改造史的个案。

如果片面寻找令人瞠目的"金句"的话,在季先生的《清华园日记》中还有不少。比如,"论文终于抄完了。东凑西凑,七抄八抄,这就算是毕业论文";又比如,"过午看女子篮球赛,不是去看打篮球,我想,只是去看大腿"。记录自己的青春年华,季先生率真得令人忍俊不禁。但是,如果我们捉住其中的片言只字,对上了自己的胃口,就以为和大师产生了共鸣,就是低估了《清华园日记》所以如此的价值。

(2014年1月8日)

也看五台县学校的"谢土"

山西五台县多所学校热衷做法事求平安的新闻,成了大家热议的话题。点了名的就有五台县实验小学、五台县教师进修学校、五台县中学,那么,无论"多所"涉及多少所,这"门类"齐全的几个,已经能够说明问题了，说明五台学校“谢土”仪式的盛行，成了一种现象。

“谢土”在五台那里究竟表现为一种什么仪式，不得其详，这该是报道的失职之处，至少给个链接嘛。从前一般是建筑之类竣工后进行谢土，所谓酬谢土神，但衡诸五台，显然对不上号，他们是每年搞一次。而从每逢祭仪，校领导会焚香点蜡甚至下跪祭拜、老师要凑份子备纸元宝、学生则要在下课期间叠元宝等情形来看，用乌烟瘴气来形容不会有错。否则，五台官方也不会表示严肃追究相关责任人的责任了。我较有兴趣知道，辖区有佛教名山五台山的五台县，仅仅是学校“谢土”，还是其他单位、部门概莫能外，学校如此乃因反讽意味太强或者偶然因素才被拎出示众？报道中援引五台县委宣传部一名工作人员活灵活现的说法，去年 9 月县政府修建玉轩公园动土时请五台山和尚做法事，“刚做完，西方天空出现一条‘龙’，金黄色的”。以此来判断，当地是“香气”缭绕的，但这“香气”不是“扑鼻”，而是刺眼。我在读书时曾经在广州南海神庙“波罗诞”做几天勤工俭学，每天都给“香气”熏得“内牛满面”，五台当下会不会就是那种情形呢？

学校，众所周知是行使教育功能的所在。《孟子》曰：“夏、商、周设为庠、序、学、校以教之，庠者养也，校者教也，序者射也。”看，本国学校的历史相当悠久，虽然那时的学校概念与今天的并不完全等同。而说到学校的功能，实际上是无需赘言的，前人把话早都说尽了。比如宋人这句：“学校为育材首善之地，教化所从出。”首善之地，一个意思是指首都，再一个意思是指最好的地方。则宋人这句话，无疑在理论上对学校高看一眼。但是，不知从什么开始，学校不再是“一方净土”也是不争的事实。明朝余继登的《典故纪闻》里，就记载了其时学校唯利是图的倾向。那是成化年间的事情，礼部进言：“学校端本澄源之地，孟子切于义利之辨，诚恐学者利蠹其心也。”可是看看现在，“学校生员，听令纳马纳牛纳草纳米入监”。这里的学校，自然不是发蒙的私塾，而是官办的学府了。那么，翻译过来，即所谓入学资格乃一手交钱、一脚迈进，且不拘于银两，有啥“纳”啥。“纳粟补官”我们都知道从前极为常见，明朝也有，但“不用以补士子”，正因为有一种担心，即“为士子者知财利者可以进身，则无所往而不谋利，或买卖，或举放，或取之官府，或取之乡里，视经书为土苴（垫鞋底的草垫），而苞苴是求”；因为一旦如此，难免“弃仁义如敝履，而货财是殖，士心一蠹，则士气士节由此而丧，他日致用，何望其能兴治有补于国家哉！”所以礼部提出：“自今伊始，虽有边事紧急艰难之处，亦不许以监生生员纳粟纳马等项出身。”国家缺钱归缺钱，不能在卖官鬻爵之外再搭上卖文凭。

今天的各类学校，自然与彼时的不可类比看待，但不那么好的新闻隔三岔五来一单，早就“虱子多了不咬人”。倘若我们借用一下五台的名词“谢土”，则学校这方“净土”显然不会“谢”来，而应是“整饬”而来。烧香拜佛在神州大地有成为社会风尚之虞，“不信苍生信鬼神”的官员，不是时不时就有个落马的吗？从这种背景来考量，尽管五台的学校“谢土”成风，我也觉得不必过于苛责。正如空气中 PM2.5 爆表，却苛求某个围墙圈起来的地方不受污染，那是不正视现实的一厢情愿。

（2014 年 1 月 14 日）

让经典古诗词“嵌在学生脑子里”

前些天中小学开学时，上海的家长发现：新的一年级语文课本变薄了很多。有记者旋即比对了新旧版本，原来新版的删除了不少课文，其中包括旧版中的全部 8 首古诗。对语文课本的这一“瘦身”，当时便引发了社会舆论的关注，以余之所见及感觉，似乎对删除古诗词不认同的居多。9 月 9 日，教师节前一天，习近平总书记在看望北京师范大学师生时也有个明确表态：很不赞成。总书记视这种做法为

“去中国化”，指出这“是很悲哀的”。

总书记话音刚落，北京就立即行动了起来。昨天，北师大语文教育研究所所长任翔表示，从明年9月起，由她负责主编的北京市义务教育语文教材中，小学一年级《语文》的古典诗词，将由现在的6—8篇增加到22篇，整个小学阶段不少于100篇；不仅如此，从小学一年级到初中三年级，新版的语文教材里还增加了古代经典诗词和民族传统文化的内容，“如《弟子规》《三字经》和《百家姓》等”。当然我并不知道，任所长这番表态能否代表官方，且无论是否，旁观人等都该毋庸置喙。只是讲到民族传统文化嘛，不免想到子曰“过犹不及”的教诲，于是觉得小学教材中到底多少篇古诗词合适，不该“啪”地只是拍一下胸脯，总该经过一个叫作论证的程序，哪怕是象征性的。

总书记显然非常重视古代经典诗词，那句“去中国化”所上升的高度，表达得再清楚不过。的确，古代经典诗词早已烙上了鲜明的“中国化”印记。唐诗、宋词、元曲，所谓“一代有一代之文学”，是我们在任何时候都能引以为自豪的辉煌成就。上海删除的那8首古诗都是什么？从已知的看，有李白的《夜宿山寺》、白居易的《草》、王之涣的《登鹳雀楼》、贾岛的《寻隐者不遇》，还有高鼎的《画》。前几首均出自清朝蘅塘退士编选的《唐诗三百首》。该选本是蘅塘退士从数万首唐诗中爬梳而成，以其脍炙人口、超越时空，而令其他唐诗选本黯然失色。或者可以反过来说，唯其脍炙人口，超越时空，才能流传最广、影响最大。“熟读唐诗三百首，不会作诗也会吟”，其谁不知？上海为什么要删掉那8首古诗？其市教委教研室相关负责人解释，虽然教材里删了，听力材料中却依然保留了，“让学生体验古诗的美妙，但无需背诵识字”。不难看出，他们的出发点是为了“减负”。但上海一些家长认为：“古诗是很好的文学形式，如果能保留一两首，让孩子适当学习，并不会增加多少负担。”其实，蘅塘退士在自序中开宗明义，他编选的目的就是觉得原本的蒙学教材《千家诗》不够严谨，“其诗随手掇拾，工拙莫辨……因专就唐诗中脍炙人口之作，择其尤要者……为家塾课本，俾童而习之，白首而莫能废”，主要是选给小学生的，成人当然也能受用。小学生也许不能理解古诗，但背诵那些“其尤要者”，未必就有多大难度。如“白日依山尽，黄河入海流”“松下问童子，言师采药去”等等，不是我们过来人站着说话不腰疼，难在哪里？

“仄仄平平仄，平平仄仄平”“平平仄仄平平仄，仄仄平平仄仄平”……古代经典诗词琅琅上口的韵律，加上字词搭配的形式结合，诵读之，每每能给人带来心灵上的震撼。所以会产生这种魅力，正在于汉语这种单音节的声调语，最适于运用声音的相似、相异、相错与相间，来构建出这种和谐。这该是“中国化”最鲜明的烙印所在，这种烙印必须得到珍视，像总书记说的，“嵌在学生脑子里，成为中华民族文化的基因”。有句话讲得很好，只有民族的才是世界的。

（2014 年 9 月 10 日）

“中大狮”超越了寻常吉祥物

今天上午，中山大学的吉祥物——“中大狮”——正式面世。从照片上看，那是五个呈现出不同形态的小狮子，或站或坐，或奔或卧，“着装打扮”也不尽相同，然动静间在不失威仪之风的同时，又透露出惹人喜爱的萌态。

吉祥物，象征吉祥的标记。《庄子·人间世》：“虚室生白，吉祥止止。”估计是吉祥的词源；前半句是说心无杂念就会生出智慧，后半句形容喜庆好事不断出现。对吉祥的渴望与向往，是我们传统文化中的重要组成部分。用唐初成玄英的解释：“吉者，福善之事；祥者，嘉庆之征。”开门大吉、新年吉祥一类，人们司空见惯，耳熟能详，寄托的都是对未来的美好期冀。这些年来，吉祥物大家都熟悉得很了。大型运动赛事之前与之中，吉祥物每能赚足公众的眼球。高等学府发布自己的吉祥物，中山大学虽然不是第一家，但应该是自己的第一次。这几个憨态可掬的小东西，为即将到来的90周年校庆增添了怎样的喜气，不言而喻。

按照设计者的寓意，“中大狮”的五个形态，分别对应着“博学、审问、慎思、明辨、笃行”的校训。比如说，头戴学位帽、身着学位袍、前爪捧着毕业证书的那位，对应的就是“博学”。中山大学校训虽然出自孙中山先生的手书，原文却出自《中庸》，“博学之，审问之，慎思之，明辨之，笃行之”云云，说的是为学的几个层次，或者说是几个递进的阶段：广泛地猎取、认真地探究、严谨地思考、明确地区分良莠，最后践履所学，做到知行合一。这种解释，自然被我简化了许多，主要是《中庸》的阐述更费解，“有弗学，学之弗能弗措也；有弗问，问之弗知弗措也；有弗思，思之弗得弗措也；有弗辨，辨之弗明弗措也；有弗行，行之弗笃弗措也”，不仅文字像绕口令，语意也能把人绕糊涂。王国维有众所周知的治学三境界，“昨夜西风凋碧树，独上高楼，望尽天涯路”什么的，中山大学的校训等于在明确治学的五个层次。现在，这五个层次由五个可爱的小狮子代言了。我想，把玩小狮子的人，应该会根据它背后的“校训印”而不由自主地探究其含义吧。果如此，则“中大狮”因为被赋予了更深一层的内涵，更超越了寻常的吉祥物本身。

令笔者感到骄傲的是，“中大狮”的原型出自我们人类学系门口的那尊石狮子，当年那是低头不见抬头见。人类学系在20世纪80年代是个极小的系，全部年级的本科生加起来也才百把人，够得上之最了。但我们当时便有一个骄傲点：本系所在的马丁堂大楼，乃岭南地区最早的钢筋混凝土建筑。我一直在想，单凭这一个之最，墙角里后来嵌上的“广东省重点文物保护单位”那块牌子，早晚会换成全国的。看资料知道，这尊石狮子是岭南大学首任华人校长钟荣光从广州城内觅得并迁入校园安置的，掐指一算，差不多默默伫立了近百年。“原型”现在形单影只了，原来在它周围却有个“狮群”：它的两侧和正对它的台阶的两侧还各有一尊，非石质，风化得厉害。早几年校园恢复“乙丑进士”牌坊时给搬走了，说是原本就属于牌坊，“物归原主”。牌坊重立之后，果真见到了那四个家伙，镶嵌得的确“严丝合缝”，只是因为高高在上了，觉得渺小了许多。

也许不会有人注意的是，“中大狮”的原型现在背对马丁堂，也就是面朝外；原来却是朝里，至少我在人类学系读书的时候是那个样子。而看历史照片，再原来，至少七八十年前的画面，发现它也是朝外。估计一下那个大家伙，得有几吨甚至十几吨重吧，挪一下显然不那么容易，却为什么会有“面朝外—朝里—再朝外”的曲折经历？无论哪个时期朝向哪方，显然都是基于当时的文化心理。其中的谜团藏着一段很有趣味的故事也说不定，谁能破解？

（2014 年 11 月 4 日）

需要更多叶嘉莹式的“摆渡者”

叶嘉莹先生日前在接受采访时，谈到自己从事了 70 年教学工作，在众多头衔中最看重的是“诗词讲师”，余下时光里依旧想站在讲台上，做一个中国古典诗词的“摆渡者”。不过，在谈到当下年轻人对古典诗词的疏远时，她有些愤慨，认为“年轻人真是空守中国的诗词宝藏，如入宝山，空手而归”。对叶嘉莹先生，想来很多人不会陌生。她早年毕业于辅仁大学，此后无论身在大陆、台湾，还是在美国、加拿大，都一直致力于古典诗词研究及教学，如今的身份是加拿大籍华裔汉学家，加拿大皇家学会院士、中央文史研究馆馆员、南开大学中华古典文化研究所所长。

随着自上而下的大力提倡，传统文化的复兴正在成为热潮，表现之一就是古典诗词在小学教材中的增加。应当说，增加再多也只是入门的一个途径，真正地用古典诗词熏陶自己、修养自己，“功夫在课外”。听得出来，叶先生对年轻人漠视古典诗词的现状有点儿痛心疾首。她还有一个比喻："生在一个很富有的家庭，留下了大批遗产，但是却找不到开启它的密码，白白的有这么多遗产，很可惜的一件事。"从事诗词教学这么多年，叶先生扮演的实际上一直都是"摆渡者"的角色。中华书局早几年出版了一套"迦陵说诗丛书"（叶先生号迦陵），《说汉魏六朝诗》《说阮籍咏怀诗》《说初盛唐诗》《说中晚唐诗》《说诗讲稿》等等，洋洋八大册，涵盖了她对历史上诗词名家重要作品的独到解读，以及用现代理论对传统诗词的科学总结。不久前，这套丛书又由北京大学出版社再版发行，可见受欢迎的程度。因其录音整理的性质，阅读之，如同聆听叶先生在娓娓道来。我对五柳先生的作品产生极大兴趣，主要得益于她的《说陶渊明饮酒及拟古诗》。

"摆渡者"，诚然是叶先生的自谦，但这角色却也不是谁都能当得起的。首先，"摆渡者"得进入"宝山"遨游过，且收获满满。其次，还得有化雅为俗的本领，也就是提供开启的"密码"，让"乘船者"能容易了解到"宝"在哪里。现在的情形如同叶先生所说："不单是要让小孩读诗，还应该培养一些真正懂诗歌的教师，从小就带领这些小孩了解古诗之美。现在有的老师读诗的声调都不对，意思讲的也不通。"这等于是说先得解决"摆渡者"的问题，然后才是"乘船者"。见之于传统文化，"乘船者"得下苦功夫读书，有相应的积累，否则就不是"如入宝山空手回"了，而是"山前"并未到得，甚至连"山影"也不曾窥见。叶先生之痛心疾首，正在于乏人"登船"。因此，必欲传统文化在今日得到传承与弘扬，二者缺一不可。

叶先生开头的那句"宝山"说，撇开诗词也颇值得玩味。语出元杂剧《酷寒亭》："当权若不行方便，如入宝山空手回。"此之"方便"，不是有了权力便于贪赃枉法，而是如明朝小说《醉醒石》所诠释："士大夫事权在握，而不辨雪冤狱，矜恤无辜，不深负上天好生之心乎？"别以为几百年前说的，我们可以不当回事。10 月 30 日，"呼格吉勒图冤杀案"即将启动重审程序的消息引起全国关注。这起案件始于 18 年前，8 年前即被认定为冤杀，新华社记者曾经 5 次发内参呼吁重审，却久拖未决。这不正有被《醉醒石》言中的味道？倘把前面的句子再引一些，“至于刑狱一事，关系尤重。存心平恕，则死者可生；用意刻深，则生者立死”云云，则恰如针对此事的时评一般了！

言归正传。叶嘉莹先生已年届90高龄，仍然愿意做中国古典诗词的“摆渡者”，令人钦佩。古典诗词只是传统文化中的一部分，我们还有诸子百家，还有二十四史，还有历代史料笔记丛刊。因此，无疑也就需要更多叶嘉莹式的“摆渡者”。

（2014年11月5日）

赞赏丁肇中先生的“一问三不知”

诺贝尔物理学奖获得者、美籍华裔物理学家丁肇中先生日前在中山大学发表演讲，主题是自己对于宇宙起源的研究。在随后20分钟的问答环节里，有心人发现，丁先生一共回答了五个“我不知道”。都是些什么问题呢？“您的研究对现实生活有何意义”“您怎么看待一些认为意识对物质有影响的说法”“您怎么看弦理论等物理学新理论”，等等。虽然没有得到丁先生的回答，但场下却报以热烈的掌声。这掌声显见是对丁肇中先生没有答案的答案的认可。

按国人的一般逻辑，丁肇中先生作为诺贝尔奖得主，应该没有不知道的事情，就算他真的不知道，随便说两句也能够满足未必是真的需要答案的听众。如今我们司空见惯的一种现象正是：某个人在某个领域取得了一定成就之后，然后便无所不能，在各个领域都是专家，所谓“通吃”。没有什么成就却涉猎颇广的“专家”更多如牛毛了。早两年某个国字号的电视台设了新闻评论员，好家伙，政治、经济、社会、军事、法律、外交……一概由那老兄包办。某个国字号的电台也是，他们可能实行的是特约评论员值班制度，谁值哪天的班，就负责哪天国际国内的大事小情，所以某天刚听完那人评论伊拉克局势，旋即就是评论上海的出租车管理应该如何。但丁先生并没有照大家的预期行事。实际上，如果国人稍有记性，可知“一问三不知”是丁先生的一贯做法。2011 年在山东大学讲演，对“怎么定义世界一流大学”“怎么培养拔尖人才”“对国人诺贝尔奖情结怎么看”“下一个 110 年，山大最该完成的是什么”等一系列问题，丁先生也是回答了几个“我不知道”。再往前溯，2006 中国科协年会时，在专门为他召开的媒体见面会上，丁先生同样“一问三不知”。

对丁先生的“一问三不知”，有人说他是用自己的方式诠释了什么叫“科学精神”。要我看，不如说他诠释了我们的传统文化精华更好一些。哪部分精华？孔夫子的“知之为知之，不知为不知，是知也”。这句话多数人肯定都耳熟能详，意思也丝毫不费解：知道就是知道，不知道就是不知道，这才是一种真正的智慧。但究竟有多少人能够践行之？丁肇中先生践行了，再用传统文化的精华来说，践行了王阳明的“知行合一”。丁先生这样解释，虽然自己得了诺贝尔物理学奖，而诺贝尔奖又被认为是科学界最重要的奖项，但这只代表自己对物理有贡献，“绝不能代表对任何事都有贡献，对任何事都有能力，很多问题我的确不知道，所以我认为我没有资格回答”。我们细看那些丁先生“一问三不知”的问题，的确在他的研究领域之外，为他所不熟悉。并且，报道告诉我们，对于自己的宇宙起源研究，你要问他，他就会滔滔不绝，详细地讲解他的实验怎么做。就是说，他是用科学的态度对待知识，没有半点儿虚伪和骄傲。

开玩笑说，丁先生的“一问三不知”，某种程度上颠覆了这个成语的原义。该典出自《左传》，文子曰：“君子之谋也，始、衷、终皆举之，而后入焉。今我三不知而入之，不亦难乎？”大致是说，君子谋划一件事，对开始、发展、结果都得考虑到，对这三方面都不知道就建言，不是很难吗？所以，“一问三不知”比喻对实际情况了解太少。那么，单纯看这成语难免有贬义的成分，但是如果像丁先生这样建立在“不知为不知”的基础之上，折射的就是一种实事求是的境界了。

最后想说，今后无论哪里再逢丁先生讲演，提问者还请做足功课，不要再让“一问三不知”重演了。再问那些题外话，不仅对丁先生构成了“骚扰”，而且重要的是，错失了可以即刻收效的教益。

（2014 年 11 月 13 日）

跪拜，散发着一股霉味

前些天，北京一家书院的开学典礼搞了个学员集体跪拜老师的场面，照片既出，引发众多网友争论。从照片上我们看到，几溜身着灰色长衫的学员双膝跪地，正在向坐在藤椅上红襟黑衫的老师们齐齐叩首。不客气的网友认为这是“培养奴性”，而该书院教务长则认为这是对跪拜的曲解和误读，在他看来，搞这种跪拜的目的在于“尊师重教”，因为“古代手工艺相传徒弟一定要跪拜师父，这种形式本身就来自于儒家传统文化”。

一场跪拜，就此有了截然不同的“两极”观点。我觉得，倒没有“培养奴性”那么严重，但说散发着霉味儿则不会错。不看说明单看那张如假包换的照片的话，真有不知今夕何夕之感。说是古代？古代的这种场合不会拉着红底白字的横幅，更不会有毛茸茸的长柄录音设备。说是现代？那么多人齐刷刷地双手撑在那里头点着地，前面一排衣冠楚楚之士美滋滋地受用，却又分明是旧时光。判断不清，只好用不古不今来名之了。

跪拜，跪与拜。拜，没有什么，表示敬意的礼节嘛；刺眼的是跪。何为跪？清朝大学者赵翼说：“盖以膝隐地，伸腰及股，危而不安者，跪也。”他讲这话，是为了把“跪”跟“坐”做一个类比。因为宋元之前的人们，坐姿跟跪姿差不多，今天的日本人就保留着这种坐法：双膝屈而接地，臀股贴于双足跟上。再用赵翼的话说，“以尻

（屁股）着蹠（脚掌），而体便安者，坐也”。按这个标准，跪与坐（古）的本质区别在于“安”还是“不安”。

即便在传统文化里面，跪也不是在任何时候都得到认可的。明朝的海瑞有个绰号叫“海笔架”，怎么来的呢？就是因为不跪，而且，正发生在他“由举人初署教谕”，也就是他管教育的时候。《贤博编》载，有一天海瑞与两个训导同见太守——本地最高军政长官，那两个都跪下了，“公独中立”，仍然站在中间，“止长揖”，拱拱手而已。所以太守笑曰：“左右低而中高，似一笔架。”后来海瑞当了淳安知县，才跪下，有人因此开他的玩笑：“海笔架折却中峰矣。”海瑞说：“为人师表，当侍风节，今有官守，上下之分定也。”他的意思是说，官场上有该跪的规矩，咱得遵守，但教书育人可不同，得把握住节操。

就是在官场上，下跪也不是百分之百地必须。比如在元杂剧《锦云堂暗定连环计》里，董卓对迎接他的王允说：“王司徒，你偌大的官职，当街里跪着，外人观看不雅，请起。”这是元代戏剧家演绎汉代的事，至少代表了元朝的一种倾向吧。又比如《明史·黄孔昭传》载，尹旻想要举荐自己的一个老朋友当巡抚，黄孔昭不同意，那人便到京城来亲自拜见，“至屈膝”。不料此举非但没有得到黄孔昭的半点儿好感，反使其“益鄙之”，他对尹旻曰：“彼所少者，大臣体耳。”把求官者的下跪视为尊严缺失。再比如清朝嘉庆八年（1803年）九月有个特谕：“部院司员于本管堂官遇有公事，只应侍立回堂，毋许屈膝，以肃体制而杜谄谀。”干脆把无端下跪与巴结逢迎画上等号了。这几个例子足以说明下跪在传统文化的某些时段也是被鄙夷的。

在北京的那家书院那里，“跪”的后面诚然添了个“拜”，使礼节的成分占了一半，但跪拜充其量是古代的尊师方式，现代则有现代的。弘扬传统文化不意味着照单全收，对内容如此，对仪式也是同样。并且，对古代那些散发着霉味的东西，今天要做的是多给它晒晒太阳。还把它当成宝贝，一定要揽在怀中温热的话，只有提醒小心那东西烂在自己的心窝了。

（2014年11月19日）

周浩式的“转型”不可复制

上周，《中国青年报》有一篇题为《弃北大读技校　自定别样人生》的报道，说的是北京大学学生周浩为实现自己的梦想，3 年前毅然转学到北京工业技师学院。也就是从众人艳羡的名牌高校生变身为普通的技校生，从北大生命科学研究院人才储备军变身为技术工人。这样的人生选择足以令人瞠目结舌。有关该报道的一项网络舆调显示：36000 多人投票，87% 的受访者表示“理解，学习实用技术更重要”，表示“不解，名校教育资源明显更好”的仅占 4.3%，另有 8.7% 的受访者认为“不好说”。

倘若自觉站队的话，我会赶快站到“仅占”之列，也就是 4.3% 那里，当一回极少数派。但我却不是“不解”，而是“不认同”。在周浩故事中，我们首先看到的是家长过于干预子女选择的恶果。当年高考，周浩是青海省理科前 5 名。本来他想报考北京航空航天大学，却遭到了家人以及老师的一致反对，而他“从小就喜欢拆分机械”，家里的电器都被他重装过，因而自认为北航有很多实用性课程，比较对他的胃口。到北大后，在旁听、转院、逃避都没有解决问题的情况下，周浩毅然选择了现在这条新路。眼下的周浩非常满意自己的选择是无疑的，然而，他的这种“转型”模式也不可复制。我所以这样说，是有点儿担心因为那么多人对他表示“理解”，影响了对自己的专业同样很不满意的学子，使周浩的“转型”道路成为示范。

对没有“定型”的学子而言，每个人在高考时都会有自己神往的未来。从前写作文，“长大了干什么”一类往往是必做的题目嘛。不过，我们的高考录取制度还不能充分满足学子的这种选择，正如辛弃疾所说：“叹人生、不如意事，十常八九。”在任何时代，对任何人而言，这种状况都恐怕是一种常态。否则，类似的话断不至于成为经典而传诵。不如意就另起炉灶，如周浩这样放弃彼学业而宁可“屈居”此学业，在我看来是一种极端。在不如意面前又何妨“将计就计”，安下心来，发现或培养新的兴趣？我想，如果不是“一根筋”，过于心存抵触，未必就不能，中学生的认知范围、认知程度毕竟极其有限。本人的经历正好跟周浩相反：从技校到大学。在最后一次参加高考的时候，几乎所有院校均以历史系为第一选择，却偏偏录取到了陌生得无以复加的人类学系。尽管老大的不乐意，却无论如何也没有周浩决绝的胆量，然而渐渐地也发现人类学并非“洪水猛兽”，也有它的无穷乐趣所在。至于历史，读完了专业仍然旧情不舍，便自己再看。反正毛主席说过，读书比杀猪容易得多，猪会乱动，书则老老实实地让你读。

套用个时尚的概念，讲到“发展后劲”的话，周浩的技工学历肯定是不足的。我读技校的时候是20世纪70年代末，现在那学校也成了“技师学院”，但积无论什么领域都争相“升格”的经验来看，本质上两者应该差不了多少。我丝毫没有诋毁技校教学的意思，强调实用技术是技校教学的特点但或许也正是它的短板。我读的那两年，差不多有一年在工厂实操。这一点周浩已经意识到了，“还是想继续深造，对数控技术了解得越深我就越觉得自己学得太少”。报道也告诉我们，周浩现在“成为学院最优秀的学生之一”，但前提是“凭借北大的理论基础和北京工业技师学院的技术学习，周浩慢慢朝着自己努力的知识技能复合型人才的道路发展”。我们该注意“凭借北大的理论基础”这几个容易被忽略的字眼，也就是说，技校那点儿理论教学是远远不足的。与其如此，周浩在北大何必就连一时间也“委屈不得”？

周浩也许是个另类，这里的种种担忧对他而言都是纯属多余。但他的道路不足以成为破解学子们兴趣与专业相互矛盾这一难题的范本，显而易见。周浩说他“不会后悔自己的选择”，现在肯定如此，但愿他将来也是如此。

（2014年11月24日）

“八角卤鸡肉”论文至少接地气

陕西师范大学女博士孙灵霞的博士论文《八角茴香对卤鸡肉挥发性风味的影响及其作用机制》，新近成为网友热议的话题。赞赏者有之，刻薄者自然不乏，且还要循例进行冷嘲热讽，像什么“不愧是陕西吃饭大学，一道卤鸡都能研究得这么专业”的话，估计根本就不经过大脑。本人开宗明义，这论文至少接了地气。

博士论文，是由攻读博士学位的研究生所撰写的学术论文。在我国高等教育现有的三种学位体系中，博士学位是最高的一级。研究“八角卤鸡肉”，凭借想当然和对学术论文的固有思维，很容易觉得不太像博士论文，太下里巴人了一些。相反，越是自己看不懂的，越显得高深莫测的才像。不排除相当多的学术论文的确如此，但同样不能排除的是还有“拉大旗作虎皮”的一类。学术论文的意义不在于阳春白雪与否，而在于其学术价值和社会价值。女博士的研究方向是动物资源开发与利用，人们日常食用的很多食物都来自动物，动物肉类的处理自然是其专业的一部分，所以说“八角卤鸡肉”接地气，道理就在这里。女博士说，她的论文主要讲了加入八角茴香和没有加入八角茴香的卤鸡肉到底有什么区别，通过这种对比来了解风味在卤煮过程中有什么影响，风味是如何形成的。

我之所以认同这种论文，功利地说，因为它“有用”，还可能“很有用”。比较遗憾的是，报道没有告诉我们答辩委员会如何评价，否则赞赏的底气可以更足一些。我们早就毫不讳言，大量的学术论文已经沦为了学术垃圾。这里面有并不深层的社会原因：一方面，各种职称评比需要论文，论文便为写而写；另一方面，这些为写而写的东西，还能够通过那些“卖版面”的学术类期刊得以发表。这同样早就不是什么秘密了：为了获取经济利益，许多核心期刊甚至也争相出版“增刊”与“会刊”，他们采用缩小字号、增加厚度的方式，一手收钱，一手充分地满足论文发表者。双方就这样你情我愿，上演着貌似天衣无缝的双簧。前几年有个数字更说垃圾论文的数量高达95%，当时评论这件事我也当了一回刻薄者，说它们连垃圾都不如，因为实物垃圾还可以回收、还可以变废为宝呢，论文垃圾就是纯粹的垃圾，毫无再利用的价值。

我之所以认同这种论文，还在于它的原创性。我们同样不陌生的是，论文间的相互抄袭如今也成燎原之势，不分领域，不分专业，甚至连若干著名学者也难逃指摘。因为防不胜防，至于论文相似度检测软件得到开发和普及应用。女博士这里呢，为了保证实验结果的科学有效，他们固定选用了广西产的八角茴香、河南一家企业固定提供的鸡大腿，然后在固定的小区域取样，再通过电子仪器来检测产生风味的物质含量变化情况……完全由自己动手，获取第一手的实验数据。这也许是理科学术论文的基础性工作，但是既然“八角卤鸡肉”研究之前闻所未闻，就等于开辟了一个新的视角。当然，这类论文硕士是否能够完成，又当别论。

女博士说，他们现在做的就是香料对传统肉制品风味到底有什么影响，八万字的论文讲了八角茴香这一种大料对卤鸡肉风味的影响，这只是一个非常基础的研究，而他们的出发点和目的就是要走上应用。就是说女博士还有自己的后续研究，那么，我们对可能继续出现的“石破天惊”的成果，就不要惊讶得嘴巴闭不拢，相反要理性地去看待。以当下而言，对这么一篇理论与实践相结合并很可能产生相应效益的论文，有什么理由不认为它接地气？

（2014年12月2日）

《考试法》为何千呼万唤未出来?

从后天开始一连两天，2015 年全国硕士研究生招生考试如期进行。这是每年的例行考试。饶是如此，仍有可关注之处。在我看来至少有两点吧：一个是“思想政治理论”等 6 个科目继续实行“一题多卷”；再一个，广东省教育考试院将联合信息产业部门、公安部门“出车”“出警”，派出无线电监测车，加强对异常无线电信号的监控和查处。两点实际上可归为一点：防作弊。前一个是防止场内作弊，后一个是防止场外准确地说是里应外合作弊。

严格地说，这是相当“老”的话题了。溯源来看，作弊与防作弊也许如同一对孪生兄弟，从来都如影随形。我胡乱猜测，可能自从有了考试，也就同时有了二者的“对立统一”。在角力的天平上，要么“道高一尺魔高一丈”，要么“魔高一尺道高一丈”，反反复复，谁略胜一筹都只是一时间的事。近年来，但凡级别高一点儿的考试，不拘品种，大抵都要做防作弊的文章。今天不是喜欢拿高考、考研考博什么的和科举等而论之嘛，不妨就借此来比对一下。

从前防作弊，就考生而言只是防夹带。书上的东西记不了那么多，偷偷带进来。这些年陆续发现了不少印刷精致但体积极小的四书五经，被推测就是干这个用的。还有一些肯下本钱的人家，请高手猜若干策论题，再请人代作成文，自然也要先带进来才能发挥作用。像今天这样场外发射、场内接收的作弊手段，如果比作 3.0 版的话，彼时则连 1.0 也谈不上。所以他们防作弊的办法也简单至极：进考场时搜身。安史之乱前，这是唐代考场的一个制度。后来李揆谏言，“其试进士文章，请于庭中设五经、诸史及《切韵》本于床”，才得到改观。这做法就像今天考职称外语可以带词典一样，不懂你就查查。李揆的观点是：“大国选士，但务得才，经籍在此，请恣寻检。”不用死记硬背，用得到的书摆在那儿，只考你能论出什么道道来。明朝之初，因为朱元璋说了句那些都是有文化的人，“奈何以盗贼待之?”就不搜了，但到嘉靖末年还是再设搜检官，“解衣脱帽，且一搜再搜”。为什么呢?“时文冗滥，千篇一律，记诵稍多，即掇第如寄”，那些“无赖孝廉”大量搜罗以前人家的成文，“尽抄录小本，挟以入试”，用到什么就抄什么。不过，如果夹带被查出来，后果也很严重，可不像今天只是记录诚信档案、禁止若干年内再考，而是要“荷校（戴枷）于礼部前一月”，先公开示众，再“送法司定罪”。清朝前期，同样“大小科场搜检至严，有至解衣脱履者”；同治以后，“禁网渐宽，搜检者不甚深究”。但是刚一宽松，那些可能成为国家栋梁的举子立刻露出种种丑态，他们或“以石印小本书济之”，或“写蝇头书，私藏于果饼及衣带中，并以所携考篮酒鳖与研之属，皆为夹底而藏之”，还有“帽顶两层靴底双屉者”。那些深谙“有钱能使鬼推磨”之道的，则“贿嘱皂隶，冀免搜检”。所以，朱元璋还真没必要疑问“奈何以盗贼待之”，那些不自重的学子，就没把自己当好人来看。

由以上粗粗的梳理不难看出，考试作弊并非时代的弊病，颇有一脉相承之势。然而，法治中国的新大幕已经徐徐掀开，防作弊就不能再止于治标。差不多十年前的消息就说，《国家教育考试法》已由重庆市专家起草完毕，进入了征集意见和立法讨论阶段。在那部草案里面，考试作弊、徇私舞弊将被视为违法甚至犯罪。不解的是，这部填补我国一项空白的重要法律，为什么千呼万唤未出来？梗阻在哪里？我们当然不会幼稚到认为这部法律一旦出台，作弊与防作弊的缠斗就会止歇，然凡事总要有法可依，在考试作弊问题上，总要让跃跃欲试者有法律层面的畏惧才是。

（2014 年 12 月 25 日）

黎教授的毒誓无异自取其辱

安徽师范大学党委宣传部官方微博昨天就去年 11 月本校教授黎泽潮著作被举报涉嫌抄袭一事做出回应，确认抄袭成立，“校园学术委员会办公室建议给予严肃处理”。黎泽潮的著作叫《〈因话录〉校笺》，涉嫌抄袭复旦大学硕士鲁明的论文《〈因话录〉研究》，举报者正是鲁明本人。

教授级的人物抄袭硕士乃至学士的成果，早不是什么新鲜事。此事比较新鲜之处是：黎教授的毒誓。鲁明当初举报时，晒出了多张黎著截图与自己论文截图的对比，认为黎著除了把简体字变成繁体字，其校笺说明与自己论文的两个段落内容近乎一致。此外，鲁明还质疑该书的校勘记基本全抄自己论文的附录一。《因话录》是一部唐人笔记。校笺，即校勘和笺注，也就是用同一部书的不同版本，佐以其他相关资料加以比较来考订文字的异同，从而最大程度地接近作品的原貌。中华书局许多年前就开始整理出版“历代史料笔记丛刊”，分为唐宋、元明和清代三个系列，粗略地估计一下，加起来总有两百余种了吧。这个丛刊大多都是行校笺之实，所以说大多，因为如《万历野获编》等就根据某个版本而原封不动搬了过来，甚至都没有进行标点。基于这些，鲁明说具有古籍整理常识的人应该了解，像《因话录》校笺这种书，对每一条笔记出校的位置、校勘记的数量、使用的书证，“虽容有个别暗合，但绝不可能大量雷同”。

然而，就这么大量雷同了，该怎么解释？黎教授当时采用的办法是发毒誓：“如果有抄袭，我出门就被车撞死。”在从前说书人的嘴里，这叫作“提头来见”。香港倪匡先生对发誓有个见解，他说人类这种行为之所以存在，是为了间接沟通，目的在于取得对方的信任，因为一个人永远无法知道另一个人心中真正在想些什么；而许下的违警惩戒越是严厉，取信对方的程度也就越高，这就有了毒誓。毒誓在当代并不仅见，陕西发现“周老虎”的时候，论战双方就都发了毒誓。质疑的中科院研究员傅德志“敢以脑袋担保照片有假”，而拍摄者周正龙则“以脑袋担保照片真实”。文化极高的和极没文化的，在毒誓问题上“殊途同归”，可窥传统文化的魅力一面。然那真相早已大白，周正龙并未践诺。事实上，在“提头来见”的时代，也鲜有自我了断之辈。现在，在下并无怂恿黎教授到马路上去“碰瓷儿”的丝毫意味，这种幸灾乐祸的看客心态也要不得，只是想借此提醒那些像黎教授一样有文化的人，抄袭与否，自己的心里肯定清楚得很，赌脑袋的事情还是“谨言”为好，休言“慎行”，套用元曲中一句俗语，叫作“行不得也么哥”。《西游记》里，孙悟空与车迟国的虎力大仙比赛砍脑袋，砍掉之后自己喝了一声“长”，果真“飕的腔子内长出一个头来”。但是除了孙悟空，他人鲜有这种本领。黎教授的毒誓以尴尬收场，不是无异于自取其辱？

引申来看，今天落马的官员，当初上任时也有不少曾经发誓甚至发毒誓，结果都成了惺惺作态。这一点，其实古人早看穿了。明朝有个叫郑九石的，“始事之日，即率公正良民人等至城隍庙设誓”。但当时有人就笑了：“信不由衷，质无益也，况要盟者无信乎此。”你嘴里叨咕的东西自己都不信，誓什么誓呀。并且，“朝廷大事，苟一心持正而峻法以行之，谁敢不肃，乃必假之盟誓耶？”所以，有必要寄语后来者：发誓有风险，出口要慎重。当然了，你不怕事后被人翻出来调侃，甚至不怕自取其辱，那就尽管去发好了。

（2015 年 1 月 7 日）

“瓜娃子”的来源绝非神题

这两天，关于高校考试中的“神题”又不断成为话题。先是四川师范大学“大学生性文明与性健康”课程的期末试题——“如何看待大学生约炮”，被冠以“神题”。接着，还是该校，“成都方言词语‘瓜娃子’来源于哪里”，再被如是称呼。与此同时，上海交通大学研究生会微博发布的一组20世纪三四十年代该校考题的史料走红了网络，号称是展示当年的“神题”。

“神题”在前两年热闹过一阵。那是一些学校的自主招生考题信马由缰，像“《西游记》里有多少个妖怪”一类，说出妖怪的名字都不行，非得要准确的数量。然而，对当下这几个，“神”之与否不仅没那么一目了然，而且也需要定睛来看。对前一个，出题老师已经澄清，是爆料的网友曲解了题目，题目本意实为“大学生如何看待约炮”，旨在引导大学生从性道德、性文明等角度反思该行为。给网友把几个字的位置给挪动了一下，由大学生如何看变成了如何看大学生，意思全拧。这种全拧，与“不可随处小便”重组成“小处不可随便”大异其趣，而是自己根本没弄明白，哗了一时之宠。如果我们不是一味“厚古薄今”的话，上海交大如今津津乐道的不少题目可真是彻头彻尾的“神题”。比如1946届校友章燕翼回忆刚入校一个月时的物理考试，两道题：有一个猎人，朝天开枪后，子弹再没有回来，求他的速度；一副扑克牌，放在台子上往前推，问最大的长度是多少。相反，关于此则消息所提炼出来的标题，“上海交大展示考试神题：英语要翻译《桃花源记》”，却恰恰称不上“神题”，因为它的指向很清楚：考的是英语和古汉语的双重驾驭能力。

我不知道当代学子们对“神题”是如何定义的，感觉是他们自己不懂就随便掷过去这顶帽子。在我看来，怪题可称“神题”，而难题则显然不是。对“神题”的判断，我以为大抵该符合这样两个条件：一个是不可能有解，再一个是即便有解却毫无实质意义。如果章燕翼先生没有记错的话，那两道物理题便十分无厘头，不要说他自己得了零分，谁又能够解答？如何解答？问的究竟是神马？《西游记》里有多少个妖怪，一页一页翻书统计应该可以得到答案，然而这答案究竟能够用来干吗？当年我在文章中诚请出题者出面释疑，不知是他释疑了我没看见，还是根本就缩起了头。那么，“神题”之“神”，恐怕与出题者的“神经”之“神”密切关联，通俗地说，就是“有病”吧。

成都方言词语“瓜娃子”来源于哪里，绝对不是什么神题。孤立地看，可能有一点儿“神”，比方在我们非成都人这里，连“瓜娃子”究竟何意也不清楚，遑论回答它的来源。但是须知，这是汉语言文学专业选修课“巴蜀移民文化研究”的期末考试题。所谓移民文化，即移民本身固有的文化与所移之地的文化相互融合的产物，物质层面的衣食住行如此，精神层面的诸如语言同样如此。移民文化虽然已经将两种文化水乳交融，但还是可以辨清渊源。按我的理解，学这门课就是学习这种追根溯源的辨别方法，多有意思啊。况且，出题教师黄尚军也说了，这是一道很简单的小题，在他的《四川方言与民俗》一书有详细介绍，“上课时，也跟学生讲到了很多四川方言词语的由来”。可叹发出“神题”感叹的那些学生，一门课至少要学习半年吧，连基本的东西还没掌握，真该汗颜才是！

“神题”今后还会出现，面对之，大家都不要一触即跳。该打回“神题”本相的时候，就像孙悟空一样抡起金箍棒；而该反省自己懒惰、不用功的时候，却不要像猪八戒一脸无辜的模样，单纯归咎客观因素。

（2015 年 1 月 8 日）

能不能不搞“大学排行榜”？

这些天，各种版本的中国“大学排行榜”又纷纷出笼了。这已经是每年的一个例牌。印象中，早几年版本还不多，只有“邱均平版”和“武书连版”等有限的几种。今年不得了，有十几个版本了。有意思的是，每个发布机构莫不冠以 2014 年度、2015 年度之类的字样，好像自己的这个很权威一样。当然了，他们发布的时候都莫不自称很权威，自己的这个统计口径和标准如何最客观、最真实。有的在自诩的同时还不忘踩别人一脚，暗指其他评价机构的那些存在种种不妥。

都权威就都权威吧。问题在于，在这些眼花缭乱的“大学排行榜”中，不同的权威之间发布的结果却互相“掐架”。有人比对了三家国内相对知名机构的发布，发现同一所高校比如南京师范大学，在不同排行榜中最高和最低的名次居然相差了20多位：在武汉大学中国教育质量评价中心那里排第33，在中国校友会网那里排第48，在武书连那里却只排了第54。假如要依据排行榜来干什么的话，究竟该信谁的呢？有专家说，不管哪种排行榜都有局限性，也不排除中间有人为操纵的因素，家长们可以参考，但是千万别过于较真。我再极端一点儿，谁的也不必信，别把“大学排行榜”当回事。

社科领域的这类排行榜，古人早就玩儿过了，已经证明没什么实质意义。比如著名的“初唐四杰”，四人如何排行就争议不小。《旧唐书·杨炯传》这样记载：“杨炯与王勃、卢照邻、骆宾王以文诗齐名，海内称为‘王杨卢骆’。”但是，不要说不同的人对这个“排行榜”看法不一，就是“四杰”本身也没统一起来。杨炯说：“吾愧在卢前，耻居王后。”卢照邻说：“喜居王后，耻在骆前。”时人张说则认为，杨炯“文思如悬河注水，酌之不竭，既优于卢，亦不减王。‘耻居王后’，信然；‘愧在卢前’，谦也。”照杨炯的意思，排行该是“卢杨王骆”；而照张说的意思，排在之首的又该是“杨”。按当代陈文华先生的归纳，在这些说法之外，还有王世贞等人的“卢骆王杨”说，以及胡应麟的“王骆杨卢”说。绕来绕去，相信好多人都给转迷糊了。其实我们知道他们四个在初唐文坛为扭转齐梁以来绮丽余习的文学风气所做出的贡献就足够了，至于谁前谁后又能怎么样呢？各种版本的“大学排行榜”不是在重蹈覆辙吗？

明朝留下的《解愠编》里有个“被人搬坏”的故事，可以进一步说明问题。某寺僧“塑释迦佛与老子同坐”，有道士看见老子居次席（显见是老子居左，释迦居右），很不高兴，说我们老子在周朝就出生了，佛是东汉才有的，差远了，于是把老子像搬到首位。寺僧说“吾佛神通广大”，本领比老子高，当然得排在老子前面，又把佛像“复移转左位”。结果，两个人争论不休，忘了神像是泥塑的这个茬儿，“搬移十数次”后硬是给搬零散了，搞得佛和老子无奈地叹气说：“我两人过得好好的，无端端被这几个小人搬坏了。”这故事用在“大学排行榜”上，真有浑然天成之感！

我们的高等院校诚然在逐渐趋同，表现在专业设置上呈现“你有我有全都有”的大趋势，但不少学校毕竟还保留着自己的传统与特色，怎么可能来个划一的排行？排行榜的出入这么大，难道仅仅是各家参照的标准不同吗？我说别把“大学排行榜”当回事，但是这些东西既然出来了，就会有人当回事，并且，那些榜上有名的和自觉榜上应该有名却名落孙山的会当回事。如果大学排行榜不仅产生不了多少积极意义，而且还某种程度上淆乱了公众的判断，那么至少在现阶段，能不能不搞这些东西？

（2015 年 1 月 14 日）

如何传承传统还真是个问题

河南一中学被曝要求学生向孔子像下跪磕头，每天诵读《道德经》；江苏省连云港市一学校 500 名学生在操场吟诵《弟子规》，组成 80 米“羊”字，迎接即将到来的羊年春节……最近这段时间，又接连传出不少“弘扬”传统文化的具体行动。我们不难发现，这类消息往往都会受到舆论的非议。为什么呢？因为没有一套行之有效的坐标系参照，大家对如何传承、弘扬传统文化，就有点儿像改革开放初期那个状态：摸着石头过河。

首先，在传承、弘扬对象的选择上，就“各行其是”。传统读物是传统文化的重要组成部分。河南那家中学从 2013 年起，每日晨昏两次安排学生诵读，早上则 5 点左右就要开始，高一诵读《弟子规》，高二、高三集体诵读《道德经》（或曰《德道经》），出发点是让学生“感悟圣贤之道”，跪拜并非日常行为，且该校校长称这是“学生对祖宗圣贤的崇敬，是油然而生行为，未强制”。度其语意，应该是孔夫子真的把学生给感动了。无独有偶，前两年中山大学要求新生在报到时要上交一份阅读《弟子规》的读书经历和读后感想，作业也“并非强制行为”，但是估计人人都交了，最多的不是还写了 5 页纸嘛。至于刻薄者说，第二年该读《女诫》了。当然，如我们已经看到，第二年这种“悦”读要求无疾而终。这或许可以说明，另一块下脚的石头没有摸到，这河就没法过了。

无论选择何种传统读物，显然都只会是有限的几种，而一旦如此，抬杠的人便会质疑为什么选这个不选那个。不过在我看来，《道德经》横竖不是中学生诵读的篇章。是不是《道德经》中的“道德”两个字给提倡者造成一定误解，以为就是今天所说的人们共同生活及其行为的准则和规范，亦即“道德风尚”的那个“道德”？不幸如此的话，就更南辕北辙了。用冯友兰先生在《中国哲学史》里的阐释，《道德经》里的“道”，是“万物之所以生之总原理”；那个“德”，是“一物所以生之原理”。所以，《道德经》分为“道篇”和“德篇”，专门论述这两个问题。也就是说，《道德经》是一部相当艰深的哲学著作，并非通俗读物，中学生有什么诵读的必要呢？比较而言，《弟子规》倒是有余热可以发挥，不仅朗朗上口，而且一些内容古今普适。比如“晨必盥，兼漱口；便溺回，辄净手”，又比如“过能改，归于无；倘掩饰，增一辜”，“见人恶，即内省；有则改，无加警”更可推崇。但“扬人恶，即是恶；疾之甚，祸且作”呢，还有“非圣书，屏勿视；蔽聪明，坏心志”呢？即便是优秀传统文化，也是良莠并存、鱼龙混杂，一概囫囵吞下去，就要担心消极东西的不良作用。

优秀传统文化在我们这个时代应该而且必须得到传承是毫无疑问

的，但是如何传承乃至弘扬还真是个问题。弄得不好，传统就有沦为道具之嫌，或者成为表演的载体。有个地方甚至在全市范围内推广《说文解字》，说是用来认识繁体字。如今进展得如何？怕早就偃旗息鼓了吧，因为没有半点儿可行性。在我看来，就传统读物而言，不用再“摸着石头过河”，什么也不必诵读，只是把它们作为青少年了解传统的一部分，让他们知道古代有哪些读物、大概是什么内容就足够了，任何诵读的形式都已经不合时宜，它们之中的许多内容不仅与现代理念格格不入，属于糟粕，而且青少年还没有辨别的意识，倘若填鸭式地灌输，反而可能影响青少年的判断能力，甚至无所适从。

（2015 年 2 月 2 日）

第四部分

事关文化

文化人类学里的“文化”概念多少有点儿玄乎，因为西方的学者们提出了太多的定义。不过，英国人类学家泰勒的，相对得到认可。他说文化是“作为社会成员的人们习得的复杂整体，包括知识、信仰、艺术、道德、法律、习俗，以及其他的能力与习性”。如今我们很多人怎么认识文化？一个是把它等同于学历，再一个是把它当成修饰性的词根。

文静的“俏皮”不大妥当

3月24日，央视新闻播音员或主持人文静在播报一条复活节将至，法国慈善拍卖各种造型的巧克力的新闻后，出人意料地说了句“我去吃块巧克力，一会儿见”，以此为新闻作结。网友名之曰“卖萌”，我不大理解该词的确切含义，文静的这一句用“固有”的用语来说，就是“俏皮”嘛。当下的人不知出于什么心态，热衷于词语的“推陈出新”，明白易懂的不用，定要另起炉灶来新的。不久前，冯小刚导演对“屌丝”一词的非议，本人有同感。从前那么恶俗的用来骂人的话，如今怎么大家都兴高采烈地挂在嘴边了呢，“这世界变化快”？有关方面还是别在“NBA”一定要说“美职篮”上较劲，如果这就叫“污染”汉语纯洁的话，则土生土长的新东西可能比外来物种的破坏性更大。

文静在生活中应该是比较活泼开朗的，出此一语并非偶然。前几天看过央视的一个晚会类节目，是什么名堂忘记了，晚会太多之故吧。记得其中一个环节是央视主持人才艺展示，文静和另外两位再现春晚小崔与赵本山、宋丹丹合作的那个经典小品《实话实说》。颇有创意的是，“赵本山”此时说起了河南话，自云是“走转改”的结果，接了地气，令人忍俊不禁。文静自然是“宋丹丹”了，衣着、外形、语言都极力向之靠拢，虽然那口“碴子味儿”的东北话在东北人听来有点儿别扭，但对于非专业演员来说，模仿到那个程度却也算“相当的”不错。但生活归生活，工作归工作，在不同的时间和地点，角色不能错位。央视《今日关注》《中国新闻》等栏目主持人王世林有个见解：新闻主持人作为新闻链中最后也是最重要的环节，应注重“三确原则”，即身份定位要正确、岗位选择要准确、专业表达要精确。

文静的工作是播报新闻，亦即“照本宣科”地把新闻内容传播给观众，因此，她给自己的身份定位要正确。说到这里，又要抬出著名记者闾丘露薇来给自己撑一下腰。众所周知，闾丘露薇在今年年初“关于电视记者这行”曾经有针对性地放了一炮，所谓“忍了很多天，不吐不快”。其中闾丘露薇认为，电视记者应该把自己隐藏在当事人和新闻事件的后面，“不会利用镜头去塑造记者的细心、体贴、关怀。面对任何人，镜头上记者的表情，都应该是中性的”。我同样认同她的这个观点，因此也对不少电视记者面对官员、大款时那种谄媚、那种低三下四的提问与语气，表示极端的鄙视。我们很多人都欣赏美国 CBS《60 分钟时事杂志》主持人迈克·华莱士，即便不涉及采访内容的一针见血，他那面对任何采访对象都不卑不亢的态度，首先是我们很多业界同行所无法企及的。话休扯远。电视记者尚且应该中性，遑论只是传递电视记者采访内容的新闻播音员或主持人？他不该喧宾夺主，而文静的“俏皮”已然喧宾夺主。

前几年文静在播报《朝闻天下》时打了个哈欠，那个属于工作人员配合失误的画面让人觉得颇有些可爱。现在的“俏皮”显然是有意为之，叫好者以为就该这样，“用不着一本正经地装”。实则这类体现“逆反心理”的话在其他场合、其他领域也时常听到，仿佛嘻嘻哈哈最该推崇，否则就是“装”，这该是一个怎样不讲道理的逻辑呢？文静此语既出，试探到了各路观众的反应。那么，倘若能得到上峰允许的话，她是就此形成自己独特的播音主持风格——播完新闻之后俏皮地捎带上自己，还是继续地“一本正经地装”下去，倒值得我们继续关注了。

（2013 年 3 月 26 日）

整饬晚会是必须迈出的一步

有消息说，一直以来例牌举办的“中国春节四大晚会”，今年将剩下央视春晚这一棵“独苗”，其余那三个——双拥的、公安部的、文化部的——都将暂停。暂停的原因，是践行中宣部等五部门去年8月下发的《关于制止豪华铺张、提倡节俭办晚会的通知》。这消息不知有没有被“误读”。虽然从此前来看，荧屏上中秋和跨年晚会都已经纷纷取消，一时间电视晚会数量骤减，但春晚毕竟分量不同，再加上那“三大”也都形成了品牌。

除了与我们相邻的那个友邦，还有多少国家在办晚会，我是孤陋寡闻的。当然了，咱们有自己的国情和特色，别人有的咱们未必亦步亦趋，别人没有的咱们也未必缩手缩脚。问题在于咱们的晚会太多，泛滥成灾了，几乎成了营造所谓气氛的“常规动作”，动辄“大手笔”，显示“高端大气上档次”。之所以如此，更关键的因素在于花的公款，（当事方）没人心痛，无须心痛。不说别的，单是“国家级贫困县”的天价晚会被曝光，这几年就不是形单影只的事情，即便非结伴而来，也是前赴后继的态势。那些腰缠万贯的市、县、镇或企业、机关，干起来完全顺理成章了。

晚会再奢华，诸如再大的场面、再大的舞美、再大的制作，也是现场那几丁观众的享受，千把人、万把人？最多几万人吧。而到了寻常百姓家里，场面再大也大不过电视机的尺寸，总要被“微缩”。一旦被“微缩”，我觉得和邮票设计就有了性质相似之处。概因以前看过一篇邮票设计师的文章，大意是说邮票在设计构思时，设计者就要考虑邮票图稿缩小后的印刷效果。也就是说，你的设计大图美则美矣，但要看在方寸之间能否同样展现出来。这个类比成立的话，则晚会现场再怎么宏大、视觉上再怎么奢华、音响效果再怎么优良，对绝大多数观众而言毫无意义。而你这晚会，不就是要给绝大多数观众欣赏的吗？

倘若今年春晚真的只剩下央视这根“独苗”，冯小刚导演的压力还要加重一层。春晚这些年备受挑剔已成不争的事实，人们的文化生活丰富多彩，众口早就难调了。但在以前，人们可以“堤内损失堤外补”，央视春晚不好看、不满意，第二天晚上看文化部的，而文化部的春晚作为全国文艺界创作成就和表演水平的集中展现，往往也确实胜出一筹。“独苗”了，寄望就会更高。所以冯小刚导演得有“挨骂”的足够心理准备。然而，从他前些天对自己导演的电影《私人订制》的批评者态度来看，却显然还没有这种准备。看《私人订制》的人与看春晚的人，在数量上无论如何不可同日而语，如果冯导演届时再连发数条微博，且伴随一串“丫的”和“他妈的”，针对“影评人”可以，针对全国观众的话，恐怕会吃不了兜着走，“痰涎如川，顶踵皆濡”也是可能的。

我在去年写过一篇东西，中心思想是在经济发展强调产业结构调整的今天，那些依托公款消费亦即属于“依附型”或“寄生型”的“产业结构”也需调整。晚会正属此类“产业”。昨天看到的一则消息又添了佐证，说一名地方歌舞团的舞蹈演员闲暇时会怀念往年忙碌的1月，“跨年晚会、企业年会、机关年会，还有各种各样的慰问演出，加上给演唱会明星伴舞，过年前的两个月，我们的日程排得满满的，项目接都接不过来”。那消息还说，中央八项规定实施以来，国有演艺公司三分之二的收入泡汤，业务遭受了重创。虽然对他们有些残酷，但对演出市场回归正常而言，整饬晚会却是必须迈出的一步。

（2014年1月16日）

普查一下文化“老字号”如何？

广州的二手书店“文津阁”正在“大清货”，准备于本月底关门。对广州书业稍微关注的人，都知道“文津阁”吧。关门的直接原因不是店主不想做了，而是租金的翻倍增长，招架不住，没法做了。

作为“文津阁”的老主顾，看到同城媒体无不大做文章的这则消息，未免有些感触。钱谦益当年卖掉自己的藏书，有“李后主去国，挥泪对宫娥”之慨，夸张地说，现在对那种凄凉的心境多少有了体会。2013 年开始中央财政开展实体书店扶持试点，试点范围如今已扩大到北京、上海、广东等 12 个省市。今年 4 月，这笔专项资金扶持项目进行了申报，意味着全省的实体书店均可根据相关规定申报扶持资金。且广东从 2013 年开始，每年也设 100 万元基金以奖代补扶持民营书店。“文津阁”对这些情况不大了解，还是因为僧多粥少排不上队，申报未果？

有人说，二手书店的历史、数量和分布，是一个城市文化厚薄的尺子。我倒不愿上升到这样的高度，但“文津阁”的离去，使爱书人少了一个心仪的去处毕竟是实。二手书店的作用不同于新书店，新书现如今在哪里都可以买到，旧书则不然。诚然也有“孔夫子”一类的网上旧书店，但终不及现场挑选保证品质。比如说我就十分忌讳书里被无论什么颜色的笔给划过，二手的嘛，曾经的拥有者很可能读过。这一点，网上旧书店可能没法办到。而且，网上购旧书，也没有那种骤然之间相遇的喜悦。买本书还这么多事，算是毛病吧。从我对“文津阁”书籍痕迹的观察，不难推断出它们的主要来源：一个是出版社的库存，一个是各种图书馆的清货，一个是前人藏书为后人处理，再一个是废品中的沙里淘金。我最青睐也买得最多的是第一种，这种书仅仅是放旧了而已。

二手书店的价值，应该说很少为现代人所关注。北京三联书店正在陆续推出的“闲趣坊”系列，其中一册就是《旧时书坊》，不乏学术大家的文字。书中记录的不是旧时的书店，而是旧时全国各地的各种旧书店。作者们逛旧书店，似乎成了不可或缺的人生寻常经历；而落笔的每个人，都无不流露当年如何“淘到宝”的那份得意。今天指望在旧书店遇到宋椠元版纯属奢侈之想，遇到了，也囊中羞涩。但今天有今天的选择。比如有一些想要的书从前出过，没有再版，只有寄望于淘到旧书。或者，从挑剔的角度说，不少再版书的品质并不如原来。我觉得20世纪70年代末到80年代中的出版物品质颇佳，纸色与墨色非常协调，不刺眼，再加上铅字的凹凸感，翻起来十分舒服。所以我在十几年前买的“三言两拍”等新书，因为有了“文津阁”，全都陆续换成了“放旧的书”。此外，还淘到了不少学者的论文集子，吴晗的《灯下集》、白寿彝的《学步集》、冯其庸的《逝川集》、胡绳的《枣下论丛》，等等。从文章的时代“局限”看，这些集子没理由再版，再版了也会成为“洁本”。而“足本”却是我们理解、全面了解这些著名人物必不可少的第一手材料。

“文津阁”已经经营了十年，就其影响而言，该算文化“老字号”了。这些年来，我们对“老字号”十分关注，但往往局限于经济领域的，如实体书店等文化领域的，似乎还是缺环，二手书店就更不用说了。“文津阁”已矣，但有关方面是否应该借此关注一下文化“老字号”？我给“文津阁”戴上高帽子，肯定有情感因素在内，别人大可不予认同，然有关方面何妨拿出行动，借此在全市乃至全省普查一下、认定一下文化“老字号”？苟如是，“文津阁”也算死得其所了。

（2014年7月16日）

联合国都颁些什么证书？

前两天，一名江姓书法家在微博上晒出了联合国秘书处授予他的“百年文艺巨匠”证书。这一炫耀，给自己弄出了麻烦。尽管微博中所附的照片显示，证书上有联合国秘书长的韩语签字，落款为联合国秘书处，但是网友对其真实性普遍予以质疑。然“联合国怎么会颁发一个文艺奖”之类，毕竟属于凭空猜想，还是联合国教科文组织驻中国办事处公务信息和新闻宣传项目官员沈女士能直击要害：证书上的 LOGO 不对，正确的应是类似雅典神庙的蓝色小房子，有 UNESCO 的英文缩写名称。

无独有偶。再前几天，著名的陈光标先生在接受一家媒体专访时，因为展示了一名叫唐纳修的美国人代表联合国向其颁发的“世界和平形象大使和世界首善”荣誉称号的证书，惹了一身臊。标哥这个亮相未几，是被发现连联合国名称的英文拼写都出了问题。《后汉书·窦武传》中，窦武有个“上疏谏曰”，其中有“今不虑前事之失，复循覆车之轨”的句子，后人据此提炼出了“覆辙重蹈”这个成语。知易行难，颠扑不破之真理也。这个江“巨匠”眼下就又增添了一个活生生的例证。很奇怪的是，在网络如此发达的时代，他真的不知大名鼎鼎的标哥刚刚在这上面摔了不轻的一跤吗？有媒体报道称，老江还曾于 2013 年获得“联合国教科文组织”授予的“世界文化遗产 AAA 级金奖艺术家”证书及“世界最伟大的艺术家”称号。甭琢磨了，这些证书及称号的“成色”同样可想而知了。

记得改革开放之初，国人一度着魔似的迷上了《世界名人录》，甚至介绍某个学界大牌人物，往往也都要言必称曾入此录，俨然是一把评价标尺。后来，当谁都知道那是“一手交钱一手交货，一个愿打一个愿挨”的买卖时，《世界名人录》也就带疾而终，自欺尚可，欺人行不通了。现在接二连三出现的“联合国”证书，敢是《世界名人录》的阴魂未散？在下还想知道，这些打着“联合国”旗号的货色，是专骗咱们的人，还是五大洲各色人种一概通吃？概因在钱锺书先生笔下，《围城》中的“克莱登法商专门学校函授班”，正是专门针对咱们的留学生的。因为标价美金 500 元的证书方鸿渐只花了 40 元，钱先生还诙谐地说他赢得了“也许是中国自有外交或订商约以来唯一的胜利”。不知怎么，写着写着，我倒渐渐地有些可怜“巨匠”了，许是《围城》里还有另一位克莱登博士韩学愈之故。韩学愈借这个假文凭成功应聘了三闾大学的教授，他肯定地对方鸿渐说，克莱登是“很认真严格的学校”。蒙在鼓里的“巨匠”，会不会就是韩学愈的心态？

假联合国来行骗，不可能到此为止。虽然联合国方面表示“保留采取后续相应措施的权利，对造假情节严重的冒牌机构，会责成中国政府相关部门进行严肃处理”，但骗子还会无孔不入。防患于未然的话，见多识广的人士就该挺身而出，普及些关于联合国的 ABC 知识。别看联合国很有名，我们每天从新闻中也都知道他们很忙，不像网友笔下调侃的“杜甫很忙”，而是真忙。国际上动荡不已，他们的宗旨之一又是“维持世界各地和平”，可不要忙？但除了这些呢？解一时之急的话，有识之士该介绍的知识至少应包括这些：联合国是不是喜欢颁发“首善”“巨匠”一类的证书，是的话，在什么情况下由它的什么机构颁发什么类别的证书。普及一下的好处是，免得大家连寻常的骗局都辨不清，把廉价无比——当然可能是重金换得——的“荣誉”真的当成那么一回事，美滋滋地炫耀，结果弄巧成拙，丢人现眼！

（2014 年 7 月 17 日）

大妈们宣誓降噪值得称道

西安市一个小区喜欢跳广场舞的大妈们，最近有一个令人称道的举动：宣誓将广场舞音量调低到60分贝以下，而且给自己划定了跳舞的时间，“不超过晚上9点，不早于早上7点”，以“还居民一个寂静安宁的夜晚”。与此同时，参加西安市第二届未央区市民大舞台演出的27支代表队中的1000多名跳广场舞的大妈，在决赛前夕——7月22日——也发出了类似的倡议。大妈们的可称道之处，在于为渐趋尖锐的广场舞矛盾纷争找到了化解的路径，虽然只是之一。

广场舞矛盾纷争，就是跳舞的大妈与附近居民之间的矛盾纷争，一方要尽情欢乐，一方要安宁的生活环境。似乎应该承认一个前提，那就是“广场舞”演变到差不多与“扰民”同义，政府“有关部门”是失职的，这个“有关部门”究竟该涵盖哪些部门，对不起，我也不大清楚。总之我是觉得，这个带有普遍性的矛盾纷争不该任由当事双方自身去“针尖对麦芒”。前两年不是有则消息说，我们大妈们把在国内的这一套搬到美国如法炮制就遭遇了“滑铁卢”吗？该谁管，人家就分得很清楚。也许在我们这里，不作为，一方面是还没弄清该由谁来作为，二是即便弄清了也不知如何作为，像美国警察不由分说铐人的事，咱们这里绝对干不出来。按咱们的逻辑：不就吵了点儿，至于吗！然而，这种情况继续下去的话，由此产生的矛盾解决方式势必也就处于“丛林”状态，就是被扰的一方有什么招用什么招。我们从全国各地汇总来的新闻看到了不少活生生的案例，鸣枪的、扔蛇的、放狼狗的、架高音喇叭对抗的……“花样”不断翻新，是为了但求奏效。闹到这地步了，说是矛盾渐趋尖锐并不为过吧？不难想见，被扰的一方一旦投诉无门，自发地采取各种维权——安宁权——手段，几乎成为必然。前提不变，杳不知还会有什么极端的举动出现。

西安的大妈们现在“退”了一步，很了不起。解铃还须系铃人。广场舞方兴未艾，看上去属于“朝阳娱乐”方式，没有任何迹象显示因为附近居民的抗议就会终止。既然要跳下去，方方面面又都“狗咬刺猬——不知从何下嘴”，大妈们自律之一途就显得尤其重要。我一直不认同一种说法，就是城市规划没有给大妈们活动预留相应的空间，没地方去娱乐，只有就地取材，哪块地方大点儿就在哪块地方“安营扎寨”。规划缺陷的因素诚然有，但不是根本。以我目睹的若干广场舞的那种“分贝”来推断，那要多大的空间才能把噪声稀释掉啊！过于归咎城市规划，对解决问题于事无补。当大妈们“退”了一步，广场附近的居民相应地也应“退”一步，那就是欢乐中的大妈们偶有不遵守誓言的行为，不要揪住不放。清朝康熙年间发生在安徽桐城的“让他三尺又何妨”，结果退出了“六尺巷”的佳话，为后世津津乐道。广场舞矛盾双方都记起“退一步海阔天空”的古训，那则佳话何尝不会在现实中上演？

广场舞这个困扰“有关部门”的事情有望在民间自发解决了。倘若大妈们将誓言落到实处，其成效就是完全可以预期的。报道说，西安大妈们的自我规范是陕西省的首个，其他地方的大妈们又何妨借鉴？当然，任何行之有效的做法，都未必能够通吃。即便大妈之“退”能够推而广之，毕竟还是一种主观的能动行为，而探索究竟由谁作为、如何作为，从制度上解决矛盾，仍然是城市管理者不容忽视的问题。他们千万不要就此松了口气，放任矛盾的累积，没出事便在那里庆幸，出事了便手忙脚乱。

（2014 年 7 月 23 日）

塔越坚强，人越难堪

山西祁县出了个“塔坚强”。照片上看，土堆上立着一座孤零零的残破古塔，塔座下方一部分已经悬空，塔身随时可能倾覆。这种情景，不由得让人想到罗布泊地区的雅丹地貌，不同的是，后者纯粹风力侵蚀而成，前者“独此一家”，在自然力的作用之外恐怕还有人为取土的因素。本质尤其不同的是，雅丹地貌形同大自然当了回雕塑师，它的杰作并无人文内涵可言；而据祁县古建筑修复测量队考证，那座坚强的塔乃明清遗存，还有大号呢，叫文峰塔。

文峰塔，寄托着前人对读书功效的美好寓意。容我武断地推论一下，昔日在全国各地应该是个普遍存在，一如“魁星阁”“文昌阁”，但凡文风昌盛的所在，都不免借此亮明自己的态度。读书，“书中自有”什么也好，“一举成名”便如何也好，总之传统文化正在这所谓“功利”动机的驱使之下，客观上得到了创造、弘扬和传承。如今，“文峰塔”的精神引领作用早已失去，但是作为当年的一个重要载体和见证，它的文化价值犹在并且永恒。而我们不少人并没有认识到这一点，盘算的只是它在当代所能带来的“价格”，进而决定其命运。在这个意义上说，塔越坚强，人越难堪。这里的“人”，是本该爱惜它、保护它的当代人。现在，面对它的摇摇欲坠的坚强，我们不该蒙羞吗？

有人说了，山西的文物数量太多，像文峰塔这样的县级文保单位根本排不上“保护”的队。此言不虚。去年5月初，国务院公布了第七批全国重点文物保护单位，山西以181处入列，不仅此次的数量居全国之首，而且总量也继续蝉联全国第一，有452处之多。然而，有道是“乌鸦与喜鹊同行——未知吉凶祸福”。山西自豪未几，央视《焦点访谈》就在当月月底曝光了他们高平市大批古建筑面临失修的惨状，其中不乏国家级和省级文物保护单位。有当地文保人士更“雪上加霜”，指出这种状况岂止局限于高平？没错，如今讲文物保护，哪个地方也不敢拍胸脯说自己那里没问题。就说广州，位于越秀区的民国建筑“金陵台”去年被开发商连夜拆除，不待央视出马，本埠媒体就集中痛打了一番。这两天部分建筑复建告竣，据说处处体现了“历史细节”。算了吧，历史细节早在蛮横的钩机之下灰飞烟灭了。早在2009年，广州新河浦中共三大会址一带的9栋小洋楼被拆除，旋即在舆论压力之下打算复建时我就写过一篇文章：《与其复建洋楼，不如立碑明耻》。因为复建出来的东西，无论模样如何，都可以用不三不四、不伦不类来形容，包括像北京永定门那样的堂皇建筑也不例外，因为它们没有承载过任何历史内涵，散发不出丝毫的历史幽情。因而与其复建，不如立个“铭耻碑”，谁干的、为什么要这么干，就钉在历史的耻辱柱上！倘若被毁掉的真文物一概可以复建了事，那就是过于轻描淡写了。

“塔坚强”的亮相，让人痛心疾首。全国人民瞩目之后，当地官方做出了回应：祁县文物旅游局就保护文峰塔已有实施方案，将立即进行围栏保护；速请有资质单位制作维修设计方案，通过评审后，马上施工。文峰塔可能会幸存，但是，其他的呢？反腐败需要“发现一起，查处一起”，那是因为腐败分子的行径具有一定的隐蔽性，有待“发现”。文物建筑的生存状况如何，却是明摆在那里的，难道也要“发现一起，保护一起”吗？不能。这样的话，只能说明我们骨子里对传统文化没有真正地重视。对了，千万别提什么钱不钱的，根本问题不在那里。

（2014年7月31日）

郭美美要的是什么名?

“网络红人”郭美美最终倒在了赌博上。日前，央视播出了一组镜头，使这个先前谜一样女孩的眉目多少清晰了一些。当然，不是“卸了妆看起来就是个普通女孩”那种眉目。郭美美长得是什么模样，如果现在有人还蒙查查，那这个人可能是生活在桃花源中的秦遗民吧。

我所说的眉目，是郭美美之所以从普通女孩到网络红人再走到今天这一步。从报道中不难看到，其中一个关键因素是：出名。她的“干爹”王军说，郭美美“为了名不计后果，为了钱不择手段”。办案民警说：“郭美美为了出名，利用网络、媒体无底线地曝光和炒作自己，对她来说已经是驾轻就熟。”而用她自己袒露的内心世界：“坏名声也是名声。”综合起来，这个关键因素不是一览无余吗？名声，按《现代汉语词典》（第5版）的释义，是“在社会上流传的评价”。既曰评价，自然便有正有负也就是有好有坏。郭美美所要追求的，无疑只是名声，为此可以浑然不计其他。她能说出那句话，显然已经“预见”到了坏的一面，毫不在乎就是。在这些前提之下，如报道所云，“郭美美在网络上疯狂炒作自己”，在个人微博上发布大量的“炫富”内容，就是自然而然之事。

坏名声也是名声，这句话的语意有些耳熟。对了，与东晋桓温的“不能流芳后世，也要遗臭万年”有些相似。桓温留下了许多名言，如“神州陆沉”“木犹如此，人何以堪”等；最惊世骇俗的，还是流芳遗臭这句。这在南朝成书的《世说新语》和唐朝成书的《晋书·桓温传》里都有记载。在前者那里的文绉绉表述是：“既不能流芳后世，亦不足复遗臭万载邪?”其实，就算桓温真这么说了，也未必是他的“三观”体现。晚年的桓温的确权倾朝野，但那句话也很可能是一时兴到之言。一天他卧在床上对亲信感叹道，“为尔寂寂，将为文、景所笑。”这里的文、景，分别指司马昭、司马师两兄弟，司马昭的儿子司马炎建立西晋之后，追尊二人为文皇帝、景皇帝。桓温的意思无非是说，如果不夺取政权而甘于现状的话，将来到死后会被司马两兄弟所笑话。“司马昭之心，路人皆知”嘛，他虽然没有推翻曹魏，但已无甚秘密可言。桓温的儿子桓玄也果真称帝，建立了楚，还改了元，追尊桓温为宣武皇帝，庙号太祖。在“家天下”的时代，这叫僭越，叫篡位。如我们所看到，正史至今也没有承认桓家的这段风光履历，当然这与桓楚存在的时间太短——不过七八年——都没传到第二代密切相关。但是，如果传了几代，桓温这话还能不能写进历史，就要另当别论。

但桓温的这句话，被后世不少人歪曲了本意，异化成但求出名。郭美美于此典未必知晓，估计是耳濡目染吧，走的实际上正是这条路数。不过，“90后”的郭美美还很年轻，用柳青名作《创业史》中的一段话来说：“人生的道路虽然漫长，但要紧处常常只有几步，特别是当人年轻的时候。”所以对她的步入歧途，如今也不必尽行口诛笔伐之能事。她不是流了泪嘛，不是检讨虚荣心害了自己嘛，不是对这几年所做的事情后悔不已嘛，不是表示“出去后我要重新做人，不会再去赌博、炫富”嘛。不管她是否真的这样认识，还是不妨相信她今后能够改正。至于她的生父有没有过诈骗前科、大姨有没有过容留卖淫被刑拘、舅舅有没有过贩毒被判刑，完全是另一码事，不要关联也罢。

（2014年8月4日）

公众太需要普及应急常识

昨天早晨照例听《央广新闻》，对一则关于鲁甸地震救援方法的谆谆告诫印象颇深。告诫说："震后救人，请先把受困者的头部暴露出来，以保证呼吸畅通，对于不能自行离开埋压处的人员，切忌强拉硬拖。对埋压时间较长的人，要用深色布料蒙上眼睛，避免强光刺激。"印象尤其深的是，这段话在用普通话播报之后，接着又用昭通方言重复了一遍。并且，这样连续播报了几回。

这则告诫可以说是在普及震区救人应当遵循的常识。节目播出时，鲁甸地震尚在救援黄金72小时之内，救人，尽最大可能减少人员伤亡无疑摆在第一位。实际上，所谓黄金72小时也只是理论上的时间段，即便过了72小时，救援人员每多挖一块土，多掘一分地，同样可以给废墟中的生命创造生存的机会。也就是说，但有可能，对人的救援就不会放松。而如何救援，那则告诫就来得及时而且必要，这种常识属于科学的常识。鲁甸隶属昭通，用普通话和昭通方言广播，等于满足了所有在一线救援的人，因为假如当地参加救援的百姓对普通话的理解尚有一点儿障碍的话，也能更准确地掌握这种常识。而处于"后方"的我们，也得到了相应常识的普及。不难想见，今后，当我们也身处突发的类似灾难之中，因为有这些常识在胸，一定能够提高救援的科学性。

所谓常识，顾名思义是日常的知识。不要小看这些日常知识，它们不会先天地植入人们的大脑，某种程度上却又是应该必须了解、必须掌握的知识。在事实面前恐怕得承认，我们很多人对常识还了解得太少、太少。比如因为对溺水者、对窨井作业遇险者盲目施救而导致更大悲剧的事情，这几年已经发生不少起了，性质几乎如出一辙。究其根本，就是施救者缺乏这方面的相应常识。而在日常生活的方方面面，公众同样太需要被普及一些常识，尤其是应急常识。

无独有偶。前两天傍晚，央视的一段画面也带来了不小的惊喜。那是在他们节目的间隙播出的，本该是出广告的时段吧，却意外地看到了在普及如何应对心脏病突发的常识。画面中，一个真人，一个假人；真人是施救者，假人是发病者躺在那里。画外音然后告诉我们，如何选择患者的按压点，如何按压，用多大的力反复按压多少次；还不行，如何进行人工呼吸……才看了一遍，不过短短几分钟的时间，也大致了解了这一常识。多看几遍，再有机会模拟，就有把握说能够掌握了。我得承认自己看电视不太多，这画面可能早就存在，但我是头一次看到。当然了，我头一次看到不等于人家是头一次播。而如果确是央视头一次的话，我认为这是极其有益的尝试，表明国家层面已经开始有针对性地、大张旗鼓地重视常识的普及。

"不积跬步，无以至千里。"假以时日，我就还想听到和看到更多的常识普及。让常识不仅作为文字停留在纸面上，而且作为图像尽可能地活动起来、形象起来，易于公众模仿，让公众一下子就懂得怎么操作。我们的电视台，需要经常地拿出这样"几分钟"，普及各种应急的常识，多多益善，使家喻户晓，人人皆知。这样的话，天虽有不测风云，但一旦面对突发的什么，公众不至于因为常识的欠缺而束手无策，酿成本可避免的悲剧或者加剧事件的伤害程度。

（2014 年 8 月 6 日）

看月饼销售遭遇"史上最艰难"

传统的中秋佳节还有不到一个月就到来了。按照以往的惯例，月饼销售该进入了旺季，但报道说，广州厂家和超市对今年的月饼成绩预期都很保守，有生产商甚至断言"说增长的都不可信"，还有的声称往年中秋前两月就能生产几十万盒月饼，今年竟是零订单，遭遇了"史上最艰难"。什么原因？不难猜想。中纪委监察部网站几天前开通了公款送月饼等"四风"问题的举报窗，同时宣布将每周通报各级纪检监察机关查处的违反中央八项规定精神的案件。从那一刻起，结合这两年来对"四风"的纠察力度，稍微动点儿脑筋的人都能预知这个结果。

假如二者之间的逻辑关联的确成立，那么，这个"史上最艰难"就很值得玩味，因为它所对应的实际上是"先前太容易"。为什么太容易？公款消费。所以，那个“太容易”，根本算不上是一种正常的市场经济行为，如今的“最艰难”倒真有回归正常、得其所哉的意味。声明一下，这不是存心看商家的笑话，只是陈述客观事实。我在去年年初有一篇《别一种“产业结构”也需调整》曾经对商家提过一个类似的醒，那是针对年关将至，而政府机构、企事业单位年花采购数量整体下降而言的。当时我要表达的是，那种依附或寄生于公款消费的“产业结构”，已经到了必须调整的地步了。现在，月饼销售与年花销售颇有些“何其相似乃尔”。而想要补充说明的是，即便某些“产业结构”本身无须调整，“产品结构”也需调整了，那就是让市场回归市场。以中秋而言，让月饼就是月饼，就是传统节日的特色食品，而不是使它沦为“公关”的载体，充当“交易”的媒介。

中央反对“四风”的禁令出台之后，许多“经验主义者”在一开始照例不以为然。现在他们应该认识到，“经验主义”这回不灵了，反“四风”不仅不是一阵风，而且还在不断强化力度；不仅保持着常态，而且还“逢节必令”，在每个重要的时间节点都格外亮剑一回。在中纪委监察部网站举报窗推出的当晚，不是就挂出了 8 月 4 日至 10 日各地共 154 件违反八项规定的案件吗？并且，相比于去年，今年严打“月饼腐败”的预警信号还释放得更早了些。都说商家是精明的，但在这种大趋势之下，如我们这些不精明的非商家，也认识到今后再对那些“依附”或“寄生”于公款消费的“产业”或“产品”仍然抱有幻想，是非常不明智的了。所谓“产品结构”也需要调整，就是他们应该去做真正的“市场文章”，产品首先必须从针对公款消费的“高端路线”低下原本昂着的头，转向面对大众消费的“群众路线”。显而易见，那些“醉翁之意不在酒”的货色，比如含有贵金属的“思乡月”、端午时的“天价粽子”或者“天价”别的什么，大可就此退出历史舞台，一去不复返了。

“光辉皎洁。古今但赏中秋月，寻思岂是月华别？都为人间天上气清澈。”南宋张抡的句子。如今无论 PM2.5 如何，中秋来到时，天上的“气”还是相对“清澈”的，只是在“人间”，因为被权力滋润出了诸多习以为常，才有那么点儿浊意。因此，中纪委监察部网站抓的与其说是食品意义上的粽子月饼，实质上不如说是要“玉宇澄清万里埃”。忽又想到，不过是禁止公款送月饼嘛，月饼生产竟至于遭遇了“史上最艰难”，我们的公款消费到了何种程度，真的是不难想象也不敢想象了！

（2014 年 8 月 12 日）

小黄狗“撩水救鱼”何以感动世人

这两天，一段小黄狗以鼻子“撩水救鱼”的视频很火，相信看过的人十有八九会被感动。视频中，几条躺在地上的鱼奄奄一息，一旁的小黄狗看到了，用鼻子不断地把显然是水泥路面上的那点儿可怜积水撩向它们，从动作频率上看无疑非常着急。我们智商高于它的人都知道，这种努力的效果微乎其微，但小黄狗毫不放弃，鼻子对着鱼头嗅一嗅，鱼动了，更加紧“工作”。虽然最后的结局可想而知，但小黄狗的执着很感人。

对这段四十几秒的视频，网友予以了高度评价，调子则惯常走向两个极端。有的说小黄狗是“佛祖转世”，这该是乐观一派；有的慨叹“人有时还不如一只狗”，这该是悲观一派。后一句近乎开骂，估计脑袋里想到了每当老人倒地，扶与不扶就成为讨论热点的沉重话题。小黄狗“撩水救鱼”，不可能是什么“佛祖转世”，但如此不可思议地超越其本能，深谙“鱼儿离不开水”，我乱猜一下，可能与其主人的“身教”有关。早几年《三联生活周刊》有则消息，说美国西弗吉尼亚大学一个研究小组得出结论：决定一条狗是否具有攻击性，不仅是看它的血统，还要看其主人的品行。因为他们此前的在线问卷调查显示，那些家有恶犬的人，行事野蛮、滥用药物以及打架斗殴的概率，远远高出饲养性情较为温驯犬种的人和不养狗的人。这个研究很有意思，用来检验韩非子的著名寓言“狗恶酒酸”，可以有另外的心得：他家的酒之所以卖不出，未必是门口的狗多凶，而是店主正张青、孙二娘一类的人物。用这个研究成果来逆推，小黄狗如此“慈悲”，可不有其主人的因素？

小黄狗知道“撩水救鱼”，我们人类却连小黄狗在内都可能最终吃掉，前一段在玉林那里发生的事情足可佐证。但聪明的人类也发明了相应的“补偿”办法：放生。《列子》里就有了：“正旦放生，示有恩也。”留下《梦溪笔谈》的沈括还说，王安石就喜欢放生，他见过安石“就市买活鱼，纵之江中”，鱼儿“莫不洋然”。洋然，就是舒缓自在地游走。放生，自然有尊重生命的慈悲情怀，但是首先，对一些人来说，有功利的色彩。比如弘一法师就说过：“先问诸君：一欲延寿否？二欲愈病否？三欲免难否？四欲得子否？倘愿者，今有一最简便易行之法奉告，即是放生也。”其次，当然也是对一些人来说，有自私自利的色彩。也是这两天，一条深圳女网友放生毒蛇的微博，甚至引发了“到底是积德还是造孽”的讨论。因为深圳有市民被放生的毒蛇追逐过，而此番不知女网友的放生地点究竟在哪里，难免引起大家的恐慌，导致深圳和英德警方先后介入调查。直到 8 月 12 日晚，英德警方官方微博称民警已联系到放生女子，其告知放生地点为英德市郊马口村山上，并非英德市区公园，才算告一段落。这名女网友的放生，就是完全从自身出发而浑然漠视他人的。

那么，说来说去，小黄狗“撩水救鱼”何以能感动世人，也就十分清楚了。应该是它全无一丝杂念，行为极端纯粹，既不是事先布置好的一场行为秀，也不是看到有人在拍视频才动起恻隐之心。看，即使它的鼻子跟地面摩擦受伤了，还仍然忙碌个不停。“拿耗子”是它多管闲事，“撩水救鱼”其实也这样，然而从中见不到任何功利色彩。而我们人呢？打击面别太大的话是有一些人，“当其舍时，纯作取想”，甚至“左予而右索，予一而索十”。付出的目的，是为了换取更多、更高的回报。

（2014 年 8 月 14 日）

“史上最黑暗月饼”该属恶搞

巧克力香辣牛肉月饼、酸辣月饼、青花椒卤肉月饼、榨菜鲜肉月饼、奶酥松露鹅肝月饼……今天看到一则报道，道是“商家推史上最黑暗月饼”，乃知如今的月饼馅料，已经到了“乱花渐欲迷人眼”的地步。以笔者这样的有限想象力，根本跟不上商家的创意速度。用报道的说法，为了吸引大家的舌头，月饼厂商是绞尽脑汁，搞出了一大堆“逆天搭配”的新品。继续逆下去的话，某一天，掰开月饼，说不定能“集齐”各地小吃、八大菜系甚至满汉全席。

这些年我们渐渐地重视重要传统节日的振兴或弘扬了，不能说没有收到成效，但遗憾的是，节日食品每每抢眼得很，喧宾夺主。一般来说，往年是“天价”——月饼、粽子——犯了众怒，“买的不吃，吃的不买”，像我前几天在文章里说的，沦为了“公关”的载体，充当了“交易”的媒介。禁令严了，又有转移到月饼馅料上的趋势。去年中秋临近时，五仁月饼被无端端地骂了一遭，我到现在也没弄明白前因后果，究竟是为什么，只好小声地嘀咕一句始作俑者“真是穷极无聊”了。振兴或弘扬传统节日，前提是要尊重传统。尊重传统，自然不是说就要墨守成规，就非得因循守旧，传统没有的就裹足不前，不是这个意思。况且，月饼馅料该用什么，也并没有一定之规。不妨考察一下月饼的小史。

据专业人士考证，南宋周密在《武林旧事》里最早提到“月饼”的概念。检索该书，“月饼”给归入了“蒸作”类，今天的月饼众所周知是烘烤的，所以虽然名词一样，但那个“月饼”与今天我们吃在嘴里的这个月饼是否为一个东西还很难说，更像与武大郎的炊饼“同宗”。炊饼其实就是蒸饼，因为宋仁宗名“祯”才“被迫”改了名。“蒸”与“祯”并非完全同音，差了个“g”呢，但是音近，今天还有好多方言加不加“g”分不清，遑论彼时？而一旦念差就犯讳了。应该是从明朝开始吧，月饼成为中秋节特定的节日用品（拜月用）和食品。嘉靖朝田汝成《西湖游览志余》云：“八月十五谓之中秋，民间以月饼相遗，取团圆之义。”万历朝沈榜《宛署杂记》记述的便是中秋制作月饼：“士庶家俱以是月造月饼相遗，大小不等，呼为月饼。”其中还提到“市肆至以果为馅，巧名异状，有一饼值数百钱者”。看起来，彼时月饼已与“奇形怪状”、与“天价”有染了。比之粽子、汤圆，月饼的历史算是节日食品中的“小弟”。然而，其馅料虽无一定之规，但南方北方，客观上已经形成了自己的传统。有朝一日，可能会像“八大菜系”那样评出“八大”或者“八式”月饼，京式、广式、潮式、苏式、滇式，等等。每一式，都有自己鲜明的特色，而特色的本质所在，无疑是馅料。这就是今天以及今后月饼馅料发展必须尊重的传统。

不错，“百花齐放，推陈出新”已经提倡好多年了。然而，“放”的那朵“花”，“出”的那个“新”，不能甫一露面就让人有滑稽之感。“巧克力香辣牛肉月饼”之类，近乎插科打诨，明摆着有“恶搞”的成分。“逆天”在网络语言中也许是昵称，“最黑暗月饼”自然属于报道者的调侃，但在月饼馅料问题上，我觉得都不妨视为实指。最后想说，任何节日食品都只是节日的一个组成部分，起辅助的作用，过节的本质意义不在于“吃”。试图通过节日食品来吸引公众对节日的注意力，让大家视野总是盯在这些皮毛之处，对振兴或弘扬传统节日无甚益处可言。

（2014 年 8 月 18 日）

修订的《广告法》或将终结虚假代言

在经过半年之久的向全社会公开征求意见之后，《广告法》修订草案日前提交给全国人大常委会审议。修订草案的亮点之一，是首次引入了“广告荐证者”的法律概念。按照专业人士的解读，这个概念是指广告主以外的，在广告中对商品、服务进行推荐或证明的自然人、法人或者其他组织。“进行推荐或证明的自然人”，想来很多人不约而同地会想到神州大地曾经一度无处不在地嘟囔要“补肾”“补钙”的各路明星。大量报道所聚焦、所指向的，也正是这一点。

修订草案引入这个法律概念的目的，在于增加“广告荐证者”行为规范和法律责任，告诫他们应依据事实，查验广告主提供的证明文件，核对广告内容，不要为未使用过的商品或未接受过的服务进行证明。告诫之后有“法律责任”，在第六十条中可以看到，一旦发现广告荐证者明知或应知广告虚假仍在广告中对商品、服务进行推荐或证明，将由工商部门没收违法所得，并处违法所得 1 倍以上 2 倍以下的罚款；损害消费者合法权益的，还要依法承担连带责任。这就意味着明星今后在代言之前不能不仔细斟酌、慎重其事了。而把待修订的《广告法》找出来翻了翻，的确没发现虚假广告关代言者什么事，甚至连相关概念都踪影不见，其中的“广告发布者”庶几近之，然而是“指为广告主或者广告主委托的广告经营者发布广告的法人或者其他经济组织”。

关于明星代言虚假广告如何担责的事不知说了几轮，“至今已觉不新鲜”。然而每一轮又都能成为热点，足见这个问题有人神共愤的意味。笔者读中学的时候，对由他人转述的列宁的一句话印象颇深：“在市场上常常可以看到一种情况：那个叫喊得最凶的和发誓发得最厉害的人，正是希望把最坏的货物推销出去的人。”后来检索《列宁全集》，还真的找到了这句，在整整一百年前——1914 年 5 月——列宁写就的《工人的统一和知识分子的“派别”》一文中，见于《列宁全集》第 20 卷第 294 页（人民出版社，1958 年 10 月第 1 版）。列宁讲这句话，是为了对接下来的其他论述进行铺垫，所谓比兴或借喻，但用在如今某些明星代言的广告这里，熨帖得很。不同的只是，叫喊和发誓的人在列宁那里是虚指，现在都有了真名实姓，连“最坏的货物”也为臭名昭著的“三鹿奶粉”所坐实。当初某个女性明星不就是反复叨咕嘛：“专业生产，品质保证，名牌产品，让人放心，还实惠，三鹿慧幼婴幼儿奶粉，我信赖！”没坏到那个份儿上的，如“藏秘排油”减肥茶如何神效、“盖中盖口服液”如何是预防和治疗儿童缺钙症的补钙佳药等等，也都是由公众熟知的明星亲口道出，然而或为央视“3·15”打假，或为消费者告上了法庭。明星代言广告所以成为问题，正由这些案例逐渐汇集而成，以其没有“法律责任”而成为痼疾。

明星代言广告的信誉度如今有多高，我不大清楚。在这个问题上我是偏激的，如劫法场的李逵，他是一概“排头砍去”，我是一概不去相信。然无论先前说过几轮，明星代言虚假广告的问题一天不解决，就仍然有谈论的必要。虽然先前的每一轮，都是再代言虚假广告如何如何，而事实却表明都只是“恫吓”而已，令消费者白白欢喜一通，但是我们有理由相信，这一回把强硬的限制措施郑重写入《广告法》，应该可以起到“终结者”的作用。对于这样一个消费者拍手叫好的修订，得到全国人大常委会审议通过也完全可以预期。

（2014年8月26日）

胡万林的道白有些意思

今天，“神医”胡万林涉嫌非法行医致人死亡案在洛阳市中级人民法院开庭审理。记不清这是胡的几“进宫”了，捕而后判，好像有好几次了。2000年，他就曾以相关罪名被逮捕并判处有期徒刑。此番受审是因为又出了人命：去年，他们组织的“养生班”所提供的药物，导致一名前来学习中医知识的大学生死亡。于是，河南省新安县检察院批准逮捕了包括胡万林在内的4名嫌疑人。

庭审中的对白已经见诸报道，我看到的版本虽然简短，但也觉得有些意思。至少有这么两点吧：一个是公诉人问胡万林“什么时候上学”，他说“基本上没上过”，自学，且在山中碰到“源头老人”向他传授医术；再一个是公诉人要他“讲一下五味疗法的来源和依据”，他说是女娲教的，“中华祖先发明的”。所以觉得有些意思，在于胡万林给自己“医术”罩上的神秘色彩。女娲不用说了，虽然前两年山西吉县信誓旦旦地“发现”了女娲骸骨，还是由包括国家文物局原副局长、故宫博物院副院长在内的考古、历史、神话、民俗专家“形成的共识”，我们也知道女娲只是神话传说。何谓神话传说？先民借助想象和幻想把自然力拟人化的产物。休说女娲，便是“源头老人”在胡万林眼里也是来无影去无踪。“神医”的本领，大抵正源于某种神秘的力量。战国时与扁鹊齐名的淳于意，即得到了“黄帝、扁鹊之脉书”，因此“五色诊病，知人生死，决嫌疑，定可治”。这些脉书怎么来的？一位老人传的，他看中了淳于意，“欲尽以我禁方书悉教公”。换言之，淳于意遇上了天上掉馅饼的美事。但细看去，古今“神医”终究有些本质的区别。从前的如淳于意医术的确精湛，披上神秘外衣旨在表明何以精湛；现在的如胡万林等，则是借助神秘外衣来“拉大旗作虎皮”。

大家应该都还记得，胡万林当初是靠一把芒硝“打天下”，他的治病理论很简单：“人生百病皆因水，病了的人就该用芒硝强行‘脱水’。”芒硝正是一种刺激性很大的泻药。如今胡万林弄出个女娲传授的“五味疗法”，算是其“医术”的升级版了，有兴趣的人可以鉴别一下属于2.0还是3.0。不过，警方对新受害者出具的尸检鉴定意见通知书显示，“符合饮用含芒硝类的液体后引起恶心、呕吐等，合并肠炎和上呼吸道感染导致机体脱水、水电解质平衡紊乱和急性呼吸循环功能障碍而死亡的征象”，还是窥见了“芒硝”的那条小尾巴。就是说，名堂固然变了，其实“换汤不换药”。

有人可能要说：“一个巴掌拍不响。”胡万林虽非法行医，毕竟有人甘心上当。但是在这里，与其责怪所谓“信众”的愚昧，不如诧异监管部门何以对“神医”们的行为漠视。毛主席早就说过：“僧是愚氓犹可训，妖为鬼蜮必成灾。”唐僧可以教育，妖魔才是祸害。事实上，雄才大略如唐太宗在这类问题上也不免落入窠臼。《资治通鉴》载：“王玄策之破天竺也，得方士那罗迩娑婆寐以归，自言有长生之术。”太宗对那方士“深加礼敬，使合长生药”，且“发使四方求奇药异石，又发使诣婆罗门诸国采药”；只是因为“其言率皆迂诞无实，苟欲以延岁月，药竟不就，乃放还”。所以，“愚氓”不可免，既要给之以慧眼，重要的还是毫不留情地铲除“妖魔”。

这些年我们见识了不少败露了的“神医”，一旦被拆穿就会发现，拆穿本身并不是什么难事，一夜之间或者一事而已。但不知为什么“神医”们先前到处风光的时候，该管的部门却懒得管理。胡万林前几次“进宫”都是因为出了人命，这回又不例外。事情非得到了这一步才能引起重视吗？

（2014 年 9 月 2 日）

“罪己书”为诚信建设增添了一抹亮色

北京一家 9 月 5 日开业的栗子店未几就歇业了。店铺歇业自然有各种原因，有趣的是这个店的老板用文绉绉的“罪己书”来陈述：“试炒当日……发现栗子内坏甚多，品质低劣……使买我栗者痛……我为此深感愧疚，自责不已……不敢欺人以牟利，故思虑再三，决定停业数日，再寻货源。不得好栗，暂不开业……”他说，在试营业第一天，他从新发地进了约 100 斤栗子，自己炒熟，当晚卖出去了 58 斤；后来他在品尝时发现不少栗子都是坏的，“表面上看不到虫眼，但里面有很多黑斑，味道不对劲”。而所以名之曰“罪己书”，在于自己虽然从小语文考试文言文部分“非常烂”，却一直都喜欢读《史记》等典籍，贴出去的东西如果用“告示”“通知”，就不易吸引别人往下读。

这就是说，尽管“罪己书”有标题党的嫌疑，出发点却是为了亮丑，亮自家的丑，那么，至少在这件事上，是其良好商业道德的体现，所谓“业界良心”的一种。毋庸讳言，食品安全这些年把公众弄成了惊弓之鸟，似乎哪里都不存在“净土”，不久前“上海福喜”又来了个重创。在方方面面社会诚信需要重建的背景之下，任何些微的努力都值得鼓与呼，何况“罪己书”本身还有不少文化含量。

“罪己书”应该是受了“罪己诏”的启发，店老板不是喜欢阅读古籍嘛。从前的人的“三观”，是把天象变异、自然灾害与人间政治紧密关联在一起，所以每当发生了地震、旱涝、蝗灾等大灾大难，一概视为天谴，因而皇帝要自省自责，摆出“余一人有罪，无及万夫”的姿态，也是模仿“禹、汤罪己”吧。比如唐高宗时“晋地屡震”，他就说了：“朕政教不明，使晋地屡有震动。”高宗在藩时封晋王，乃有此自责。宋仁宗时沂州大地震，也是自我检讨：“地道贵静，今数震摇，得非兵兴劳民之象乎？宜诏本路转运、经略司，安恤百姓，毋得辄弛边备。”在“罪己”的同时，皇帝们还往往“诏求直言”。当然，无关痛痒的“直言”好说，痛痒的来了，皇帝的态度往往也就变了。这是另话。“诏”为皇帝所专有，而栗子店老板是个平头百姓，他要“罪己”，选个“书”字，既借鉴了传统文化中的这一独特方式，又没有“僭越”——开玩笑。

由“罪己书”想到元杂剧里面的若干店家，他们在亮相的时候，也都喜欢“罪己”一番。比如无名氏《争报恩三虎下山》第三折，店小二上场念白：“我卖稀粥真个稀，谁不与我做相知。由你连喝一百碗，吃了依然肚里饥。”又如无名氏《朱砂担滴水浮沤记》第二折，开场也是店小二自道：“别家水米和匀搅，我家水多米儿少。若到我家买酒来，虽然不醉也会饱。”再如曾瑞卿《王月英元夜留鞋记》楔子，王月英家有个胭脂铺，“自谓状元探手可得”却“时运不济，榜上无名”的郭华，借买胭脂之名来接近“生得十分娇色”的王月英。丫鬟问他：“你买这胭脂是做人事送人的，还是自己要用的？”郭华不解为什么要这么问，人家告诉他：“你若自用，我取上等的与你；若送人，只消中样也够了。”如此等等，不胜枚举。店小二等为什么喜欢不打自招，不得其解，肯定无关诚信，忽然想到今天的好多相声、小品，某种程度上继承的正是这种遗风，但用插科打诨的方式来吸引观众。确否？待解。

报道说，栗子店在昨天已恢复营业，按照“罪己书”的承诺，该是“已得好栗”了。对“罪己书”的出现，舆论一开始便褒贬不一，这很正常。然而，是不是炒作，监督就是，观察一段时间再下结论不迟，不必像“冰桶挑战”那样先兜头泼去一桶冷水。“罪己书”的出现，无论如何也是为重建社会诚信增添了一抹亮色。

（2014 年 9 月 9 日）

愿装修后的广州购书中心凤凰涅槃

再过几天，从 9 月 20 日起，开业 20 年未曾中断的广州购书中心就要闭门装修了，暂时与市民告别近 4 个月。从相关新闻发布会上我们知道，20 年来，广购在硬件方面从未改动过，设备、设施、器材、墙体都已经有不同程度的老化和损耗；加上受网购冲击，市场对书店的要求有所变化和提高，广购需要在自身业态的布局、搭配和服务配套上，进行升级改造以满足市民消费需求。

关于广州购书中心，这两年我有过两篇文字，一正一“反”。正的那篇，是有人说他们变成了“广州购物中心”，为之辩解；而所谓“反”，就是“吐槽”的成分多了些。得声明，这种“吐槽”全无找茬的意思，“责之切”全在于“爱之深”。我对广购是颇有些情愫的。20 年前，1994 年广购刚开业时，我因为一篇读书征文得了个小奖，领奖的地点就在那里，还有个仪式。小书店钻惯了，进得大堂就觉得明亮大气，抬眼一望，好几层楼全收眼底，不可能不像“刘姥姥一进荣国府”。记得奖品是一本辞书和 100 元购书券，这点“小钱”现在微不足道，然而要“历史地看问题”。彼时“陕军东征”的“三驾马车”——《白鹿原》《废都》《最后一个匈奴》——都是“大部头”吧？加起来也还不足40元，可知100元的购书力有多强悍。出师即捷，对自家而言自然鼓舞了信心，同时就此爱屋及乌，成了广购的常客。

本埠媒体先前报道说，中秋节当天，广购开始对架上图书进行打包，做装修的准备。此言着实差矣。中秋节前5天的一个中午我去逛的时候，打包就已经开始了，在一楼、三楼的不少区域，五六格的书架大抵已经清空了下面的三四格，以至于要找的书踪影皆无。问店员怎么回事，说要给书重新编号，现在看来那是装修时间表正式公布之前，“不足为外人道也”。设施、器材、墙体等老化和损耗，肯定该动一动，安全第一；但以我的感受而言，广购其他硬件就现在而言也还是说得过去的，他们要适应读者对书店的要求，不必在安全之外的硬件上做过多的文章，关键更在于软件，就是他们所说的“服务配套”。

至少有两点需要配套吧。一个是图书的分布得更便于读者查找。有一次我因为忍不住了而问店员：为什么同一个作者同时出版的同一套书分散在几个地方，根据什么这样分类？答曰按照封底印着的“上架建议”。不错，新出的书大抵都有个“上架建议”，但是不妨在遵循的同时，对于套书还得再想个什么办法能集中放置。与此同时，对新书为何该有一目了然之效，不能像一滴水汇入汪洋大海，每次来逛，都需从头到尾看上一遍。这一点，广购有了微信之后好多了，但利用微信得先知道书名，是找书；逛书店人的惊喜，更多时是自己发现心仪的新书。再一个是从业人员的素质得有提升。这一点不想多说，免得有损人家的饭碗，只举一例。有一次我去找朱涛的《梁思成与他的时代》，本来微信“书架号”会显示方位，但那回出现的却是“咨询店员”，然几个店员竟然都不知梁思成是什么人，这……恐怕不行吧。

想起关于广东产业转型升级的一个热词：凤凰涅槃。凤凰我们都知道，是我国古代传说中的百鸟之王，雄的叫凤，雌的叫凰。西汉司马相如追求卓文君，就是弹奏了一曲《凤求凰》。然凤凰涅槃中的凤凰，却不是我们传统文化的这种，而是西方传说中的不死鸟，这种鸟每500年自焚为烬，再从灰烬中重生，循环不已。虽然这个热词舶来的意味很浓，但以之比喻立志变身为“智慧书城”的广州购书中心，非常熨帖。不知广购方面以为然否？

（2014年9月11日）

春晚既需“开门”也需“闭门”

针对关于2015年央视春晚停办的坊间传言，中央电视台官微正式发声：没那回事。他们说，好饭不怕晚！中央电视台春节联欢晚会不仅不会停办，而且还要办好；他们将携央视电视人最大的诚意，继续与电视观众一起守岁。央视综艺微博也说，2015年春晚一直在筹备之中，将继续秉持“开门办春晚”的创作理念，欢迎社会各界建言献策。

央视即便没有这个声明，我们也大抵猜得出结果。都说春晚是“新民俗”，形成还没几年呢，哪有就戛然而止的道理？但坊间猜测羊年的办还是不办，也非庸人自扰。概因每年的春晚总导演人选最迟在8月底就公布了，冯小刚执导的这一届更提前到去年7月12日。现在已到9月中旬，“不识庐山真面目”，大家可不会以为你不想办了？现在，这两条微博算是释疑。既然他们诚恳“欢迎社会各界建言献策”，咱也就不揣冒昧。我觉得央视在“开门”的同时也需“闭门”，不是闭门思过，而是闭门认真咀嚼、研究一下他们前辈的春晚探索。

所以这么说，源于新近在微信圈里看到一段36分钟的视频，叫作“四十七年前的春节联欢晚会”，记录了1956年“春节大联欢”

晚会的大量场面。从时间定语以及挂角图标等不难推断，这是新影去年拍的关于那次春晚电影版的回忆与思考，因为里面穿插了若干当事人和几位后来春晚导演的点评。演出显然经过了剪裁，36 分钟并非晚会的长度，然而，这么短的片子也还是惊讶不已。首先是惊讶当年已有这样一台春晚，因为从来说到这个“新民俗”，都是从 1983 年算起的，所以去年叫春晚 30 年。其次惊讶的是，差不多 60 年过去了，那台春晚仍然没有落伍，仍然耐看，这就足以给今后的春晚以启迪。

头一个启迪该是自然、朴实、利落。主持人郭振清首先是这样。他带着两个少先队员登场，“嘟嘟嘟”，少年操起小号吹了几响，郭振清便宣布晚会开始。所以选中郭振清当主持人，我猜哈，是其前一年在电影《平原游击队》里成功塑造了“双枪李向阳”的缘故。如今的中年男性恐怕当年没有不迷恋这个角色的，当年的他们包括笔者，哪个不曾用双手的拇指和食指比画成手枪的样子，交替伸出，嘴里“啪、啪”地模拟射击的声音？主持人郭振清不辱使命，演员、来宾也是这样。当晚群星璀璨，各行各业皆一时之选。刚刚回到祖国的钱学森，老舍、巴金，梅兰芳、周信芳，赵丹、白杨……大家的亮相、表演，都是那么自然而然。

再一个启迪该是演员、嘉宾和观众完全融为了一体，我中有你，你中有我。郭兰英唱《刘胡兰》插曲的时候，就站在观众席里，没有戏装，与观众之别只是脖子上多了条纱巾。谢添假装在焦急地等待侯宝林的到场，而侯先生在搭车来的途中与一众群众演员“顺便”表演了一段讽刺不遵守公共秩序的小品；终于来到，他的搭档郭启儒已在一旁打盹……这些显然属于编导的安排，却无不给人以浑然天成之感。

还有一个启迪该是，主旋律和正能量的巧妙弘扬。著名演员蓝马进来时，一群小朋友找他签名，郭振清马上引导他们：这边还有几位（1955 年）解放一江山岛的战斗英雄。郭沫若到来时，郭振清马上请他介绍同来的诸位先生：数学家华罗庚、历史学家范文澜、核物理学家赵忠尧、植物病理学家戴芳澜。由郭先生的巴蜀口音道出这些如雷贯耳的姓名，让人分明感受到了国家和社会对科学家们的那份尊重。

时代不同了，欣赏的口味也不同了，但何以当年的晚会仍然散发魅力？我想这就是春晚新的“操盘手”需要“闭门”之处。“开门”是集纳公众的意见，“闭门”则是领略前辈的智慧。那台“春节大联欢”晚会，看似一切都在不经意间，主创人员的呕心沥血却可想而知。没有在场面的宏大上、布景的奢华上发力，不是一样雅俗共赏吗？

（2014 年 9 月 16 日）

“问孔子”之后不妨“问晏子”

许是月底就将迎来孔子诞辰纪念日之故吧，9 月 16 日，由国家互联网信息办公室网络社会工作局主办的“优秀传统文化网上行：孔子诞辰网络文化活动”正式启动，同步上线的专题页面很有意思：我有问题问孔子。

谁都知道孔子他老人家已经故去两千多年了，怎么个问法？有趣。对古人的论述感到不解，前人爱说安能或终不能“起古人于地下而问之”，意思是不可能的事情。汤显祖的名作《牡丹亭》里，柳梦梅与杜丽娘这对有情人（鬼）终成眷属，柳最后果真起杜于地下。当其时也，杜丽娘的棺材已经“钉头锈断”，里面的“人”却还“异香袭人，幽姿如故”。不可能的事情成为“可能”，乃作家的旷世奇想，所以《牡丹亭》被称为中国戏曲史上浪漫主义的杰作。“我有问题问孔子”，同样有反其道而行之的意味。按主办者的想法，是要借此在网络上掀起对孔子、对儒家、对中国传统文化的关注热潮、讨论热潮，力求贴近网民自身的体悟与困惑，从孔子与儒家那里找寻启发，因为孔子的思想既是历史性的，又是跨时代的。

有问题问孔子，很好的创意。但必欲有的放矢，前提该是了解孔子，他在哪些方面留下了发人深省的见解。倘若不了解的话，搞不好就会拿现代的概念去刁难孔子，或者和孔子抬杠。而了解的重要途径就是读书。新近有专家就如何让孩子形成阅读传统经典习惯给出这样的规划：每天至少有半个小时的时间阅读中国传统经典。我觉得这样的事情，成人不能置身事外，不能套用“从娃娃抓起”的简单做法使凡事好像都与己无关。成人更应在阅读传统经典方面做出示范，给娃娃们看看。

如果这项活动获得成功，我则建议趁热打铁，给“优秀传统文化网上行”添个孪生兄弟，再来个“我有问题问晏子”。新近读了张纯一先生校注的《晏子春秋》，相见恨晚。然提出这个建议不只在于自己喜欢，对照“问孔子”的初衷，完全符合活动要求。首先，《晏子春秋》属于先秦诸子百家的一种，自然可归入“优秀传统文化”之列。其次，晏子的身体力行仍然具有现实意义。“问孔子”是问“成长、婚恋、教育、事业、社会责任”，“问晏子”则是问如何为官。从来讲到谏诤，人们想到的就是魏徵、海瑞，早一点的其实还有汲黯，再早的就可以追溯到晏子。《晏子春秋·内篇》中的50则故事，全部是晏子的进谏，好多逆耳之言，如“君享国，德行未见于众，而三辟著于国”，都不知齐景公当时怎么下得来台。今日从政的人们就不妨一问，晏子何来这种说话的勇气？

在生活作风上，晏子也值得一问。比如关于座驾。晏子是“乘弊车，驾驽马”，景公给他换成豪华版的“辂车乘马”，但他“三返不受”。你若问他为什么，他会告诉你，国家给自己的俸禄已经很多，穿得暖吃得饱，还有公车，已经很满足了；关键是，“君使臣临百官之吏，臣节其衣服饮食之养，以先国之民”，我得带头廉洁节俭。又比如关于老婆。晏子的老婆在景公眼里“老且恶”，明言自己“有女少且姣”，愿意许配给他，但晏子“再拜而辞”。你若问他为什么，他会告诉你，妻子现在确是老了丑了，但她也曾年轻貌美，且那时她将一生托付给我，而我也接受了，现在难道能背叛当初的承诺吗？其他还有关于换房子、关于别赐饮食与厚禄等各种额外的物质待遇，晏子都一概回绝。诚如梁运华先生在该书“前言”中所言：“二千多年过去了，读读《晏子春秋》，晏婴的形象依旧那么高大，古人对管理的期许依旧在今人的期许之中，不禁感叹人的惰性有多么顽固，人的长进有多么困难。”

问孔子也好，问晏子也罢，我们的传统文化中的确有太多优秀的因子，弘扬之，不能泛泛而论，还应该知道这因子究竟在哪里，都是些什么。传统文化自身散发着无穷的魅力自不待言，以之来“正衣冠”，更乃得其所哉之处。

（2014 年 9 月 17 日）

保卫乡愁，先需保护传统建筑

国庆期间《央广新闻》有个“保卫乡愁”系列节目，但有时间，我都要收听一下。节目通过连续关注全国各地的多个村落样本，使我们得以一窥传统村落保护的部分面貌。结果令人忧心忡忡，传统村落保护要么缺资本，要么缺人气，甚至是两者都缺，乡愁难安。

中央城镇化工作会议闭幕后，关于施政蓝图中的那句“让城市融入大自然，让居民望得见山、看得见水、记得住乡愁”，给人们留下了至深印象。“乡愁”两个字，从此跳出了余光中先生的著名诗句，从表达对故乡、对祖国恋恋不舍的情怀，上升到了国家对人文的尊重、对文化的尊重，以及对人们精神情感生活的尊重。诚如冯骥才先生所言：“村落不是一个人的家园，它是整个中华民族的精神家园。保护传统村落，留住的不是个人的‘乡愁’，而是整个中华民族的‘乡愁’。”在他看来，“乡愁”这个字眼之所以牵动着人们的心，引发国人的共鸣，就是因为这些年，很多有价值的传统村落消失不见了。按我的理解，乡愁之“乡”，不必单纯地理解为乡村之“乡”；同样，乡愁的载体，也不仅在于“乡”之传统村落，同时在于“城”

之传统建筑。

长假里有幸与友朋一起在宁波的慈城古镇走了几天。慈城旧为慈溪县城，如今还保留着唐代的街巷格局，举凡书院、藏书楼、药铺、庙宇、官宦宅第、陌巷民居，以及科举考棚、孔庙、县衙等等，也一应俱全。2006 年，慈城古建筑群被列入国务院公布的第六批全国重点文物保护单位。当然，这正是他们努力“保卫乡愁”的结果。此前，像全国的其他古镇一样，由于历经岁月的沧桑，传统建筑存在不同程度的损毁，一些旧时独家的大宅院里居住着十多户甚至几十户居民。2001 年底，宁波市政府决定由江北区、慈城镇两级政府和市城投公司，合资成立“慈城古县城开发建设有限公司”，以国有企业投资经营，政府参与协调管理的工作机制，采用保护、改善、改造、保留、更新和整饬等六种方法，逐渐恢复了慈城的原生态风貌。2009 年，他们的古县城保护工程荣获“联合国教科文组织亚太地区文化遗产保护荣誉奖”，这无疑是一种高度肯定。须知当年共有 14 个国家的 48 个项目参评，慈城古建筑是中国大陆唯一的荣誉奖获得者。慈城获得的评价是：本项目将古建筑作为可持续的资源加以整修维护，被维护的建筑结构体现了对传统建筑细部、技术工艺和空间布局的尊重；传统公共建筑的继续利用，证明了它们对于地方社区的持续重要性，其他古建筑的商业适应性装修也证明了它们在现代环境中的功能活力……

慈城探寻的有效保护、开发建设和管理模式，为政府和民众共同参与古城保护提供了新思路。同时证明，在经济飞速发展的长三角地区，保留古建筑原有的空间布局、建筑形式和提供现代化的生活设施之间，完全可以达到相互融合的效果。那么，这就给经济同样发达的珠三角以启迪。虽然广州从化的广裕祠也获得过联合国的类似奖项，但以我的有限视野，似乎还没有看到如慈城那样以建筑群的规模获得。客观上，珠三角可能因为高度开发而不再具备相应的前提，但是粤东西北还具备，有大量的工作要做、可做。

随着城镇化进程的加快，传统村落和现代人居需求发生冲突，村落的原始性、文化性正在逐步瓦解，濒临消亡。但那些具有价值的村落一定要保护和保留，它们所折射出的农业文明时代的乡村经济和社会生活，比文字记载更生动、更真实。然而，它们又是极其脆弱和不可再生的，这就需要地方政府提高文化遗产保护意识，在乡村重视传统村落、在城市重视传统建筑的保护。这是国人寄托乡愁的载体，也是“保卫乡愁”不可或缺的前提。

（2014 年 10 月 8 日）

传统建筑究竟该如何利用？

国庆长假期间有则新闻想必大家都还有印象，那就是不少著名景点被游客吐槽，而被吐槽的景区不甘示弱，旋即来个反吐槽。一来一往，构成了大别于以往黄金周的一道新“风景”，亮丽与否便不知道。比如对于湖南的凤凰古城，游客吐槽“148 元的门票包含的 10 个景点基本类似，不是故居就是祠堂，都是差不多的房子与摆设，不知道有什么特别的地方”。反吐槽称，那只能说游客“对凤凰还缺乏了解”，有趣之处在于他们引用“这么好的地方留不住你”来调侃。据说这是《王贵与李香香》中的句子，核对了一下，出自“信天游”版，酸曲也，高雅地说叫作“原生态”，并非出自众所周知的诗人李季的那首名作。

游客的吐槽折射出了一个现实问题：传统建筑在今天应该如何利用。对凤凰古城，本人虽受沈从文先生《边城》的诱惑而神往之，但迄今还缘悭一面，然游客吐槽的情景却不难想象出来。比拟来说，或许跟许多博物馆面临的问题有些近似。博物馆的功能毋庸赘言，但放眼开来，许多却并未成为魅力所在，以我的观察，博物馆陈列所呈现的文物往往是非常静态的一面。举文明史部分而言，大体哪里都是石器、陶器、瓷器什么的一字排开，铭牌上标明器物名称、年代、出土地点。不具备一定专业知识的人，看起来难免哪个馆都是一样。在凤凰那里，沈从文故居也好，熊希龄故居也罢，如果局限于当年的简单再现，可不就是游客眼中差不多的房子和摆设？

那么传统建筑究竟该如何利用？据我在这个长假的刚刚体验，宁波慈城古镇的做法很能给人以启发。慈城获得“2009 年度联合国教科文组织亚太地区文化遗产保护荣誉奖”时的颁奖词，已经道得分明：传统公共建筑的继续利用，证明了它们对于地方社区的持续重要性，其他古建筑的商业适应性装修也证明了它们在现代环境中的功能活力。举两个具体例子，可窥“继续利用”与“功能活力”如何体现。

比如民国时汗衫大王任士刚的故居，被他们再造成了慈湖书院。原初的书院由邑人杨简创建于南宋理宗时期，杨简号慈湖，世称慈湖先生。其学术地位，按南宋学者王应麟（《三字经》作者）的说法，叫作“东海之滨有大儒”。清初重修的慈湖书院，“奉文元公（简谥）祀”，从祀弟子中包括《宋史》中有传、继朱熹之后理学正宗传人真德秀等，可证杨慈湖的大儒地位。任士刚故居这样一“继续利用”，不仅慈城的传统文脉得到了承继，同时也为当代学者开展学术探讨营造了浓郁的文化氛围，其“功能活力”自不待言。尤可贵的是，他们打破地域限制，将新的慈湖书院交由广东学者来主持，更显见了一种宽广的文化胸襟。

再比如全国重点文物保护单位之冯岳彩绘台门。彩绘历经沧桑，已然不再，但大院里房子还多得很，看什么？他们利用成为“母亲的艺术展”，分设“中国刺绣馆”“中国结馆”“中国女红馆”“纺织馆”和“蓝印花布馆”等。无论哪个馆，都旨在通过对相关工艺的一一图解和归纳，让现代人正视历代母亲技艺的丰富性和科学性。举刺绣馆为例，有一幅清朝中期 4 米多长的贺寿檐饰，绣的是唐代名将郭子仪与夫人七十大寿的故事。檐饰中，七子八婿，加上文官武将、童子宫女，人物有 32 位之多，脸部、眉目、胡须各以不同的针法绣出，而具体是什么，在原件上方有一个放大了的图样，环绕四壁，像我们校对文字一样，点住所校之处，拉出一条线去，注明不同针法。这种展示，即如我等须眉亦极能唤起兴趣。至于旁设的“DIY 动手做”教室，游客可以自己动手、动脑，更加兴味十足了。

篇幅所限，不能过多列举。总之，倘若传统村落、传统建筑只是一副躯壳，没有“继续利用”与“功能活力”的体现，文化就凝固在了过去，肌理就难免中断。那些风貌犹存的古城，面对游客的吐槽，不要忙着反吐，也不要觉得委屈，还是应该认真思索什么才是激活古城的持久动力所在。

（2014 年 10 月 9 日）

征集“中国坏声音”，好创意

这两天听《央广新闻》，觉得关于湖北省公安厅征集“中国坏声音”的做法煞是新鲜，且极有创意。浏览这两天手边的几份报纸，似乎还均未报道此事，乃觉得有必要为之推介一番，鼓一下掌。

当然了，征集“中国坏声音”只是网友的说法，湖北省公安厅征集的是电话“诈骗录音”，从 9 月底开始。此举旨在通过征集并公布，“让更多群众听到骗子的声音，辨识骗子的伎俩”。虽然骗子的这些伎俩媒体曾多次报道，既不高明，也不新鲜，但没听到过骗子声音的人亲耳听一听，有句古词用在这里该最形象：别是一番滋味在心头。因为歌唱类选秀节目《中国好声音》前几天才刚刚落下帷幕，网友便戏称此次征集的是“中国坏声音”。有得益于别名得来之妙的成分吧，征集活动本身不胫而走，用湖北省公安厅的话说，“群众的理解和支持让我们始料未及”。始料未及的结果，就是半个月不到，30 多条各种录音和文字资料便发送到了警方指定邮箱。警方遴选了其中的三条公布，就是我们现在所听到的。这也该算是一种“寓教于乐”，所以说是一个很好的创意。并且，当我们明了“诈骗”的前提之后，再听那些原汁原味的声音便有忍俊不禁之感。其中，那名男子与满口台湾腔的“女警花”斗嘴，至于最后惹恼骗子，像极了猫玩儿老鼠。

这三条录音有一个共同特点，骗子冒充的身份都是公安民警，有一个甚至冒充到了征集主办方湖北省公安厅的头上；而骗子使用的借口呢，都是当事人的银行卡涉案需要配合调查。我没有经过调查，不知道国人撞上骚扰乃至诈骗电话的概率有多高，但我是隔三岔五就要领略一回。“公安局”的不多，但也接到过两个。记得很清楚，头一个是“惠州公安局”的，还真给他吓了一跳。等接到第二个“深圳公安局”的来电时，有经验了，一听便哑然失笑，因为没刹住声音，对方反而先乱了阵脚，自己挂断。此外，还有“邮局”的、“自来水公司”的，因为是录音电话，马上摔掉。想想应该耐心地听上一次，以了解“公安”之外的骗子们最后的“底牌”究竟是什么。不过，一时间实在气愤难耐。如今手机有了防范功能，一些电话打进来，显示的就是“诈骗电话”，同时显示已有多少人“标记”其为“诈骗电话”，但是座机还不具备这种功能，有时你正忙着，不愿意听到电话铃响，而接到的又是这种货色，不是让人厌恶到了极点？

按原定计划，湖北警方将给发送录音的当事人邮寄一份礼物，但不少群众明确表示：不要礼物，全力支持你们打击犯罪。电话诈骗人神共愤的程度，可窥一斑。湖北省公安厅有关方面负责人说，对于征集来的“诈骗录音”，他们会将符合条件的转给相关单位作为办案线索，更重要的是希望通过媒体、微博、微信等多种形式，将骗子的声音、伎俩分期分批公布于众，以便广大群众来辨识，进一步提升防骗能力，与警方的打击行动形成有效的互补。这种做法让公众看到了解决电话诈骗的希望。虽然老话有“道高一尺，魔高一丈”的说法，但对付诈骗电话，职司于此的部门不该束手无策，徒由公众自身被动地应对，还需要开动脑筋、动足脑筋，直到“魔高一尺，道高一丈”。老话不是还有“邪不压正”嘛！

被湖北警方公开发布的这三条，算是“中国坏声音”的“第一季”了。情感上，我们并不期待“第二季”的到来，但是骗子一天不除，类似的活动就一天不失其积极意义。对痼疾“毕其功于一役”，在许多时候也是极不现实的，我们得有足够的心理准备。

（2014 年 10 月 14 日）

对“仓颉陵”泥封碑刻的猜想

河南濮阳市南乐县境内有一处“仓颉陵”，眼尖的游客新近游览时发现了一些不解之处：庙内东侧有两面墙，从粉刷的红色涂料隐约可见里面嵌入的是一些石碑，石碑上又隐约可辨是各种书法作品。游客所以不解，在于这些东西为什么要覆盖起来。知情人说，覆盖的事发生在 5 年前，当时县里“管事的人”认为题字的书法水平不高，不足以提高景区文化品位，想要将墙毁掉，但负责落实此事的人最后折了一下中，只是用泥封了起来。

仓颉陵，理论上是埋葬仓颉的地方。仓颉我们都知道，黄帝的史官，所谓“奚仲作车，仓颉作书”，那是最早造出汉字的人，当然更可能是神。在仓颉之前没有文字，我们的三皇五帝之所以成为神话传说，大概要“寻根”于此。仓颉出现了，一切都大不同了。宋人说“天不生仲尼，万古如长夜”，把孔夫子抬得太高，其实把这里的“仲尼”换成“仓颉”更恰当一些。因为如果没有仓颉，祖先们结绳记事还不知延续到几时呢。仓颉造字之时，大约很是惊天动地，汉朝人写《淮南子》时不知从哪里听来的：“昔者仓颉作书而天雨粟，鬼夜哭。”为什么仓颉造字时，天上飘下来的雨不是水点而变成了粮食，鬼还很不高兴？这些东西要交给专家去解释了。河南这个“仓颉陵”我没去过，更无缘一睹被泥封住的书法的风采，但是不妨碍对泥封之举做一点儿猜想。

想来不外两个因素。一个可能是新旧两任“管事的人”各有各的喜好，这是我们常见的一种官场景观。防止出现“一任领导一个规划”的现象，好几年前就提出来了，2008 年元旦起正式实施的《城乡规划法》，专门有针对于此的条款——第九条“任何单位和个人都应当遵守经依法批准并公布的城乡规划，服从规划管理”。但是如我们所看到，仍然不能阻止“规划之神”的横空出世。那么，一道小小的碑墙被泥封住又何足挂齿？再一个可能是继任者有相当的书法造诣或者鉴赏水准，“题字书法水平不高”属于事实而非托辞。现在如何我不知道，上个世纪末，全国各地涌现了数不清的碑林，无不打着繁荣文化或提高文化底蕴的旗号，但混乱到了非国家出手整治不可的地步。还记得吗？文化人当时戏称那些碑林为坟地，把谁写的碑就叫谁的坟。一哄而上，这是我们常见的一种“文化”景观。所以现在还清楚地记得，是因为我那时在各地有些走动，见识了不少“笔走龙蛇”，还写了篇小文叫作《挥毫者慎》。从这标题也知我的倾向，概因为开眼界、受熏陶实在谈不上，倒有些反胃、作呕。从前的碑刻，倘若但刻而已的话，免不了“徒与他人作镇石”的命运，镇石早就退出历史舞台了，碑刻便连这点儿功用也没有了。无论怎样，毁了都是糟蹋东西，泥封之，倒不失为两全其美。

以上原因纯属猜想，巧合与否有待记者的深度调查，不过如果哪位高人现在便指出第三或第四条原因，在下也绝对愿意洗耳恭听。开玩笑说，在文字的始祖面前题字，犹如“关公面前耍大刀”，还真得掂掂自己的斤两才行。从报道中看得出，“仓颉陵”当年征集名人题字时下了不少功夫。然而下功夫是一回事，题字的水准如何是另外一回事。“仓颉陵”那里一定保留有当年原作吧，不妨公开展示一下，让大家来品鉴品鉴，进而也可以看看被泥封住的碑墙，究竟是权力当道的结果还是文化遭遇的不幸。弄清楚最好，况且也不难弄清楚，总之双方谁也不要成为窦娥。

（2014 年 10 月 16 日）

让熊猫"代言不文明"极其欠妥

前几天在央视几个频道频繁见到一则公益广告，内容是两只憨态可掬的卡通大熊猫在出国旅行时做出的种种不文明行为：占着公园的长椅躺下睡觉，乱丢垃圾，走在路上旁若无人，乱涂乱画"到此一游"，甚至随地小便。总之，近年来国内游客在国外备受诟病的那些陋习，全都由熊猫来"代言"了。看的时候便横竖觉得别扭。许是意识到不妥了吧，现在这则广告被撤掉了，饶是如此，仍然如鲠在喉。用熊猫来"代人受过"，不仅不妥，而且非常不妥，极其不妥。

大熊猫是我们的国宝，也是具有世界影响力的著名品牌。熊猫在地球上至少已经生存了 800 万年，比已知的人类历史还早 400 多万年，所以它还有"活化石"之誉。然而，它却是在 19 世纪后半叶才被世人所真正认识。所谓真正认识，就是作为新物种进入动物分类序列。有人考证，公元 685 年武则天就曾将两只大熊猫赠送给日本的天武天皇。我没看到这段史料的原始之处，但是想来，即便如此，那种赠送与今天的同类行为也不可同日而语。一个是它那时肯定不叫熊猫，因为史书上叫貔、白罴、貉、貘的都有；再一个是它肯定没有今天这么宝贝。而从熊猫真正被认识那时起，这个有着圆圆脸颊、大大黑眼圈、蓬松黑白毛皮、胖嘟嘟身体、以标志性内八字慢吞吞行走且只青睐竹子的家伙，就渐渐成为了世界上最可爱的动物之一。有报道说，二战期间伦敦动物园有一只叫作"明"的大熊猫，在德机的轰炸下表现镇定，玩耍自如，成为伦敦市民心目中的战时英雄。至于在战争最严酷的时候，报纸仍然报道它的生活。

在今天，通过熊猫传递出的，是中国人民的友好形象。它早已是文明使者的化身。早些年的"熊猫外交"，稍有点儿年纪的人都会记得。尤其在中美关系打破坚冰的 1972 年，尼克松总统首次访华，我国政府将大熊猫“玲玲”和“兴兴”赠送给美国人民，那一年甚至被美国定为“大熊猫年”。此后，我国赠送某个国家大熊猫，不啻于一种极高的外交礼遇，因之诞生了许多趣闻佳话。而大熊猫所到之处，也深受各国人民喜爱，往往是当地动物园最亮丽的景观。大熊猫妈妈的生育可以是热点新闻，给大熊猫宝宝取名可以牵动众多孩子和家长的心，大熊猫的生日庆祝往往是动物园的特别活动。并且，世界人民对大熊猫的关注，已然超越了关注珍稀动物的范畴，引发了更多“老外”对中国和中国文化的兴趣。正如外媒所评价，“熊猫外交”是走和平发展道路的中国推行软实力的一种方式，也是中国外交逐步走向自信成熟的一个见证。

大熊猫憨态可掬、性情温顺，的确是作为亲善大使的不二佳选。前几年上海有个电视节目主持人还主张把它作为我们的图腾，而沸沸扬扬于一时呢。这种想法虽然比较幼稚，但他主张的理由，则完全从熊猫的形象出发。在他看来，在世界各地说起中国，很多人能自然而然地想起熊猫，重要的是熊猫“基本上没有任何负面的联想”。大熊猫是这样的可爱，我们的公益广告制作者，却何以忍心把“不文明”强加到它的头上？现在撤了，该撤，但这是一个教训，必须吸取。教训之一，就是今后在任何时候任何事情上，都应该无比爱惜熊猫的形象，而不要对它哪怕是有丁点儿的伤害。况且，不要说让熊猫“代人受过”，让任何动物这样都不妥。不文明的行为是人干出来的，人就要勇于面对，勇于承担。要暴露国人在境外旅游时的不文明行为，用个卡通人物难道不能达到预期的效果吗？

（2014 年 10 月 20 日）

抗日剧可以不“神”吗？

有媒体昨天总结了 9 月以来全国各大电视台纷纷播出的抗战剧

集。这个品种的东西，大家都知道先前赢得过“神剧”的别称，雅号还是恶谥，毋庸此处赘言。去年5月，国家新闻出版广电总局要求对各地卫视进行重审和甄别，对存在过度娱乐化的抗战剧进行修改，停播不能修改的过度娱乐化抗战剧。在这一前提之下，此番新作再呈集群出现之势，想来该有凤凰涅槃的期盼了。可惜，按照该媒体的总结，新的这些，雷人风采不让前辈。有两句风趣的概括令人忍俊不禁。其一，“无论从剧情还是道具、场景甚至台词等，依然一如既往地粗糙”。其二，“如果一人不能打死敌军一个团，不谈一场惊天动地的恋爱，你都不好意思叫抗战剧”。

对“新版”抗日神剧如何，按道理我没什么发言权，因为没有主动去看。但是人家看了，把事实摆出来了，也没有造谣的声音指责之，我自然就可以拿来作为论据。而且，偶尔用遥控器扫电视节目的时候，也难免瞄上两眼，稍稍停顿一下。对它们的卷土重来，先想起先秦诸子著作里的两句言论。一句是《管子》曰：“令则行，禁则止，宪之所及，俗之所被。”另一句是《荀子》曰：“令行禁止，王者之事毕矣。”没错，这里要借用的就是后人定格为成语的“令行禁止”。意思大家都清楚，包括神剧的主创人员不会例外：命令做的就立即执行，不准做的就马上停止。两千多年前的思想家们已经认识到了令行禁止的重要，那么，该如何解释神剧的卷土重来，就至少有了这么几个可能：一个是，那时堵住了，这时又决口子了；再一个是，去年的“甄别”要求只是针对“既往”而不针对“将来”；还有一个是，影视界像某些领域一样，陷入了“一管就死，一放就乱”的怪圈。

无论是哪种可能，总之抗日神剧像胡汉三一样的确回来了。反映全民族艰苦卓绝的八年抗战，居然给电视剧弄到了这般不堪的地步，我们理应检讨一下为什么，为什么会批量地拍出这些打着主旋律招牌却在行粗制滥造之能事的东西？现实题材的禁忌如何，创作者的空间如何，不在本文讨论之列，本文想讨论的是，即便是拍抗日剧，也可以有不同的视角，不必千篇一律，貌似痛快淋漓地“杀”，或者拿观众当成傻瓜地追求“帅”或“萌”。抗日剧可以不“神”吗？可以。看过一篇专业人士的文章，讲到20世纪80年代的中国电影所以出现了大量精品，首先在于题材很多取自当时的获奖小说，基础相当扎实。受此启发，抗日剧的编剧不能自己坐在屋里挖空心思地瞎琢磨，剧不惊人死不休，而应当好好领悟前辈的战争感受。比方林斤澜先生有篇小说叫作《一九三七和十三》就是不可多得的精品。小说开篇描写的是1937年7月7日，江南海滨小城中，13岁的初中三年级学生杜百鱼在听闻“卢沟桥打起来了”的时候，流露出迫不及待的兴奋，好像战争“不是一声爆炸，粉碎了和平生活，倒像是姗姗来迟的奖赏，好事多磨的节日”。自始至终，小说都是杜百鱼和同学们因为宣传抗战而忙碌但仍然宁静惬意的小城生活，然而“此时无声胜有声”。对照林先生的籍贯和履历，我疑心这是他的自传。每年7月7日我都会通读这篇小说，至今已有30多年，差不多可以背诵。林先生的白描文字实在隽永，百读不厌。

在文化部10月20日举行的新闻发布会上，艺术司司长诸迪表态要坚决防止只看重票房、收视率、点击量等现象。这番话显然有所确指，以“手撕鬼子”闻名的《抗日奇侠》，就在多地当过收视冠军。我想，抗日剧神而又神，神而不止，实质上是创作者们黔驴技穷的一种折射。如果哪位导演能够像吴贻弓忠实原著地拍出《城南旧事》那样拍出《一九三七和十三》，何愁不会为抗日剧“正名”，为之带来一股清新的风？

（2014年10月21日）

严肃来看“毕姥爷”的笑话

“毕姥爷”闹笑话了。看今天的腾讯新闻，不知哪个网友翻出了毕福剑为潘晓婷题的字：玖球天後。照片上，毕、潘二人笑意盈盈地展示这幅书法作品，应该如假包换吧。笑话出在哪里呢？还是用民间的智慧来表述最有趣不过："四个字居然写对了两个。"对的这两个，自然是"球"和"天"，另外那两个是错的吗？还真是错的。

"玖球天後"，所要表达的实际上是"九球天后"。九球者，花式台球也，台面上有九颗彩球，跟斯诺克不同，后者六彩之外还有十五红，且二者球台尺寸、比赛规则也大不同；天后者，登上过此项目最高领奖台的女子也。潘晓婷正是我国台球界第一位获得世界锦标赛冠军的选手，并且各种世界冠军也拿了好多次，因之有"九球天后"之誉，所谓实至名归。因为"影帝""影后"行将退出历史舞台，"天后"这个说法以后还行不行，另当别论。那么，毕福剑龙飞凤舞的"玖球天後"又错在哪里呢？错在他没有老老实实地径直书写，要是"九球天后"，没什么好说，皆大欢喜。咦，"玖球天後"与"九球天后"还有好大区别吗？当然有，而且还是本质性的。

首先开个玩笑，在"体例"上就不统一。毕福剑的用意显然是用繁体书写这四个字，却不知"玖"是"九"的大写，"九"没有繁体，而大写又并不等于繁体。所以我们读繁体的古籍，遇到"九"都不会成为"玖"。比如白居易《长恨歌》里的"闻道汉家天子使，九华帐里梦魂惊"，不会看到"玖华"；类推的话，"后宫佳丽三千人，三千宠爱在一身"，也不会看到"叁千"。又比如说皇帝为"九五至尊"时，也从来没有"玖伍至尊"。概因"玖"和"九"乃两个汉字，各是各，原本不发生关联。用于花式台球，"九"就是数目字；而"玖"，在成为"九"的大写之前，表示似玉的浅黑色石头，由于"王＋久"的构成，"久"又与"九"谐音，才成为"九"的大写字。

其次，毕福剑对汉字的繁简对应关系存在着想当然，因为繁简之间并非一一对应。就是说，繁体的"後"，简体诚然是"后"，但简体的"后"却不能当然地对应回去，成为"後"，对应什么，得具体情况具体分析。"后来"成"後来"，没问题，但"皇后"成"皇後"，问题就大了。"後"与"后"，在古籍中也是两个字，皇帝的正妻，那是“后”，而“後”则表示方位，与“前”对应，所以“後来”之外，还可以说“後世”“後生”“後记”，等等。“後”与“后”在简化字中同时成为“后”，属于殊途同归，弄不清楚就容易掉入“陷阱”，毕福剑此番正属此类。同样的“陷阱”当然还有，比如“云”和“雲”，写成“贾宝玉初试雲雨情”可以，倘若写成“古人雲”，就是和“毕姥爷”一样的笑话了。顺带说一句，自从赵本山催红小沈阳的那个小品出来，毕福剑也有了“毕姥爷”的雅号。我觉得偶尔开两句玩笑就够了，后来发现凡是上《星光大道》的歌手，开口闭口都是“毕姥爷”，颇有些讨好、谄媚。不知他人怎么想的，我听着挺烦。

“玖球天後”不仅错了一半儿，而且这四个字还被刻薄的网友看成了“环球大嫂”。别说，经此提示，再看还真有点儿像。前段时间，“山东博物馆”的牌匾也遭遇了此种尴尬，如把网友的各种“错看”列在这里，估计属于“三俗”，还是罢了（liao 上声），反正好多人都知道，不知道的也可以自己去搜一搜，无须自家在此冒些风险。在萧红的记忆中，鲁迅先生对写字潦草是“深恶痛绝之”的，他说：“字不一定要写得好，但必须得使人一看了就认识。”见之于“玖球天後”，在下要续一回貂：必须还得写对。

（2014 年 10 月 23 日）

姓氏也是传统文化的一种

10 月 27 日，十二届全国人大常委会第十一次会议在北京开幕，会议听取了关于《民法通则》和《婚姻法》部分条款的解释说明，明确中国公民原则上应当随父姓或母姓，在三种情形下可以不随父母姓氏。所以如此，在于《民法通则》和《婚姻法》中的条款有相互冲突的一面。《民法通则》中规定“公民享有姓名权，有权决定、使用和依照规定改变自己的姓名”，而《婚姻法》中规定“子女可以随父姓，可以随母姓”。这一来，在现实生活中难免遇到尴尬。2012 年 8 月，浙江衢州一对皆不姓乔的夫妇想让自己刚出生的孩子姓乔以纪念乔布斯，当地派出所即拒绝了这种申请。按照《民法通则》，夫妇有道理；而按照《婚姻法》，派出所也没做错。

三种情形的明确，很有必要。无他，姓氏也是传统文化的一种，应该而且值得保护。每个人都有自己的姓名，人们常说名字就是一个符号，的确如此，区分彼此而已。日本电影《情书》里，同一个班级的男女主人公均叫“藤井树”，失去了区分的功能，正常交往中便惹出好多笑话。但是，姓则不然。姓，固然也是一个符号，却是与名具有本质区别的符号。

追溯一下“姓氏”是挺有意思的事，也便于明了问题。姓与氏在今天构成了一个词语，专指姓，而在战国以前却是分开的，二者所承载的功能不同。在原始社会后期的母系氏族阶段，只知有母，不知有父，此氏族区别于彼氏族，就是靠“姓”，这个汉字的构成已经说明了问题，“女”所“生”也。从前的姓极少，顾炎武在《日知录》里统计，“见于春秋者，得二十有三”，跟日后高度概括而来的“百家姓”亦不可同日而语。且这 23 个姓，多与母系的本质——“女”相关，姬、姜、姚、姒、妫等。著名的孟姜女，就是姓姜；孟则表示排行，孟仲叔季，老大老二老三老四，所以“孟姜女”即“姜家大小姐”。前几年，中国社会科学院文学研究所一位人士信誓旦旦地说，“孟姜女”的意思即相当于今天说的“靓女”，真是信口雌黄。

氏呢？姓的分支。随着人口的繁衍，同姓越来越多，血缘不仅有了亲疏，过渡到父系社会后，不同氏族的地位与财富也渐渐有了区别，这就必然产生新的区分，标识即为“氏”。比方姒姓之下，就分为“夏后氏、有扈氏、褒氏、费氏”等一大串。而“轩辕氏、神农氏、伏羲氏、燧人氏”等早期著名的氏，虽为神话传说，但未尝不是父系社会的真实反映。到战国，数量很少的“姓”为大量的“氏”所淹没，姓氏不分，或氏姓合一。再用顾炎武的话说：“自秦以后之人，以氏为姓。”但无论随母的姓还是随父的氏（姓），总是不忘根本的一个标志。

姓与氏并存之时，功能在于“姓所以别婚姻，氏所以别贵贱”。所谓“同姓不婚”，正由此而来。同姓意味近亲，古人已经认识到近亲通婚影响种族的繁衍。姓和氏，古人分得一清二楚，在今天已经相当困难，一如让只讲普通话的人辨认什么是入声字。但还是有若干规律可循，比如先秦时期男子从不以姓相称，这样一来，对孔子就不可以说他姓孔名丘，因为孔是氏，他实际上姓“子”。同理，屈原也绝不是姓屈名原，屈是氏，他实际上姓芈。

从前的人们也会改姓，但往往是被动行为，没办法。宋朝名臣文彦博的祖先本姓敬，后晋时要避“儿皇帝”石敬瑭的讳被改成“文”；改回之后，又遇到宋太祖赵匡胤的爷爷叫赵敬，只好继续“文”下去了。又比如清朝武将年羹尧被雍正皇帝削官夺爵，被迫自杀，他的后裔很害怕，就改姓了“生”。今天的改姓则百分之百是主动行为，所以本文开头说明确三种情形很有必要，在于要借此保护传统文化。修订族谱的传统被漠视，从那么自然而然的行为变成了一些地方的“文化残存”，我们应该追悔莫及。倘若“你爸贵姓”今后再成为一个问题，那么姓氏文化就有蚕食殆尽之虞了。

（2014 年 10 月 28 日）

“××体”，不得不厚古薄今

可能是一个错觉吧：文坛这些年最热闹的那部分总与诗歌有关。前有“梨花体”“羊羔体”，眼下，又火爆了“乌青体”。此一番不是谐音、会意，而是径直以先锋诗人乌青来命名。凡“××体”，自然是诗风所导致。“乌青体”是怎样的面目呢？《对白云的赞美》是印在乌青诗集《天上的白云真白啊》封面上的，显见是其代表作了，文字是这样的："天上的白云真白啊/真的，很白很白/非常白/非常非常十分白/特别白特白/极其白/贼白/简直白死了/啊——"绿底白字，明摆着，如假包换，你能怪人家怀疑"这真的是诗吗?"是的话，连我这不会写诗的，也觉得可以去那个陌生的领域小试牛刀一番了。

清楚记得自己读中学的时候，有一度举国上下在批判"厚古薄今"。这个概念大约是庄子的专利，他说过"夫尊古而卑今，学者之流也"嘛。词义一目了然，推崇古代而轻视现代。后来才了解到，之前还有那么一阵子，"从厚古薄今到厚今薄古"关联的是"史学界的革命"。不过，在"××体"问题上，还真的不得不厚古薄今一回。从前也有好多"××体"。比如屈原的《天问》问世之后，催生了"天问体"。又比如南朝萧齐时有"永明体"，萧梁时有"徐庾体""吴均体"，晚唐有"丁卯体"，等等。这里面，永明是齐武帝的年号；丁卯是许浑晚年所居之地；徐庾、吴均就纯粹是人名了，"乌青体"的命名与之如出一辙。不同的是，吴均是一个人，徐庾则是徐摛、徐陵父子和庾肩吾、庾信父子的合称。

所以在这个问题上要厚古，因为古时的"××体"文化含量十足。先看与"乌青体"近似的"吴均体"吧。《南史·吴均传》载："沈约尝见（吴）均文，颇相称赏。"梁武帝萧衍时，柳恽召之补主簿，每天大家赋诗作乐，"（吴）均文体清拔，有古气，好事者或学之"。沈约、柳恽都是文学成就了得的人物，成语"沈诗任笔"中的"沈"就是沈约，二十四史中的《宋书》亦其所作。"徐庾体"也是这样，《周书·庾信传》云："当时后进，竞相模范，每有一文，京都莫不传诵。"一"问"到底的"天问体"，对后世的影响更加深远。如果说其他"××体"的特点比较专业，那么"天问体"相对简单一些，特点就在于"问"，亦即自始至终以问句构成。《天问》本身一口气提出170多个问题，涉及天地生成、历史兴衰、神仙鬼怪等等。比如"遂古之初，谁传道之？上下未形，何由考之？冥昭瞢暗，谁能极之？冯翼惟像，何以识之？"等等。

如今的"××体"呢？几乎是在为大众提供一种貌似蕴含文化

的娱乐方式，不薄之也难。王安石仿照“天问体”留下了《勘会贺兰山主绝句》：“贺兰山上几株松？南北东西共几峰？买得住来今几日？寻常谁与坐从容？”看看“乌青体”又给网友示范了什么，当真是有样学样。“我觉得好困好困好困啊/真困啊/太困了/真困啊/为什么这么困啊/不知道为什么这么困啊/困死了”。还有，“量子力学的难点真难啊/真的，很难很难非常难/非常非常十分难/特别难特难/极其难/贼难/简直难死了/啊”……从前的“××体”往往是文学创作中的开路先锋，因之成为文学发展阶段的种种标志，也因之在文学史中占有相当的地位而传于后世。如今的“××体”既然只是娱人，为大众提供一种关于文字游戏的模板，虽然“方兴未艾”，可惜却是“乱哄哄你方唱罢我登场”。将来，它们可能也会被载入史册，但会与《启颜录》《古今谭概》一类为伍，属于21世纪初叶的笑话集。这样的话，古今“××体”相比较，是否不得不厚古薄今呢？

（2014年11月11日）

故宫“穿越照”未尝不可视为标尺

由故宫博物院主办的《紫禁城》杂志日前在官方微博晒出一组高清故宫“穿越照”，所配文字称此乃“大故宫穿越剧”，从而引发了网友的极大兴趣。这组“穿越照”共9张，均为手持当年清朝人物的照片与今天同一地点的部分背景重合，从而拍出新照片，使得清宫旧照的景象与现实景物衔接得“天衣无缝”，古代与当代看似有机地融为了“一体”。按照《紫禁城》杂志编辑、“穿越照”创意提出者任超的介绍，“这样结合比单独看历史更有内涵”，意在能让游客通过古今对比激发想象空间，感受更真实的历史。现在来看，收到了预期的效果。网友纷纷发言，“很奇妙的感觉”“历史的沧桑感油然而生”等等，可资印证。

当然了，网友也擅长或曰特别喜欢于正常的事情中，找到另类的乐趣。这不，其中一张老宫女在储秀宫的照片，又被他们调侃了：“倒数第二张明明是郭德纲嘛！”“容嬷嬷，是你吗？郭德纲，是你吗？”这显然意味着，照片中的人物与那位“非著名演员”有“撞脸”的意思，猛一眼看去，还真的有几分相像。对此，官微并非一本正经地更正，而是以卖萌的口吻回应：“倒数第二张不是容嬷嬷！不是！就不是！”“倒数第二张不是 PS 的@郭德纲。”一来二去，既据实而答，又互动得妙趣横生。

找乐归找乐，我们在乐过了之后，还是应当回归故宫“穿越照”的本意；或者再进一步，其举措的意义倘能升华何妨升华之？因为在我看来，故宫“穿越照”正有升华的空间。这些取材均源自清宫旧藏的照片，能和现实“天衣无缝”地对接，至少表明照片上那些宫殿、亭台、假山、门楼乃至树木，差不多上百年了，仍然保留着原貌。早几年，新华社记者王军有部轰动一时的著作叫作《城记》。该书以五十多年来北京城营建史中的历次争论为主线展开叙述，其中又以 20 世纪五六十年代为重点，涉及了著名的“梁陈方案”、“大屋顶”建筑、城墙古建和旧民居的拆除等历史事件。与故宫“穿越照”类似的是，书中将北京城内城那几座永远消失了的城门，用数字合成的方式与现址进行了对接。这一比对，说“天衣无缝”的话简直奢侈极了，不仅无缝可寻，而且将旧时雄伟壮观的城门置于现在的地点，看到的景象已经惨不忍睹！

所以我想，故宫“穿越照”这类的做法，未尝不可以视为一把标尺，用来衡量历史建筑的保护状况。如果我这个设想成立的话，那么是否就可以这样认为，对历史建筑而言，旧时景象与现实景物越是衔接得“天衣无缝”，说明它被保护得越是完好，无论是主观因素还是客观因素的作用使然，总之是在昭示着这种传承不仅没有中断，而且保护得纯粹。我们有不少“历史文化名城”，这些年“老××（城市名）”影集也出了不少，何妨受故宫“穿越照”的启发，拿出来和现实比对一下？如果也能做到“天衣无缝”，该是一种怎样值得骄傲的惊喜！

这两年，两岸故宫在开发纪念品上“脑洞全开”。去年台北故宫推出的“朕知道了”胶带，赢得游客的热捧，其实那只是台北故宫4000余种纪念品之一。如今，北京故宫也推出了“朕就是这样汉子”纸扇，还有朝珠耳机、故宫顶戴花翎官帽伞等创意产品，目不暇接。现在，“穿越照”应当算是一个新品种，把貌似“已死”的藏品“盘活”，使博物馆生成出自己独特的“产业链”。顺便说一句，《紫禁城》杂志是我非常喜欢的一本杂志，无论选题、文字，还是印刷、装帧，多次在微信朋友圈里推荐。诚然每期也辟有《镇院之宝》的专栏，但它展示的主要还是寻常藏品，从寻常藏品中再现历史。这也就是说，他们推出故宫“穿越照”，并非偶然。

（2014年11月12日）

高仓健影响了一代中国人的审美情趣

日本电影演员高仓健去世了，淋巴癌，享年83岁。本月10日的事，今天日本方面才发布消息。我想，在咱们这边，好多人尤其是有一点儿年纪的人听到这消息都会心中一凛，因为套句俗话说，高仓健承载了我国几代观众的集体记忆。

若论日本男演员在中国影响力的话，恐怕没有哪个能够超过高仓健。在20世纪70年代末80年代初，我们国门刚打开的时候，虽然日本影视剧批量进入，但大师级的三船敏郎、三国连太郎等已经相对“过气”，活跃着的三浦友和等又与我们国内的“奶油小生”并无二致。忽然，伴随着电影《追捕》，冷峻的高仓健扑面而来，其与片中的主人公“杜丘”，就此几乎被我们等同。在我的眼里，仲代达矢也堪称日本电影中标准的硬汉形象，可惜在那时进来的《华丽的家族》中，他演的是长公子，因为面貌太像爷爷而遭到父亲忌恨，最后在理想破灭之后开枪自杀。因为这个角色的柔弱一面被仲代达矢演绎得太精彩，从而使我们错失了他的“固有”形象。《追捕》中的高仓健显然不同，墨镜、鸭舌帽、高领风衣的时尚装扮，坚强刚毅又有些忧郁的沉默表情，令国人耳目一新。于是乎，以高仓健为“蓝本”，国内响起了“寻找男子汉”的声音，硬汉形象甚至一度成为女青年择偶的标准。那次寻找的结果最后如何已经不记得了，但我们不能不承认，高仓健在某种程度上影响了一代中国人的审美观和精神生活。而高仓健的伟岸形象，在那个时期的日本男演员中实际上也有“另类”的意味，因为他们之中的多数是以一种滑稽甚至猥琐的形象呈现。

不错，我们通过《追捕》而认识高仓健，定格高仓健。“杜丘，你看多么蓝的天啊，走过去，你就会融化在蓝天里。”片中的这段台词，很多人耳熟能详。那首“啦呀啦”的《杜丘之歌》，也都会哼上几句。但像报道所言把《追捕》视为高仓健的代表作，我不认同。我觉得，那只是《追捕》先入了国人眼帘而已，《汉书》中丞相王嘉有个进言：“唯陛下观览古今，反复参考，无以先入之语为主。”而在生活中的许多事情上，人们却往往难逃先入为主的窠臼。比如前些年他来我们这里拍张艺谋的《千里走单骑》，我就以为他要扮演关云长呢。高仓健一生拍过200多部电影，他早期的那些黑帮片、武打片、警匪片，如《暗黑街最后一日》《饥饿海峡》《新干线爆炸案》什么的，看完也就看完了，只是看到了高仓健的年轻时代或稍微年轻时的他而已。如果要是我来推荐高仓健的代表作，就与《追捕》同时期的作品而言，会推山田洋次导演的《远山的呼唤》。影片开始，北海道的根钏原野上，“春天姗姗来迟”的时节，“高仓健”在雷雨前的原野上疾步行进，伴着隐隐的雷声；中段，高大壮硕的“高仓健”与清瘦单薄的“倍赏千惠子”在共同的劳作中渐渐走到一起；末尾，茫茫雪原上奔驰的列车中，人性的至纯至善至美得到充分展现……这一切，均非《追捕》那个只是有些刺激的故事所能比拟。而细细看去，《追捕》本身也是一部经不起稍微推敲的烂片。试想，一个东京地方法院的检察官，仅仅因为两名“路人”的指认，就成了窃贼；且偷的不过是一部相机和一些现金，赃物还直截了当地放在家里。检察官是何种为人，抓捕他的同事又非常清楚，如何就至于百口莫辩，必须走上先逃亡再自证清白之路？

俱往矣。随着高仓健的逝去，一个象征着中日文化交流的鲜明符号也势必将随之而去。一个演员，能够如此赢得异国人民的心，无疑是他在人生中所扮演的最好角色了。

一路走好，高仓健先生！

（2014 年 11 月 18 日）

确定吉祥物何妨成为大众文化活动

北京故宫也推出自己的吉祥物了：一龙一凤。各自还有名字：龙叫龙壮壮，凤叫凤美美。报道说，他们还将以吉祥物为主题，开发一系列与故宫相关的文化产品，并用于动画、出版物、文化纪念品等现代文化创意产业领域。积经验来看，在接下来的一段时间内，各地、各个领域的“吉祥物”将呈此伏彼起之势。苟如是，也许“吉祥物经济”时代就此到来了。

吉祥物是趋吉的标志物。趋吉避凶，自古以来就是人的本能，不拘种族、民族。翻开我们历代的会要，“祥瑞”一项悉如“职官”“仪礼”，构成不可或缺的组成部分。汉宣帝刘询时有些极端，“每有嘉瑞，辄以改元”，连年号都依照“看见”的祥瑞改掉，因此他有神爵、五凤、甘露、黄龙等不少年号，三四年换一个。历代之所以要把祥瑞记录在案，是要证明自己如何感天，本意是歌功颂德，至于真的有没有不重要。用武则天为宠臣立传说过的一句话，就是：“但令史册书之，安用察其真伪？”当然了，那些英明的皇帝是另一种态度。《容斋随笔》载，李世民父子起兵攻克隋的西河郡时，只杀了郡丞高德儒一人。为什么呢？世民认为高德儒的罪状并不在抵抗，而在于其

“指野鸟为鸾，以欺人主取高官，吾兴义兵，正为诛佞人耳”。也就是说，聒噪祥瑞，是高德儒之所以送命的根本原因。在此前两三年，有两只孔雀曾经“飞集宝城朝堂前”，而以高德儒为首的十几个人，愣说看到了凤凰。凤凰现身，那可是不得了的太平之瑞啊！

在今天，吉祥物实际上是形象大使的角色。故宫以一龙一凤作为吉祥物，可说是顺手拈来。故宫是明清两代帝王的皇宫嘛，皇帝龙、皇后凤，早已“约定俗成”，虽然龙、凤，还有麒麟什么的，都属于咱们祖先创造出来的吉禽瑞兽，在现实生活中并不存在。一点儿也不意外的是，故宫这两个吉祥物遭到了网友的吐槽。在今天，能够找出不叫网友吐槽的事情实在太难了，语云“众口难调”，何况网友中的确藏龙卧虎。看他们怎么评价？从吉祥物名字上，他们觉得壮壮之类，“整个（就是）李家庄胡子沟的憨娃的名字”；从吉祥物表情上，他们觉得龙的样子是“有钱”，凤的样子是“任性”。还别说，给他们这么一点拨，再端详端详，还真有点儿那个意思。而且，在下还想雪上加霜。比方故宫方面说，此次发布的吉祥物身着清朝服饰，未来还将推出身着明朝等其他朝代服饰的吉祥物形象。我想说打住，明朝后面的那个“等”就免了，故宫只是明清两代的皇宫，顶多只能穿两身衣服，穿别的朝代的，开玩笑说，吉祥物就“捞过界”了。对这些善意的调侃，故宫方面自然没必要以网友心存偏激视之，不妨竖起耳朵听一听。

如果吉祥物可以视为形象大使的话，则吉祥物的形象如何就至关重要。参照报道，故宫吉祥物设计始于去年 9 月，历经近十个月，数易其稿后方正式定稿，吉祥物身上的服饰、补子、朝珠、龙帽、凤冠都经过专家考证，力求精确。这种谨严的态度自然可取，那么，在产生程序上何妨再严谨一些？必欲使吉祥物赢得多数人的认可，公示一下如何？投票一下如何？何妨把吉祥物的确定，演化成为一项大众参与的其乐融融的文化活动？套句前几年流行的俗话说，“故宫是全国人民的故宫”嘛。忽然有个联想，全国各地奇形怪状的建筑这两年千夫所指，关键在于是由少数人的好恶来拍板决定。结果那些所谓

“地标”，就像黄永玉先生笔下的小老鼠自道：“你说我长得丑，可我妈喜欢我。”吉祥物倘若只是由一个事先没人了解的班子来设计，再由不知什么人来拍板，能否赢得公众就难免有撞大运的成分，弄得不好，结局便难免与怪异建筑殊途同归。

（2014 年 11 月 25 日）

当图书馆“温暖”之后

今天《现代快报》的一条消息说：近日“杭州图书馆向流浪者开放”一事让不少人在这个深秋着实温暖了一回。可你知道吗？南京各大公共图书馆也同样向公众免费开放，不少拾荒人员“蜗居”在图书馆，一边拾荒，一边读书。流浪者和拾荒者是否同一概念，这里不去计较。然杭州图书馆的事确有耳闻，因为馆长的那句“我无权拒绝他们（乞丐）入内读书，但您有权选择离开”，该馆还获赞了“史上最温暖图书馆”嘛。

类似新闻至少传达了两点信息：一个是他们那里的公共图书馆真正做到了“大门敞开”，只要持有效身份证明，任何人都可以进入图书馆阅读；再一个是公共图书馆渐成魅力所在，甚至吸引了拾荒者。虽然说，这是公共图书馆的题中应有之义，但我们现阶段能够做到这一点，是个了不起的进步。图书馆理当成为魅力所在，其藏书就是供公众阅读的。清朝曾勉士“嗜蓄书，得数万卷，杂置厅事”，他爸爸告诫他：“蓄而弗力学，犹弗蓄也。”就是说，光知道收藏不行，还要读。私家藏书如此，公家藏书就更要物有所值。毋庸讳言，如今许多地方的图书馆正是藏书馆，浏览稀见古籍的极端烦琐，备受学人诟病。

现代人不太喜欢读书了。今年由中国新闻出版研究院组织实施的“第十一次全国国民阅读调查”显示，2013 年我国成年国民人均纸质图书的阅读量为 4.77 本。饶是受到电子阅读的冲击，这个不足 5 本的阅读量也还是太可怜了。当然，这比 2012 年的 4. 39 本还增加了 0. 38 本呢。现代人中读书的榜样也不多了，古人却不乏，《三字经》里“头悬梁，锥刺股”，众所周知。明朝李诩说他老师赵参藩读书，“每夜必三鼓，略假寐即起，有睡意则批颊自詈”，一边抽自己的嘴巴，一边还要大骂自己。古人推崇他们，旨在强调有志竟成的精神，今人大可不必从简单的形式判断来嘲笑之，什么“精神可嘉，方法实蠢”之类。清朝陈京卿有句话很精辟：“有目而不观览与无目同，有手而不披寻与无手同，有口而不吟讽与无口同，有心而不思绎与无心同。”第一句说的就是读书，在他看来，眼睛就是用来读书的，有眼睛而不读书，跟没有一样。不过，读书终究是要靠自觉的事情，强按牛头喝水不行。

对报道有一点遗憾的是，记者没有告诉我们拾荒者都看些什么书。采访到了侃侃而谈还夹杂英语的一名老人，但人家说：“我不算是流浪人员，只是不想浪费时间做饭。”为什么要知道他们看什么书？好奇。我们得承认，读书是有些功利色彩的。前人笃信书中有千钟粟、有黄金屋，属于极其功利。现代人读书也大抵各有各的目的，某种程度上都可以名之曰功利。那么，拾荒者读书呢？

读书在当代的最大“功利”，该是对提升民族的文明素质起到了什么作用，作用有多大。所以，当图书馆“温暖”之后，我们还要“得寸进尺”，看看它的收效。还用古人的话说吧，谁叫他们把话都说绝了呢。明朝黄铎说：“读书易耳，为人难。”清朝姜宸英说：“古人读书，必须得此一书之用，至于终身守之不失。”王闿运就更直接，他把同样拿着一本书的人，分为“看书人”和“读书人”两种，读书人“能通经以致用”，看书人则书是书、人是人，“了不相涉”。那么，假设图书馆的利用率提高了，国民阅读率也上去了，我们的国民却还是那个素质，开展每一轮文明活动，还是要从不随地吐痰、过马路不要闯红灯抓起。这样的话，可以说书就白读了。

（2014 年 11 月 26 日）

但愿“穿越水墨画”只是一时兴起

网友“夏阿”创作的“穿越水墨画”，在微博上引起不少网友的关注。他自己还在淘宝开店卖这些作品，报道说近一个月销量达43件，表明也真有一些网友为此买单。“夏阿”都画了些什么呢？所谓“现代古人”。穿越嘛，如今的意思简言之就是时空错乱。在“夏阿”的笔下，古人就是一本正经地如同现代人，张飞开挖掘机、萧何骑车追韩信、貌似唐朝的簪花仕女用手机玩儿自拍，诸如此类。

如今讲“穿越”，还有嘲讽的一层意思，那是指文学或影视作品中因为疏忽或无知导致的“穿帮”。比如，《西游记》第九回“袁守诚妙算无私曲　老龙王拙计犯天条”，在描写袁守诚的“卖卜之处”时写道：两边罗列王维画，座上高悬鬼谷形。鬼谷子是春秋时人，时间在前，没问题；问题在于王维生活于唐玄宗时，而《西游记》故事却发生在太宗时，太宗在前而玄宗在后，前者的“下限”和后者的“上限”也隔着六十来年呢，因此太宗时没有任何理由会出现王维的画。这是作者的疏忽之处。在影视剧中，许多穿帮则出于无知。举离了大谱的来说，我们有部电视剧叫《大清御史》，韩国有部电视剧叫《渊盖苏文》，前者讲的是乾隆年间的事，但钱沣家的墙壁上竟然挂着毛泽东手书的《卜算子·咏梅》；后者讲的是咱们隋朝的事情，炀帝龙椅背后的屏风却也是毛泽东的手书，这回是《沁园春·雪》。创作者应该知道毛泽东，但显然不知道他的书法是什么样子。

“穿越水墨画”不在这两者之列，属于有意为之。萧何月下追韩信，是很著名的故事，见于《史记·淮阴侯列传》。大意是说，韩信与萧何交谈过几次，“何奇之”，认为韩信是个了不起的人才，但刘邦却觉得没什么。韩信呢，“此处不留爷，自有留爷处”，来了个拍屁股走人。于是，“何闻信亡，不及以闻，自追之”，连招呼都没跟刘邦打，先去追人，吓得刘邦以为萧何也不辞而别了呢。萧何如何追韩信？坐轿还是骑马，史书中没有交代，无论如何，断不会骑着自行车，这一点“夏阿”清楚得很，所以如“穿越水墨画”一类，用钱锺书先生的话说，叫作“时代错乱，亦有明知故为，以文游戏，弄笔增趣者”。有人说，这种画“丑化了传统文化”，倒也不至于，关键是这种以图游戏的方式，“弄笔增趣”了没有。我觉得没有。

“穿越水墨画”，恶搞而已，只是换了一件“水墨画”的马甲。秦相吕不韦戴着黑框眼镜，穿着拖鞋、抽着根烟坐在马桶上认真地阅读杂志，墙上还印着“来也冲冲，去也冲冲”标语……这与恶搞有什么本质区别吗？所谓“生活气息跃然画上”，自欺欺人了吧。我一直弄不明白，这些年为什么那么盛行恶搞。社科界是否该立个课题进行项目招标，研究研究到底怎么回事？“杜甫很忙”“关汉卿很忙”一类就不用说了，影视界这些年盛行的翻拍，我以为同样可归入此列。因为这类东西往往但借人们熟知的片名和主人公姓名这两个元素，内容则全然颠之倒之，到了肆意汪洋的程度。不久前热播的电视剧《红高粱》，不请自来地又印证了这一点。在没有调研的基础上，本人臆断一下，翻拍及其“穿越水墨画”等等，把现成的东西拿来，走的是一条快速吸引眼球的捷径。这些个人炮制的与成规模批量生产的作品，只是“五十步”与“百步”之别。

但凡恶搞的东西，注定只能哗一时之宠，不会有什么生命力。“夏阿”自己也说了，他的画“没有风格，只是好玩”。这些东西诚然可以聊博一笑，但是这种笑廉价了些。虽然此类作品对传统谈不上丑化，更不可能“模糊历史”，然缺少对历史文化的应有尊重是显而易见的。“夏阿”是南京某艺术学院2002级的学生，说明他还很年轻，但愿只是一时兴起，玩一玩，而不是自以为找到了创作的方向。

（2014年12月4日）

除夕应当成为公共假期

中国人民大学调查中心“受有关部门和单位委托”，正在就春节法定节假日安排以社会抽样调查和网上调查等方式公开征求意见。调查的焦点只有一个：除夕是否放假。因此，问卷提问：目前，我国春节法定节假日共放假3天，通过调休形成7天长假。您希望春节3天法定节假日是除夕（大年三十）至正月初二放假，还是正月初一至初三放假？相关的三个备选项是：1. 除夕至正月初二；2. 正月初一至初三；3. 无所谓。到笔者看到这则消息时，支持除夕放假的人居多，约占受调查者的70%。

除夕，大年三十，我觉得应该放假，成为公共假期。实事求是地说，我们的传统节日很多，最重要的正是除夕。前些年河南大学有教授弄了个颇为悲壮的《保卫春节宣言》，南京大学有教授质问春节为何还不申遗，二者发力的方向错了，把农历新年正式定名为“春节”，其实是辛亥革命后的事，百把年历史而已；而围绕除夕的种种习俗，比如守岁，晋朝人留下的书里就有记载了，“除夕达旦不眠，谓之守岁”。至于放假，那更是一定的。比如唐德宗贞元六年（790年）敕：“寒食清明，宜准元日节，前后各给三日。”元日，即大年初一，从前的三天假期，一般以正日子为中心，前后再各一天。“宜准元日节”，摆明是寒食、清明假期参照办理。并且，从前除夕放假还不光是人的专利，如笔、印等物业都要“放假”，所谓“封笔”“封印”。

举清朝人笔记《养吉斋丛录》为例。卷十四云：“除夕封笔之制，始于康熙间。亦手名香致敬。”隆重得很。卷二十一云：“岁暮封印。”笔及印都封起来了，一旦要用该怎么办？有变通。乾隆间戡定金川，“除夕申刻接军营奏报，有办理粮运事”，申刻相当于下午3

时正至5时正，而其时“已封笔矣”。军情大事如因“封笔”而束手，就是作茧自缚了。乾隆“即口授近臣，缮纸颁发，仅不御丹毫而已”，只是皇帝不动笔或者不动朱笔。封印呢？那可不是口授就能解决问题的，不要说古代，今天的印信也往往还预示着权威。当然也有办法。乾隆五年（1740年），浙江按察使完颜伟“请于封印时，备空白文移，钤印后存之内衙，遇事填用”。就是说，先把印盖在一些空白公文纸上，以备不时之需，这倒跟前些年还存在的单位介绍信差不多。用剩下的钤了印的空白公文纸，则在“开印时销毁”。先盖印，后填内容，很容易让不法之徒钻空子，这是另话。

除夕放假，甚至连神也不例外，比如灶王爷。传说灶王爷本来是在天庭上给玉皇大帝掌勺的“御厨”，因为偷吃了本该玉皇吃的东西，被罚落人间，所以整天就待在灶台上，看人家做好吃的，吧唧嘴。但玉皇并没有把事做绝，每年腊月二十三直到除夕，允许他回去探亲，逻辑上推断，上面应该还有个灶王奶奶吧。

除夕在今天该不该放假，其实是一目了然的事情。那些主张不放假的，未必觉得除夕没啥，而往往是因为自己的单位有“自由裁量权”，事实上放假；如果国家明确为除夕放假，就等于只放到初二，亏了一天。这笔账自然算得精明，然而倘若默认此既成事实的话，就不知置法规的严肃性于何处了。所以我想，作为一年之中最重要的传统节日，春节假期不必拘泥于一定3天，不妨增加一天。放假天数的增多，也可以突出其“之最”的地位。当然，法定假期的增加、增加多少，方方面面有相当大的实施难度，我这属于“站着说话不腰疼”。但退一步说，如果假期总量一定不能增加，那就不妨从别的假期那里拎过来一天，虽然这样做与朝三暮四殊途同归。

中国人民大学的此次调查，据说是第一次针对春节放假进行的公开调查。无论最后结果怎样，让大家畅所欲言，较之以前的“斩钉截铁”，我说怎么放就怎么放，无疑是一个了不起的进步。

（2014年12月8日）

文化墙上的繁体字因何出错?

山西省太原市某个街道上一面刻有近百首唐诗宋词的文化墙，最近被人指出共计出现了33处错别字。该墙因之被网友称为“尴尬文化墙”，更严厉的则认为文化墙没文化。

看到这则新闻，我一点儿指责或挑剔的念头都没有，不是“哀莫大于心死”，而是想到挑剔者倘若设身处地来个换位，由他们来建设这座文化墙，会不会犯同样的错误呢?当然有人不会，但我似乎敢拍一下胸脯，多数人可能还真的同样跌倒。无他，从报道中列举的错字来看，问题都出在简化字“还原”成繁体字的时候。有条消息更直接说“繁体字错用竟有33处之多”，表明错字的性质概莫能外，这就不是简单的有没有文化的问题了。央视主持《星光大道》节目的“毕姥爷”毕福剑有文化吧?不仅嘴上的功夫了得，而且书画也相当出色。不过，他给潘晓婷题的“玖球天後”，书法如何不论，字却弄错了一半儿，而一半儿的一半儿就是繁体的那个“後”字，因为“天后”不能繁体成“天後”。笔画差了那么多，显然不是一时间的笔误。

山西的这面文化墙不能窥其全貌，但根据新闻所列举的两处内容，与“毕姥爷”栽的跟头如出一辙。其一，李白《秋浦歌》中的“白发三千丈”，弄成了“白發三千丈”，正确的，“發”该是“髮”。其二，王维《春中田园作》中的“旧人看新历”，弄成了“舊人看新歷”，这里的“旧”为“舊”没错，但把“曆”错成了“歷”。在我国公布的简化字表中，“發”“髮”的确都可以简化成“发”，“曆”“歷”也的确都可以简化成“历”，但是这是“由繁到简”，而“由简到繁”时，却要具体问题具体分析，因为是一对二或更多。因此，“发展”是“發展”，如果成“髮展”，完蛋了;“历史”是“歷史”，如果成“曆史”，也完蛋了。在李白的诗句中，“白发三千丈，缘愁似个长”，是说自己因愁而有白头发；愁到什么程度呢？像三千丈白头发那么长。这是用极度浪漫夸张的手法，表达自己怀才不遇的愁思。白发既然是白头发，就是“髮”而非“發”。在王维的诗句中，“归燕识故巢，旧人看新历”，是说去年的燕子飞回来了，好像还认识它的旧巢，屋里的旧主人在翻看新年的历书。这是用极富诗意的笔调，写出春天的序幕，“日历”嘛，自然该是“日曆”而非“日歷”。

综合这些年在繁体字上栽跟头的事例，大抵都是“由简到繁”时，简繁并非一一对应的那部分汉字。所以如此，是因为国人对繁体字“只知其一，不知其二”，文雅点儿说，吞下的是传统文化断裂的一颗苦果。在这里，首先要声明笔者是拥护简化字的，况且简化字也并非全是当代的产物，至少宋朝就开始了。我只是觉得，繁简两种字完全可以并行不悖，而繁体字作为我们的传统文字，也是传统文化的重要组成部分。前人的典籍，不是全都凭借繁体字这个载体留下来的吗？我们需要认真反省对繁体字在公众视野内不得生存的态度。我不同意某些网友就山西这面文化墙的发言，说是供公众交流和学习的地方，应该使用简化字。在我看来，文化墙上书写现代的诗句，该用简化字；书写古代的，何妨用繁体字？事实上我们现在出版的古籍，或者学者研究古籍的著作，很多也都是繁体字版。像我这种读书有点儿毛病的人，看古籍还非得繁体直排不可，好像形式上贴近古人，似乎为心灵上的贴近预备了什么。当然，在别人看来可能纯属扯淡。

记得前几年有政协委员还是人大代表，在全国“两会”上提出中小学开设繁体字教育，惹来舆论的讥声一片。现在看来，那倒是有的放矢了。这个问题如果不重视起来，繁体字还会屡闹笑话，类似的“没文化”的苦果必然还会有后来者不断吞下。

（2014 年 12 月 9 日）

让“万福”回到“爸爸”身边

这两天，广东首条导盲犬“万福”的走失，牵动了很多广州市民的心。消息传出后，各大官微和大量网民都在转发相关消息，帮忙寻找“万福”。

“万福”的意义早已超越了其作为导盲犬本身。从2012年9月，它在广州正式“上岗”之时起，就每每受到全城乃至全省的关注。“万福”像个明星一般，出现在哪个公共场合，哪里往往就会产生新闻。在广州坐地铁，在深圳慈展会现场，莫不如是。这不，人家，不，犬家，还有微博呢；微博还有差不多5000个粉丝呢。微博的介绍说，“万福”的“爸爸”是中山大学教授。没错，就是曾经发明了盲人手机输入法的中山大学工程力学教授——富明慧。

在中山大学校园里，我曾几次路遇“万福”和“爸爸”结伴出行的温馨场面。“万福”那对水汪汪的大眼睛，时刻都在吐出来的红舌头，心无旁骛地关注周边有无障碍物的专注模样，像极了一个小保镖。谁都知道金毛犬温顺，但“万福”那个样子，还是有“虎不食人威风在”的感觉。地面有障碍了，它知道让“爸爸”停下；该拐弯了，它知道用身体挤一下“爸爸”。虽然它不会说话，但它的身体语言丝毫不亚于说话。如果没亲眼见过导盲犬如何履行职责的，不妨看看日本电影《导盲犬小Q》，那里面描写得很详细。小Q是一只聪明的、一生都在尽导盲之责的狗，因为身上有一个特别的胎记——像一只展翅的小鸟样的棕色记号，而被取名小Q，quill，羽毛的意思。“万福”的得名，则源于wonderful的音译，极好的，绝妙的。小Q像著名的忠犬八公一样，在现实中也有原型：生于1986年6月25日，卒于1998年7月20日。那电影看了叫人感动。可惜，我这个“狗盲”开始还以为小Q也是金毛呢，原来是拉布拉多犬。饶是知道了，仍然不觉得这两种有多大区别。

看资料说，金毛犬是19世纪由苏格兰的一位君主，用一种小型的纽芬兰犬、爱尔兰赛特犬和已经绝迹的杂色水猎犬培育出的新品种。不过咱们的梁山泊里，当年就有个绰号叫“金毛犬”的好汉，地狗星金毛犬段景住。《水浒传》第六十回“公孙胜芒砀山降魔　晁天王曾头市中箭”中，有其出场自道：“小人姓段，双名景住，人见小弟赤发黄须，都呼小人为金毛犬。祖贯是涿州人氏。平生只靠去北边地面盗马。”梁山人物的绰号，有一类是依据外貌得来，段景住正属此类。遗憾的是《水浒传》对此说得过于简略，包括那首“有诗为证”，也是议论多于描述：“焦黄头发髭须卷，捷足不辞千里远。但能盗马不看家，如何唤做金毛犬?”然而，地狗星、焦黄头发、“不看家”云云，证明此金毛犬乃狗只无疑。所以，要么是古今不幸“同名”，彼金毛不是此金毛；要么就是对金毛犬的研究还存在盲区，它的历史实际上可以追溯到11世纪，就算从《水浒传》成书的元末明初算起，那也是14世纪的事，比19世纪要早得多。这个问题交给专家去解决吧。

“万福”上岗的时候两岁，如今也才四岁。参照小Q的生平，它至少还可以工作八年。富教授“平静地生活在中山大学”，金毛“万福”功不可没。要知道，后天失明的富教授，以前都是学生、邻居或是家人抽空领着他上下班，如果没人陪伴不敢出家门。而自从有了“万福”，富教授才可以自由走动。广州全城寻“万福”，让我们真切体会到了人性的善良一面；但是，那对被监控到抱走了“万福”的年轻男女、那些声称找到了“万福”而索要劳务费的来电者，又使我们窥见了人性的不堪和龌龊一面。在一条善良的、工作时兢兢业业闲暇时流露出顽皮本性的导盲犬“万福”面前，两种人性都得到了检验，恐怕是先前所始料不及的。

警醒吧！龌龊的那些。无论“万福”是否有如此不可替代的价值，都不该为了一己私利而以任何理由阻止“万福”回到“爸爸”的身边！

（2014年12月11日）

（追记：11日23时许，“万福”被广州警方在天河区那对男女的家中寻获。至此，失踪了32个小时的“万福”回到了“爸爸”身边。）

家训或可重放异彩

在河源市，几乎每个姓氏都留下了自己独特的祖训家规。从2012年下半年起，他们开始对全市840个姓氏的家训进行征集。到今年9月，终于有全国首个家训长廊在河源面世。百个河源姓氏家训，被镌刻在河源客家文化公园百块天然黄蜡石上，形成600多米的家训文化长廊。

家训，是家长在立身处世为学等方面对子孙的教诲。从辞源上看，《后汉书·边让传》里已经提到“家训”，表明它是传统文化的一种，其中所蕴含的积极意义不言而喻。用龚自珍的话说：“家训，如王者之有条教号令之意。”在一些家训中，还诞生了不少名言警句，警示意义更超越了家族成员本身，成为大家共同遵循的“修身”“齐家”典范。比如著名的《朱子家训》说：“黎明即起，洒扫庭除，要内外整洁。既昏便息，关锁门户，必亲自检点。一粥一饭，当思来处不易；半丝半缕，恒念物力维艰。宜未雨而绸缪，毋临渴而掘井。自奉必须俭约，宴客切勿流连……”朱姓之外的人们，不是都耳熟能详吗?

家训或可重放异彩。河源家训文化推广的“源头”之一，是连平县境内的忠信镇司前村的吴氏家训：“一厚伦理，二尊王法，三救急难，四和乡里，五勤本业，六莫非为，七周贫乏，八谨祭祀。”报道说，这八条“吴氏家规家训”已经口耳相传了600年，成为司前村的村规民约。2008年，村委会专门在村口立下石牌，醒目地写上这些家训。应当说，这是相当简约版的家训了。享有“古今家训，以此为祖”之誉的《颜氏家训》，简直就是一本小书。作者颜之推三经世变、身仕四朝，因而他撰写的家训实为关于立身、治家、处事、为学的经验总结，从而使《颜氏家训》不仅是一部系统完整的家庭教育教科书，而且是了解南北朝社会生活史的重要参考书了。

不难看到，河源吴氏家训的内容超越时空，偏重的是实用性，所以能与时代有机地进行对接。相较之下，《颜氏家训》具有很强的理论性。举一例，颜之推在讲到文人品行时是这么说的：“自春秋已来，家有奔亡，国有吞灭，君臣固无常分矣；然而君子之交绝无恶声，一旦屈膝而事人，岂以存亡而改虑？”然而，现实中却的确如此，如“陈孔璋居袁裁书，则呼操为豺狼；在魏制檄，则目绍为蛇虺”。这是说，陈琳在袁绍那边的时候，写下了著名的《讨贼檄文》，骂曹操。在名句“赘阉遗丑，本无懿德”之外，还有“操豺狼野心，潜包祸谋，乃欲摧挠栋梁，孤弱汉室，除灭忠正，专为枭雄”等等。曹操抓住陈琳后问他：你当初骂我就是了，“恶恶止其身，何乃上及父祖邪？”陈琳羞愧得无话可说，“谢罪”的同时也转变了立场，这一回，袁绍又成了他笔下的“蛇虺”。颜之推实际上是将陈琳归入了文人无行的一类。

河源推广家训文化，目的是让传统中国精神服务今日生活。至于能否服务，还需对家训进行甄别，因为未必所有的家训都那么契合当代。比如陆游的家训，给后辈指出了上中下三条出路：“吾家本农，复能为农，策之上也。杜门穷经，不应举，不求仕，策之中也。安于小官，不慕荣达，策之下也。舍此三者，则无策也。”像这一类家训，离开陆家就无丝毫存在价值可言。有意思的是，陆游怕子孙把这一告诫当成书生之见，还续了个尾巴说：“汝辈今日闻吾此言，心当不以为是，他日乃思之耳。”这就可见，放翁说话的时候，所谓务农为上策已经不合时宜。真想知道，放翁后人他日思之，果然以之为是吗？

河源的其他家训不得其详，不过，重要的其实也未必是留下来的文字本身如何。司前村村支书吴林新说：“政府不好办的事情，有时候家族能办好。”这句话值得咀嚼。利用家族力量参与乡村社会治理，不失为当下的一个积极选择，何况某种意义上还是“重构”，家族的力量在当初的确起到过积极作用。

（2014 年 12 月 15 日）

但愿林州改名只是征求意见

河南林州官方主办的红旗渠网，日前发出了一则旗帜鲜明的“民意征集”——“林州到底叫啥好，请你谈谈看”。官网同时给出了引导性的答案：红旗渠市。并且，这一段“鼓动”文字很有趣：朋友，你可曾走出林州，在飞机上、火车上、汽车上，抑或是故乡之外的另一个地方，别人问起你是哪里人，你说我是林州的，但别人似乎对“林州”没什么意识，你不得不进一步解释：“就是林县。”到此，问者似有点印象，但直到你再进一步说“就是红旗渠那个县”时，问者才恍然大悟……

这，该是林州要改名的表层理由了：扩大知名度。笔者并无阻挠林州改名红旗渠的意思，说实在的也阻挠不了，真这样的话，连螳臂当车都称不上。只是面对全国各地此伏彼起的改名，尽管已经不知说了几回，仍然如鲠在喉，就还是不吐不快。《诗经》说了：“言之者无罪，闻之者足以戒。”

林州改过一回名了，原来叫“林县”。清楚地记得当年那首关于红旗渠的歌，开头便是“劈开太行山，漳河穿山来，林县人们多壮志，誓把河山重安排”。林县这个名字，历史其实也相当悠久，明朝洪武三年也就是 1370 年就这么叫了，不知道为什么 20 世纪 90 年代一定要叫回金朝时的称谓：林州。有一段时期，县级或市级的地名，易尾字而缀以“州”，似乎是很时尚的事情，我没有认真统计一下，但肯定有不少，甚至“周口”还要整个换成“陈州”呢。我对这种现象一直感到不解，难道“州”这个先秦时期就已经催生，且为魏晋宋元所沿用的行政区划单位，透出了浓浓的古韵，能显出文化的含量来？然类似林州这种“民意征集”，我则是理解的。其官网已经毫不讳言：如果“林州市”改为“红旗渠市”是否也能像“大庸”改成“张家界”一样，给百万林州人民带来不争的红利？这，该是林州要改名的深层理由了。在一些精明的人士那里，这个红利是可以估算出来的。周口那时候，有人就不知根据什么估算出：“陈州”的招牌价值 100 亿元人民币。

改个名字，是否 GDP 一类都跟着蹿升，属于另一个问题。我在当下关心的是，改名的必要性。国务院在 1986 年出台了《地名管理条例》，其中的第三条规定：“地名管理应当从我国地名的历史和现状出发，保持地名的相对稳定。必须命名和更名时，应当按照本条例规定的原则和审批权限报经批准。”我的视野有限，不知道该《条例》之后有没有过修订，也不知道这一法规有没有上升到法律。只是纵观我们国土上的地名变更，真的到了《条例》所说的“必须”程度了吗？显见没有，大家盯住的无非都是“改名经济”，改名带来的经济。

这些年各地频繁地改名，恰如白居易所说的“乱花渐欲迷人眼”。这是笔者对白诗的歪用。因为在白居易那里，游人面对五颜六色的鲜花争奇斗艳，眼花了，神迷了，不知该把视线投向哪里才好，潜台词是应接不暇、美不胜收。而在改地名这里呢，眼睛花的结果更接近于甄士隐所解的《好了歌》：“乱烘烘你方唱罢我登场。”依法治国的新大幕已经徐徐拉开，凡事首先都更该运用法治的思维。像《地名管理条例》，我们不仅不能无视它的存在，而且要维护它的严肃性。当然，它也要进行必要的修订，当务之急是明确什么叫“必须更名”。

林州市委宣传部一位负责人说，他本人也很纳闷为何红旗渠网站上会发出这样的一条“民意征集”，宣传部对此事并不知晓。那么，但愿林州改名只是在“征求意见”的层面了。地名学是人类学研究的一个分支，还是不要让后世把我们这个时代的地名更迭也当作学问来研究吧。

（2014 年 12 月 18 日）

别指望“掌声记录仪”能够胜任

12月21日，羊年央视春晚进行了首次语言类节目审查。比较新鲜的是，这次审查运用了高科技——掌声记录仪，用观众的掌声以及笑声的分贝来决定语言类节目的质量。据说春晚创办以来，用“掌声记录仪”来“校准”语言类节目尚属首次。不言而喻，这是旨在通过客观的记录，来避免审查者对节目的主观评价。在以往，我们从公开报道中偶尔能听到，节目主创人员对审查者的抱怨之声，“大家都笑，就他们不笑”之类。

掌声记录仪这件新鲜玩意，其原理估计与大家早就熟悉了的测谎器差不多，虽然二者所要达成的目的大异其趣，甚至南辕北辙。测谎器，顾名思义用于测试人是否撒谎。意大利童话故事中的匹诺曹，每一撒谎鼻子就要变长，偏偏匹诺曹开始又没有意识到诚实的重要性，鼻子便越变越长。现实生活中的撒谎者不少，却没有如匹诺曹般那么容易识破，测谎器就是这样应运而生的吧。20世纪80年代，我们这里热映过美国的间谍电影《蛇》，里面有“叛逃”美国的苏联外交官弗拉索夫接受测谎器测谎的全过程，估计那是国人首次见识测谎器。今天我们耳闻测谎器，往往是在犯罪调查中协助侦讯，以判断嫌疑人是否撒谎。所以，掌声记录仪与测谎器堪称殊途同归，它是对节目的鼓掌情况、笑声分贝等进行监测，以“能量”来界定之，偏“正”就是，关键在于二者都是记录人的生理反应的仪器。

但像测谎器一样，掌声记录仪毕竟也只是仪器，仪器便难免机械地记录什么。在《蛇》里，亨利·方达扮演的美国中央情报局局长最后识破了弗拉索夫的假叛逃，即依据测谎器曲线的一处极其细微的变化。他说了一大堆识破过程，当时我便听得稀里糊涂，只对最后这句印象颇深：“见鬼，你差点儿骗过了测谎器。”测谎器可以差点儿被骗过，掌声记录仪便也存在这种可能。比方相声演员冯巩春晚每一亮相都有句咬牙切齿的招牌话："电视机前的父老兄弟姐妹们，我可想死你们了！"这话一出口，现场的观众也往往配合似的大鼓其掌。如果动用掌声记录仪，分贝一定不低，但就会有差点儿被骗过的嫌疑，因为那句表白既无智慧又不幽默，倒有些黔驴技穷的意味。此外，黄段子赢得的掌声和笑声，一定也会比严肃的语句来得多、来得热烈。因而掌声记录仪一类，充其量只能作为辅助工具。有关人士自然考虑到了这一点，本次审查结束后，春晚剧组立刻召开座谈会，即时记录观众对节目的看法。

语言类节目有发人一笑的功能，但这种笑，应当建立在体现语言智慧的基础上，让人会心一笑。我们的汉语那么博大精深，一个"方便"就能把老外弄得晕头转向，也完全可以承载起这个使命。而当下这类节目所以让人笑不起来，在于语言智慧往往踪影不见，所见的，要么插科打诨，要么取笑人的先天缺陷，要么从网络上淘些别人嚼烂了的馍，加之以装傻充愣为能事的表演，使许多笑声形同硬挠人家的胳肢窝，不想笑却不得不笑。究其根本，创作人员的自身素养不高当占很大比重。这两年，他们的眼睛只是盯着网络，那些已经品不出味道的东西还能产生笑点吗？他们应该盯着传统典籍，历代正史及野史笔记中都有大量正面、积极、充满语言智慧且令人捧腹的成分，借鉴前人的灵感，触类旁通，或能创作出体现新时代语言智慧的作品。

春晚办了那么多年，承载的使命越来越多，观众的口味也越来越难调，主客观之间的平衡该如何把握，还真是个不小的难题。借助"掌声记录仪"来审查节目，参考而已，别指望它能够胜任。

（2014 年 12 月 23 日）

应当尽快制止“白酒挑战”

网络上最近的“白酒挑战”视频比较火。全国各路能喝的好汉，通过豪饮“白酒”的视频，掀起了一场网络狂欢。于是，“一斤哥”“二斤哥”“三斤哥”等等问世未几，旋即就都成了“小巫”。截至12月28日18时，来自河南南阳和江苏丰县的两名男子，完成了“一口气喝六斤”的疯狂之举，创造了所谓挑战的新纪录。

匹夫之勇……看了这样的视频，如果要评价的话，除了这几个字，我找不到别的什么更适合的词语了。这种疯狂之举不知因何而起，但见众人乐此不疲且不断升级，看似颇能引起共鸣，实则暗合了“酒文化”传统中的陋习成分，如果可以缀以“文化”二字的话。

首先暗合了“酒文化”中逞能的陋习。真的就能，没有问题。宋真宗有个侍读李仲容非常能喝，“欲敌饮，则召公”，成了衡量他人酒量的一把尺子。然李仲容的本领在于，“酒至酣，应答如流”，不耽误事。刘廷玑《在园杂志》说，有天他到提学副使刘琰处做客，“见正席外旁列三几，皆陈列酒器，大小毕具，中有最大一瓢，可容十升”。见到刘廷玑惊诧不已，刘琰说你没见过用这种大酒杯喝酒啊，好，“吾请先自饮，以博诸君一粲”，说罢让人倒满，“两手捧饮”。这一来，不仅“座客皆立视”，连戏台上正在演《西厢记》的伶人眼睛盯着他，“亦惊骇停拍”。等到“未几，徐徐而尽”，再看台上，“其扮红娘者，所持折叠扇，不觉坠地。吹合诸人，咸住箫管”。这都是真能的一类。

与真能对应的就是逞能了。再举清朝的一件事吧。江南总督松筠赴任途中，一个当官的朋友在自己地头上款待他。这两个都是真能，但松筠说咱俩喝没劲，再找一个，就找来个副将，级别虽低，但松筠不在乎：“但取能饮，何较官职?”那副将果然不含糊，一声不响，

“一杯复一杯，不敢留涓滴”，用松筠的话说则是“饮得甚闲雅”。第二天因为风大，朋友劝他不要走了，接着喝。再去找那副将，却被告知昨晚回来“即不能言动，今晨已奄逝矣”。喝死了！吓得松筠“草草饭毕，即回舟，冒风解缆去”。这就是逞能的一类，当然了，在长官意志面前，可能有不得不如此的因素吧。“三斤哥”喝完没几分钟就全吐了，南阳“六斤哥”是边喝边吐，喝完便瘫倒，表明都是逞能。

其次暗合了“酒文化”中劝人逞能的陋习。这一点可以把皇帝搬出来，明太祖朱元璋曾强劝宋濂。宋濂，明朝“开国文臣之首”，中学课本里的《送东阳马生序》即出自他的手笔，“余幼时即嗜学。家贫，无从致书以观，每假借于藏书之家，手自笔录，计日以还”云云。宋濂不能喝，朱元璋要他“姑试饮之”；酒杯端到嘴边还是“瑟缩者三”，又激他：“男子何不慷慨为？”是男的你就喝了。结果可不得了，宋濂“一吸而尽”之后，“颜面变赧，精神遐漂，若行浮云中”，关键是老人家已经“下笔字不成行列”。细看网络“白酒挑战”，都有旁人怂恿的因素。如丰县的“六斤哥”，朋友表示如果他能喝完，“不仅吃饭买单，还给他 3000 块钱”。这就是典型的劝人逞能。

这几年，网络中出现了若干“直播”自杀者，一旦如此，往往得到全社会的关切，千方百计寻找并阻止之。形同自杀的“白酒挑战”为什么大家都在看热闹呢？专业人士说了，如果这些拼酒者喝的真是白酒，并且一口气喝完，心脏、大脑中枢神经、胃肠道等体内所有的脏器都会遭到损坏，严重时可造成死亡。即便一到六斤哥都没什么事，这样下去，离出人命也相去不远了。全社会还是拿出挽救网络直播自杀者的热情，给这种所谓挑战多泼些冷水吧。与“大胃王”比赛一样，这类有百害而无一益的货色，不仅不应该宣扬，还应该禁绝。

（2014 年 12 月 29 日）

“塔坚强”，不要曝光了才去重视

去年，继山西祁县“塔坚强”之后，江西德兴紧接着也出了一个。昨天在新闻中发现，河南安阳又添了一个，在距离安阳县西北50华里的伦掌镇众乐村北。报道说，这座岌岌可危的砖塔不仅文物考古价值正在逐渐消失，而且对附近生产生活的群众还构成了一定程度上的安全威胁。那意思，离倒掉已经为期不远了，仍然坚强地挺立着就是。

所谓“塔坚强”，意味着年久失修，状态是即倒而未倒，摇摇欲“倒”。统一以“坚强”名之，显然出于一种调侃，实则人家都是有大号的：祁县的叫文峰塔，安阳的叫宝丰塔又名众乐塔，德兴的原名已经不知，根据“象形”而被称为“半边神塔”。把“塔坚强”挂在嘴边，该要溯至汶川地震时的“猪坚强”了。当年，那头村民家的埋在废墟下的大肥猪，发现时已经被埋36天，创造了生存的奇迹。“塔坚强”正是这样，创造的是古塔的生存奇迹。所不同的，在于“猪坚强”纯粹出于天灾，“塔坚强”则有人为漠视的因素。德兴“塔坚强”此时又例外了一回，因为它不是我们这个时代的产物，当地一位80多岁的老人说，老祖宗传下来时就已是半边残塔。然祁县那个，塔基下的土坡差不多被掏空了，二者结合在一起便成了好似火箭发射刚刚离地时的滑稽模样。安阳这个，地基倒无大碍，塔身却已四分五裂，那形状和小吃中的“开花馍”有得一拼。这就是人为漠视的因素了。

这几个“塔坚强”难道都是微不足道的文化载体吗？不是，它们不仅有大号，而且因为“古”而皆有“身份”。祁县文峰塔，跻身于第三次全国文物普查里未核定级别的不可移动文物。安阳宝丰塔，始建于宋，明代重修，1971年12月21日被公布为安阳县第二批重点文物保护单位。德兴“半边神塔”，据当地县志记载始建于明代中期，已经立了500年，是被当地作为文物予以重点保护的。拟人的话，那塔也许会像电视剧里康熙皇帝的表白一样：“我真的还想再活五百年。”但这显然是要有条件的，若要它们遵循赫胥黎的“物竞天择，适者生存”理论，消失在人们的视野中恐怕只是时间问题了。关键是，“塔坚强”们并非自然物种，而是前人文化的结晶，后人理当保护它们，把它们传承给更后来的人，一代一代传下去。没有什么好犹豫的，这是每一代人的责任和义务。

祁县“塔坚强”曝光之后，旋即得到了修缮，区区两个月不到，修缮告竣。前后的照片对比，牵挂文峰塔命运的那把汗终于可以不用再捏了。不是什么难事嘛。欣喜之余，不免使人联想到《孟子》中的著名比喻：“挟太山以超北海，语人曰‘我不能’，是诚不能也。为长者折枝，语人曰‘我不能’，是不为也，非不能也。”在对待“塔坚强”问题上，正有这种意味。归根到底，是人，是当地主要领导和相关部门的负责人对待文物的态度问题。我们不少大权在握的领导干部，不论什么，只要不能迅即带来GDP，就提不起丝毫兴趣。除了触目惊心的“塔坚强”，许多文化遗产所面临的窘境，概莫能外地揭示了这一点。

平时视而不见，充耳不闻，一旦曝光便“迅速行动起来”，便“雷厉风行”，这些年国人都已经见怪不怪。跳出文物保护来放眼，例子更不胜枚举。被人踹了一脚，你动弹了不假，但那不是你自己迈开的步子。“塔坚强”，还是不要等到曝光才去重视吧。我想，如果今后哪里再出现“塔坚强”的话，应当首先问责当地，然后再论其他。

（2015年1月6日）

我们该如何学习雷锋？

安徽有个公益明星参照雷锋的形象先给自己整了容，然后又模仿雷锋的若干著名照片自己重拍了一下，诸如扶摔倒老人、为老人洗脚、学习和站岗等等。为什么要这样？公益明星认为自己实际上已和雷锋并无差别，“就是活雷锋”，因而希望能在外貌上也与雷锋更相似。同时他还表示，将向公安部门递交申请，把名字也改成雷锋，且建议中国人民都学习他整容成雷锋；还有，“今年三月我将去雷锋墓前，唱一首《父亲》，献花圈，磕头，认雷锋当干爹”……

一连串的相关新闻劈头盖脑地涌进来，猝然间有不知今夕何夕之感，两股“气”在眼前和鼻尖游荡吧：看到的是乌烟瘴气，嗅到的是丝丝霉气。先套用一句大家都说烂熟了的话，公益明星的出发点无疑是好的。正是因此，我就极其不想挫伤他的满腔热情，但有两句话还是不得不说，只两句。第一句，关于整容成雷锋和改名雷锋，想说：老兄，你这是鱼目混珠啊。第二句，关于他认干爹，想说：老兄，你脑袋里的逻辑相当混乱啊，哪有“雷锋”——虽然冒牌——管雷锋叫干爹的？

1963年3月5日，毛泽东同志发表了“向雷锋同志学习”的题词。但是，向雷锋学习什么，这么多年来不少人是相当模糊的。早些时候有“雷锋叔叔三月来，四月走”的民谚，明白地道出了一种问题之所在。在这里，学习雷锋就成了3月5日那一天或3月份某一天的专项活动，到日子了，该学习了，就去学习一下。所以，前几年发生过这样的新闻：400多小学生手拎大包小包礼品去养老院慰问，不去则要受罚。因为是专项活动，活动之时举办单位往往都要大肆张扬，恐人不知，这样一来形式也就难免大于内容。现在，在安徽这个公益明星看来，学习雷锋就是化身成雷锋，直接把自己从外貌到姓名都等同于雷锋。

雷锋说过："人的生命是有限的，可是，为人民服务是无限的，我要把有限的生命，投入到无限的为人民服务中去。"二十几年前，我在参观北京中国人民革命军事博物馆的时候，见到了陈列着的雷锋日记，翻开的正是写有这段文字的那一页，印象中字体颇倾斜。毛主席当年看罢雷锋日记，说他"懂哲学"，也许指的就是这里。我想，雷锋作为一名普通的中国人民解放军战士，之所以形象高大，在于他不仅懂哲学，更在于他实践了自己的哲学。如果用周恩来同志的题词来概括，就是"言行一致的革命精神，公而忘私的共产主义风格"。那么在我看来，无论在什么时候学习雷锋，至少有这样两点应该少不了，一个是学习他做好事的那种自觉意识，再一个是学习他做好事的那种一以贯之。这两者具有一定的辩证关系：因为他的自觉意识，促成了他的一以贯之；因为他的一以贯之，强化了他的自觉意识。雷锋一生，没有惊天动地的伟业，但就是他所做的这些寻常的属于小事的好事，为什么也达到了常人难以企及的高度？这是值得认真思索的。

今天学习雷锋，学习的应该是雷锋的精神。反观这个公益明星，充其量只是对雷锋的机械模仿，堆两个成语的话，叫作邯郸学步、末学肤受。看他那张扶摔倒老人的照片，居然是花一百元请来的老人，态度倒是坦白，但与十足的作秀区别在哪里？完全是喜剧化了的学雷锋嘛。再看他将自己的实名微博的用户名改为"雷到底张××"，本身就非常不严肃，因为他显然不知"雷到底"的"雷"究竟何意，稀里糊涂地就和雷锋的雷去混为一谈了。

公益明星的这出戏码可以收场了。演到这里，不要说"安徽95%"的人知道你，全国也差不多这个比例了。所以，收场吧。

（2015年1月15日）

《武媚娘传奇》确有值得商榷之处

电视剧《武媚娘传奇》成为“大头剧”之后，关于唐朝妇女如何着装成为了热门话题。这些议论对于观众文化史知识的普及应当是有益的，该为主创人员所始料不及。不过，肯定算不上“失之东隅，收之桑榆”。

武媚娘者，武则天也，中国历史上第一个也是唯一的正宗女皇帝。所谓正宗，是她建立的大周进入了正史序列，名正言顺是也。其他那些则不然，比如与武则天同时期有个浙江女子陈硕真扯旗造反，自称“文佳皇帝”，还仿照唐朝官制建立了政权，就是属于自己玩玩儿。倘若这一类都作数的话，则中国历史上的朝代将不知几何，各种须眉“皇帝”如过江之鲫，要车载斗量。“武媚”，唐太宗给武则天的赐号。贞观十一年（637 年）十一月，太宗听说十四岁的武氏姿色艳美，便将她纳入宫中封为五品才人，赐号“武媚”，武媚娘是后世的讹称。那么，电视剧的名字显然界定了剧情的时间段：武则天发迹前的那些年。这样的话，《武》剧中大小角色先前一概“胸器逼人”，就值得商榷了。

《旧唐书·舆服志》载：“武德、贞观之时，宫人骑马者，依齐、隋旧制，多著幂䍦。”那是少数民族的一种服饰，特点是“全身障蔽”，目的是“不欲途路窥之”。可能效果不错吧，“王公之家，亦同此制”。到高宗时慢慢放开，“皆用帷帽，拖裙到颈，渐为浅露”。当代有人研究，帷帽是一种高顶宽檐笠帽，在帽檐周边带上薄而透的面纱，类似福建惠安女头上的装束。但这种时尚露头未几就被高宗给打住，咸亨二年（671 年）他有个敕曰：“百官家口，咸预士流，至于衢路之间，岂可全无障蔽?”他认为这种打扮“过为轻率，深失礼容”，明确“自今已后，勿使更然”。直到“则天之后，帷帽大行，幂䍦渐息。中宗即位，宫禁宽弛”，这一禁令才算作废。因而可见，武媚时代的命妇们不要说露不露胸了，连露不露脸都是个刚刚解决的问题。当然了，关起门来，宫中是否存在《武》剧中的那番景象则不敢肯定。

唐朝妇女着装“开放”，应当是有唐一代中后期的事情。再按前书记载：“开元初，从驾宫人骑马者，皆著胡帽，靓妆露面，无复障蔽。士庶之家，又相仿效。”那么，“靓妆露面，无复障蔽”意味着什么呢？唐人的灿烂文化遗留可补正史简述之不足，比如唐诗、唐代画作。先看唐诗，周濆有《逢邻女》：“日高邻女笑相逢，慢束罗裙半露胸。莫向秋池照绿水，参差羞杀白芙蓉。”施肩吾有《观美人》：“漆点双眸鬓绕蝉，长留白雪占胸前。爱将红袖遮娇笑，往往偷开水上莲。”方干有《赠美人四首》，其一说到“粉胸半掩疑晴雪，醉眼斜回小样刀”，其二说到“严冬忽作看花日，盛暑翻为见雪时”，其三说到“常恐胸前春雪释，惟愁座上庆云生”。《全唐诗》还收了欧阳炯的《南乡子》词：“二八花钿，胸前如雪脸如莲。耳坠金镮穿瑟瑟，霞衣窄，笑倚江头招远客。”诸如此类，均与“胸器”关联。作品的格调如何别去计较，这里旨在举证，证明那时有这些，且作者皆中晚唐人。画作就更直观了，周昉的《簪花仕女图》、张萱的《虢国夫人游春图》与《捣练图》都是传世名画，无论是描绘贵族妇女嬉戏、游乐的闲逸生活片断，还是捣练、织线、熨烫等劳动场景，妇女们的着装无不是开襟低胸上衣，“绮罗纤缕见肌肤”。而周昉、张萱，同样是中晚唐人。

电视剧不是历史的图解，诚然不必对历史亦步亦趋，况且，对历史的戏说从来也不是什么新鲜事。但是如果离了大谱，也就留下了被指摘的空间。以《武》剧来说吧，唐朝历史有将近300年呢，后两百年的图景移植到前一百年来总是不妥，欠缺了基本的历史知识。尤其是事先就那些东西来大肆张扬，以之为卖点，给人的感觉更有低俗的意味了。

（2015年1月29日）

地名还是慎改不改为宜

北京市近日提出《北京市地名规划编制标准》征求意见稿，强调“胡同”应予以保留并保护，但同时提出部分胡同名应雅化。什么样的胡同名俗呢？他们说粪场胡同、屎壳郎胡同就是。如何雅化呢？用其谐音，以保持同历史地名的内在联系，那两个就分别被改为奋章胡同、时刻亮胡同。“粪”“屎”作为地名，确实听起来有些刺耳，尤其在“仓廪实”之后。不过我以为，除了这类“极俗”的字眼，地名还是慎改不改为宜。

地名是历史的产物。像许多人名颇有讲究一样，许多地名也是。地名反映出的，往往是当地的自然地理或人文地理特征，记载着这个地区某个阶段的地貌、物产、风俗、传奇故事等信息，甚至可以为探索民族分布、迁徙、信仰等提供佐证。所以，文化人类学把地名作为研究的一个分支。举个实例吧，我有位教授朋友写过一篇《麻涌村落地名研究》，研究的是东莞麻涌镇镇村地名的由来。对珠三角有了解的人都知道，麻涌是很著名的一个镇，位于广州与东莞交界，陈残云先生的名作《香飘四季》写的就是那里。为什么叫“麻涌”呢？《麻涌镇志》等地方文献无不认为是由于这一带多水，河、涌众多如麻。不过，河、涌众多是珠三角地区的普遍特色，何以此处用“麻”？我的教授朋友研究指出，当与此地明清时期种植黄麻有关；且此黄麻质地极为优良，具有“遇水湿愈坚韧”的特性，“船缆多用之”。人家是有考证过程的，我未赘引，只想借此说明地名如何反映人文地理特征。

随着全国各地大规模的城市化建设，老地名在城市迅速消失成为一个普遍存在的问题。2010 年广州市“两会”上，政协委员黄淼章就感叹在这二十几年当中，广州的老地名消失了近两千个，因此建议广州应该启动老地名保护工程，来一个普查，进而指出对现有老地名的撤销，要慎之又慎。2013 年的“两会”上，黄委员话题依旧，再次建议由市民政局牵头建立一个专门的老地名保护委员会，尽快开展老地名普查，建立老地名名录，尽快出台保护老地名的细则或指引。这些建议终究不知得到落实了没有。对城市而言，浓缩了历史或民俗的地名，更有串起城市发展史的别样功能。就说广州吧，西湖路，因为原有南汉国时期湖泊“西湖”，湖中有著名的“九曜石”，今天尚存药洲遗址九曜园；秉政街，得名于街内为纪念张买秉公办事而建的秉正庙，张买还是广东历史上有文字记载的最早的诗人；濠畔街，因为位于明代广州城南护城濠畔；豪贤路，原名“濠弦”，为纪念明末抗清爱国诗人黎遂球而易名；至于大名鼎鼎的十三行路，就毋庸赘言了。如此等等，内涵何其丰富？

我之所以说地名还是慎改不改为宜，在于如果前提是“雅化”，而雅与俗并没有划一的标准，什么该改什么不该改，就可能引起混乱。别说拿不定雅俗的那些了，就说“粪”“屎”这种极俗的字眼，在另外的场合也可以雅化起来。以诗词为例，元好问有“情知春草池塘句，不到柴烟粪土边”，毛主席也有“粪土当年万户侯”“千村薜荔人遗矢”，等等。这里诚然有些抬杠，但同样是想借此说明问题：雅俗的难于区分。我们的大规模城市建设还在继续。作为一种信息载体，具有反映当地历史、地理特有现象功能的地名，理应成为城市历史文化遗产的一部分，得到保护和传承。留住老地名，等于留住城市的人文记忆，等于留住城市历史的“活化石”。可惜的是，地名的重要程度还只是为学术界所认知，更应当为广大公众所认知，为城市管理者所认知。只有全社会广为认知，地名保护才可能真正成为见之于现实中的行动。

（2015 年 2 月 3 日）

镇江打酱油年俗值得研究

春节就要到了。这两天有则关于江苏镇江年俗的消息煞是有趣，道是镇江一年一度的市民排队“打酱油”大戏如期上演。

打酱油，倘若退回30年前，还是全国各地普遍的一道景观，经历过那个年代的人都十分熟悉。彼时家里的酱油没了，不是像现在去买瓶新的，而是把原瓶洗干净，到商店或小卖部去打，醋亦如此。商店都有酱油缸和醋缸，一桶一桶地倒进去，再化整为零。不知不觉地，打酱油退出了历史舞台，当其前几年重新进入人们的视野，却是跻身于网络用语。然而，“打酱油”的卷土重来已经毫无当年的本意，而成了与己无关、我什么都不知道、只是路过等等这一类意思的代名词。当年那么热门，如今已偃旗息鼓，网络用语的生命力可窥一斑。从这个角度来看，似乎倒不必担心汉语语言会被网络污染，大浪淘沙，那些东西经不住沉淀。

镇江这里仍然是真打酱油。当地人说，春节前打酱油的传统在镇江已经延续20多年（一说30多年）了，每年都会吸引大批市民前来，今年照例是大壶小壶齐上阵，汽车电动车齐出马。有的凌晨3点就过来排队，打完一次后“不过瘾”，又过来排队再打一次。有的如愿以偿打了110斤酱油，声称“全家一年的酱油有着落了”。2月8日，酱油供应商当天准备的60吨酱油销售一空，最多的一位市民居然打了700斤酱油！

镇江人为什么喜欢在过年前不辞辛苦且乐此不疲地排队打酱油，是一个饶有意思的问题。以我的有限视野，没有发现答案。也就是说，所有报道描述的都只是现象，而没有对现象背后做出解释，哪怕是些微的解释。有记者采访发问，市民也不清楚，只说这是一种习惯，“闻到这个酱油味，仿佛就闻到了年味”。那么至少到现在，镇江的打酱油对于我们来说有些不明就里。实际上许多民俗事项都是如此，其产生不会是无缘无故，定然有相应的实用功能，只是这种实用功能经过不断演化为人们所淡忘，使该项民俗本身变得似乎不可理解。比如说放鞭炮这项年俗，在可以燃放的年代大家都知道是过年的一种娱乐活动，能够营造出欢乐祥和的喜庆气氛，而溯源来看，则是为了驱赶一种叫作“年”的怪兽。南北朝时的《荆楚岁时记》更明确记载：“正月一日，鸡鸣而起，先于庭前爆竹，以避山臊恶鬼。”对于山臊恶鬼之类，我们不可以苛求古人“三观”的荒诞，社会发展到那个阶段，只能如此，只有如此。为了避开山臊恶鬼，开始是烧竹子一类噼噼啪啪能够作响的东西，火药发明后放进竹筒，就做成了爆竹。

镇江的“打酱油”是怎么回事？是此地酱油的确质量上佳，还是短缺经济时代残留的本能反应？或者其他？这就需要社会科学工作者一显身手了。这也是社会科学贴近大众、服务社会的一项功能所在，何妨立项深入研究一下？显而易见，倘若明年我们看到这则年俗的消息时与今年看到的没有什么两样，照样是市民如何漏夜排队、买了多少，而没有一个经过田野调查得出的缜密剖析，那么就应当认为是社科工作者的失职了，虽然板子该打到谁的屁股上永远无法断定。

年俗自然主要承继于传统，但是并不妨碍出新。镇江的“打酱油”不过二三十年的光景，正属于新年俗。然镇江这里应当只是一例，以我国地域之大、文化之丰富多彩，决不可能是孤例，各地媒体不妨多开掘一下这些新年俗，使新年不为传统要素所独美，而有当代的内涵补充注入。最后还想说，镇江打酱油充其量只有 30 多年的历史，不难搞清楚。如果搞清楚的话，发现其中承载着镇江的一段集体记忆也说不定。在我看来，很有这种可能。

（2015 年 2 月 10 日）

探究内涵乃传统节日魅力之所在

今天是农历十二月二十三，小年。过小年在北方隆重得很，一如前一阵子南方过冬至。按照民间的传统，小年是整个春节庆祝活动的开始和伏笔，从这天起就算进入年关，要扫年和祭灶了。有意思的是，南方比如广州对小年没有任何感觉，正如北方比如东北多数地方对待冬至，甚至不知道那也是个节日，因而也就寻常度过。冬至、小年，这些传统节日里非典型的一类，何以被南北不同地域采取了选择性继承？研究起来一定饶有趣味。

北方有“腊月二十三，灶王爷升天”，以及“二十三，糖瓜粘，灶君老爷要上天”一类的民谚，因此，家庭大扫除之外，这一天也是祭灶的日子，欢送灶王爷回到天庭去度假，除夕晚上再迎他回来，他本身来自天上。玩笑来看，我们今天的七天长假正由灶王爷发轫，只是他那里才一年一度，我们是一年两度：春节、国庆。这些年一直在呼吁的五一那个长假如果真的能回归，还可以一年三度。当然了，跟牛郎织女比，灶王爷又幸运了许多，前者的探亲假一年才只有七夕那一天。灶王爷为什么跑到人间来呢？传说他本来是在天庭上给玉皇大帝掌勺的“御厨”，因为偷吃了不该吃的东西，被罚下来的，而且整天还就得待在灶台上，闻人家做饭的香味儿。馋嘴而已，犯的事情并不算大，至于惩罚这么严厉吗？《西游记》中的沙僧本是灵霄殿上侍候玉帝的卷帘大将，只因在蟠桃会上“失手打碎了琉璃盏”，就被玉帝打了八百；猪八戒本是天河里的天蓬元帅，只因“带酒戏弄嫦娥”，就给打了两千锤。打完了还不算，两神也是都被“贬下凡尘”。结合起来看，天上的戒律应当很严，执行起来也毫不含糊，容不得任何过失，包括作风问题。这一点，未尝不值得人间的反腐败借鉴借鉴。

灶王爷升天是去度假，民间为什么要隆而重之地欢送呢？有巴结、讨好的成分。因为灶王爷还有汇报每家每户行为言语的使命，人们就难免担心他在玉皇面前说自家的坏话，有句话说了嘛，“外廷千言不如禁密片语”，架不住身边人嘀咕你两句。所以民间把灶王爷尊奉为灶神，平时供奉，动身的这一天更要好酒好肉摆起来。糖瓜粘的直接作用，就是用来封住灶王爷的嘴。那么，祭灶这一套就有了“贿赂”的意味，所以前人亦称之为媚灶。南宋范成大《祭灶词》说得很形象：“云车风马小留连，家有杯盘丰典祀。猪头烂熟双鱼鲜，豆沙甘松粉饵圆。男儿酌献女儿避，酹酒烧钱灶君喜。婢子斗争君莫闻，猫犬触秽君莫嗔，送君醉饱登天门，杓长杓短勿复云，乞取利市归来分。”既然吃饱了，喝好了，家里那些讲出来让人笑话的芝麻小事就当没看见算了，“上天言好事，下界降吉祥”吧。明朝一则记载还说，时人在祭灶时更如此祷告：“好多说，不好少说。”民间如此行事的文化心理，显然认为“吃人家嘴软，拿人家手短”的明规则，也适用于神。其实，好多貌似不食人间烟火的神原本就是人，吹成了神而已，区别在于有的成了永久的神，有的昙花一现，有的一捅就破而造神者仍然乐此不疲，那是造神者权一时之需。

今天过小年，早已没有了灶王爷的羁绊。在范成大们的那个时候，这种原始信仰也未必就被当真。然而，腊月二十三也就是小年作为节日诞生之初，一定有某种实用功能；灶王爷也许是后来附会的，好像《西游记》里打败了孙悟空的二郎神，传说在秦朝就出现了，明朝以后才有了“杨戬”这个人名。民间传说的内涵，渐渐地丰富起来。尽管传统节日中的传说神乎其神，较起真来还有荒诞不经的成分，但传承传统节日，即便增添新的成分，这些旧的也还不容忽视。探究之，也是各种传统节日的魅力所在。

（2015 年 2 月 11 日）

"五羊衔谷"与"三羊开泰"

农历甲午马年就要离去，乙未羊年就要到来了。马年谈马，羊年谈羊，×年的时候谈×，最近这几年大家都非常热衷于此，伴随着十二生肖的轮回而轮回。所谓热衷，就是把关于该生肖的那些带好意头的字眼或词语挑出来，津津乐道。即便"形貌"对不上，谐音也成，生"鸡"勃勃、"鼠"一"鼠"二什么的。在狗年，因为跟狗有关的词大抵都属于贬义——蝇营狗苟、狗恶酒酸、狗仗人势等等，于是有人发明了"旺旺"，从狗的招牌叫声中找到了慰藉。一时间，大江南北，"旺旺"之声四起。

羊年来了，"羊羊"得意、"羊"帆起航开始不绝于耳。记得前几年有一段时间，电视广告中用谐音乱改成语成为众矢之的，一"剑"钟情、"酒"别重逢、天"尝"地"酒"之类，弄得大家不胜其烦，被认为是糟蹋成语，以至于国家广电总局要颁发《广播电视广告播放管理暂行办法》来进行规范。有意思的是，见之于生肖组合，则上上下下都表现出极大的宽容，这种"歪用"的性质与广告里的有什么两样吗？没有，但是毫不妨碍前者大行其道。甚至兔年那年，Happy new year to you 的 to 也被置换成了"兔"，使谐音的运用还突破了语种的界限，不失为趣事一桩。

羊年对于广州，别有一番亲切，众所周知广州的"绰号"就是"羊城"。所以年初的时候，中国邮政在广州举办了《乙未年》生肖邮票首发仪式，所谓"羊年羊票羊城首发"，票面是一头五彩的绵羊，雍容华贵。昨天看到一则报道，对中国羊年感兴趣的老外发现了一个很纠结的问题：这个羊究竟是哪种羊呢？sheep、goat、ram？南京有民俗专家释疑了：山羊。这样一来，邮票的设计又无法自圆其说。鬼老外真是多事，把个原本不成问题的问题硬是给弄成了问题，且不理它。《乙未年》生肖邮票有个比较特别的地方，就是其小版票边饰上有一只嘴里含着麦穗的“回头羊”，这是根据广州“五羊衔谷”的传说为蓝本而设计的。因此，生肖邮票发行第三轮结束之际亦即36年来首次融入了地方元素，这是广州可赖以自豪的。然而考察广州“羊城”这一别称的由来，会发现是件挺有意思的事。

“五羊”的出现，开始是在唐朝。唐诗有句曰：“五羊城下驻行车，此事如今八载余。”宋初编纂的《太平广记·崔炜》中屡次提到骑着白羊来去的“羊城使者”，崔炜“后有事于（广州）城隍庙，忽见神像有类使者……是知羊城即广州城。庙有五羊焉”。崔炜是唐德宗时人。而到了宋朝钱易的《南部新书》里，五羊的得名时间向前推到了晋朝，吴修为广州刺史，“未至州，有五仙人骑五色羊，负五谷而来。今州厅梁上画五仙人骑五色羊为瑞，故广南谓之五羊城”。再到清朝屈大均的《广东新语》，更上溯到了西周：“周夷王时，南海有五仙人，衣各一色，所骑羊亦各一色，来集楚庭（广州）。各以谷穗一茎六出，留与州人，且祝曰：‘愿此阛阓（街市）永无荒饥。’言毕腾空而去，羊化为石。”现在我们检索五羊的相关资料，会发现采用的都是屈说。那么，考察“五羊衔谷”这个传说的演变有什么意思呢？可以印证顾颉刚先生的“层累说”理论，就是：时代愈后，传说中的古史期愈长，传说中的中心人物愈放愈大。

从很早的时候起，国人在岁首称颂时就喜欢以“三羊开泰”来互相祝福，传统的年画、摆件、工艺品也每每以之为题材，虽然古时“羊”与“阳”通，但从《易经》中“三阳开泰”或“三阳交泰”的辞源来看，还是应该属于以“羊”谐“阳”。羊年就要到了，作为冬去春来阴消阳长、吉祥亨通好运即将降临的良好寓意，“三羊开泰”的腰板自然可以挺得更直了。

（2015年2月16日）

后　记

“采采芣苢，薄言有之”，这是《诗·周南》里的句子。不错，本册的名字正生吞活剥于此。

所谓生吞活剥决不是客套，因为人家的句子根本没有这里所要借用的这个意思，我是纯属望文生义，单方面地视“薄言”为“微言”，低微的“微”。而用周振甫先生的解释，《诗》中的这个“薄言”只是发语词，语助也。这种借用法，还不是生吞活剥吗？

肯定地说，“薄言”之外，自己对汇集起来的这些文字也从来没有其他奢望。

时值7月7日，全面抗战爆发78周年纪念日，触动了一件小事。至少从1980年起，每年的这一天我都要诵读一遍林斤澜先生的短篇小说《一九三七和十三》，今年并不例外。那是家藏的《红旗飘飘》第二集上刊载的，小说开篇小标题就是“卢沟桥”，时间就是“1937年7月7日”。林先生以极其细腻的笔触，描绘了江南海滨13岁的初中三年级学生杜百鱼，在“粉碎了和平生活”的战争面前的人生轨迹。林先生文字的隽永，非拙笔所能道及，但觉诵读之时，眼前同时在呈现活动的画面。我疑心那是林先生的自传。这几年的抗日神剧那么多，由调侃而千夫所指，归根到底在于题材既不尊重史实，也不尊重生活。若干年前我就在想，要是《一九三七和十三》拍成电影该有多好；拍得成功的话，一定不让于吴贻弓的《城南旧事》。可惜的是，看了不少关于林斤澜先生的访谈，几乎没有文字提及此篇，难道这只是林先生的“薄言”？

闲话休说太多。衷心感谢南方日报出版社洪威社长、山丹副社长、成雷编辑等等，没有他们的支持与付出，本册就没有理由呈现在诸君面前。

田东江

2015年7月7日晨